Lektürehilfen

Friedrich Schiller

W0386131

Die Räuber

von Wolf Dieter Hellberg

Klett Lernen und Wissen

Wolf Dieter Hellberg, Leiter eines Bonner Gymnasiums und mehrjähriger Fachleiter in der Lehrerausbildung (Deutsch).

Die Seiten- und Zeilenangaben der Lektürehilfe beziehen sich auf die Ausgabe: Friedrich Schiller, Die Räuber, mit Materialien, ausgewählt von Ralf Sudau, Leipzig/Stuttgart/Düsseldorf: Ernst Klett Schulbuchverlag, 2005 (Editionen für den Literaturunterricht).

Bibliographische Information Der Deutschen Bibliothek
Die Deutsche Bibliothek verzeichnet diese Publikation in der Deutschen Nationalbibliographie; detaillierte bibliographische Daten sind im Internet über http://dnb.ddb.de abrufbar

Auflage 4. 3. | 2009 2008 2007
Die letzten Zahlen bezeichnen jeweils die Auflage und das Jahr des Druckes.
Alle Rechte vorbehalten.
Dieses Werk folgt der reformierten Rechtschreibung und Zeichensetzung. Ausnahmen bilden Texte, bei denen künstlerische, philologische oder lizenzrechtliche Gründe einer Änderung entgegenstehen.
„Das Werk und seine Teile sind urheberrechtlich geschützt. Jede Nutzung in anderen als den gesetzlich zugelassenen Fällen bedarf der vorherigen schriftlichen Einwilligung des Verlages. Hinweis zu §-52 a UrhG: Weder das Werk noch seine Teile dürfen ohne eine solche Einwilligung eingescannt und in ein Netzwerk eingestellt werden. Dies gilt auch für Intranets von Schulen und sonstigen Bildungseinrichtungen."
Fotomechanische Wiedergabe nur mit Genehmigung des Verlages

© Klett Lernen und Wissen GmbH, Stuttgart 2006
Internetadresse: http://www.klett.de
Umschlagfoto: Schiller-Nationalmuseum, Marbach
Satz: DTP Andrea Eckhardt, Neuhausen
Druck: CPI books, 25912 Leck
Printed in Germany
ISBN-13: 978-3-12-923026-8
ISBN-10: 3-12-923026-2

9 783129 230268

Inhalt

Vorwort

Vor ziemlich genau 225 Jahren schrieb der junge Internatsschüler einer Kadettenanstalt, Friedrich Schiller, heimlich und ohne Zustimmung seines Vorgesetzten ein Bühnenstück: „Die Räuber".
Es ist ein Drama, das auf den ersten Blick verwirrt. Nicht nur die exaltierte, pathetische Sprache, die konstruiert scheinende Handlung und deren auslösende Anlässe verwirren, sondern auch die Zielsetzung. Dennoch hat es sich bis heute durchgesetzt und gehört zu jenen Dramen, die unverwüstlich zu sein scheinen.
Was wollte der jugendliche, enthusiastische Schiller, der für dieses Schauspiel seine Laufbahn als Militärarzt aufgab, aus seinem Fürstentum floh und hoffte, von seinen literarischen Werken leben zu können? Wie groß muss sein Glauben an sein literarisches Schaffen gewesen sein, dass er sich durch die Drucklegung seines Werkes „Die Räuber" hoch verschuldete?
Setzte er sich – wie Lessing – politisch im Sinne der Aufklärung gegen Gewalt und fürstliche Willkür ein? War das Drama Ausdruck eines jugendlichen „Sturm-und-Drang"-Protests gegen Bevormundung? War die jugendliche Rebellion Karls ein Vorbote der Französischen Revolution? Die vorliegende Lektürehilfe möchte dazu beitragen, die vielfältigen Aspekte von Schillers Jugenddrama zu beleuchten.
Fälschlicherweise wird es immer wieder für jüngere Leser oder Zuschauer als leicht zugänglich angesehen, weil die Konflikte unmittelbar einsehbar seien. Doch schon Schillers Sprache erschwert auch älteren Lesern den Einstieg. Daher sollen in den folgenden Kapiteln sowohl Lesewiderstände beseitigt als auch die Lust geweckt werden, sich mit dem Drama intensiver zu beschäftigen. Nehmen Sie sie als Steinbruch, aus dem Sie sich das heraussuchen, was Ihnen anregend erscheint und was Ihnen hilft, Fragen zu beantworten.

Der inhaltliche Aufbau des Dramas

I,1

In der 1. Szene wird die zentrale Intrige (vgl. auch S. 128) des Dramas deutlich. Franz Moor hat den Brief seines Bruders Karl, der in Leipzig studiert, abgefangen. In diesem Brief gesteht Karl reumütig einige leichtsinnige Vergehen, bittet seinen Vater um Verzeihung und kündigt an, dass er zurückkehren werde. Diesen Brief hat Franz durch einen Brief ersetzt, der angeblich von einem guten und vertrauenswürdigen Geschäftspartner aus Leipzig stammt und den Vater über den verbrecherischen Lebenswandel seines Sohnes Karl informieren soll.
Mit dieser Intrige will Franz sich seines Bruders entledigen, der als Erstgeborener nach dem Tode des Vaters Alleinerbe des väterlichen Besitzes würde..

Der gefälschte Brief

Sehnsüchtig wartet der Vater schon lange auf ein Lebenszeichen seines Sohnes und so ist er sichtlich erfreut, als Franz ihm mitteilt, Nachrichten über Karl erhalten zu haben. Bevor er seinem Vater den gefälschten Brief vorlegt, fragt er, scheinbar um das gesundheitliche Wohlergehen des Vaters besorgt, mehrfach nach, ob es dem Vater auch wirklich gut gehe, ob er ihm tatsächlich eine schlechte Botschaft zumuten könne, ob er nicht besser mit seiner Information über Karl einen günstigeren Zeitpunkt abwarte. Auf theatralische Weise spielt er dem Vater vor, in einem Gewissenskonflikt zu stehen zwischen dem Mitleid mit dem Geschick seines Bruders, das er eigentlich verschweigen müsse, und der Pflicht als Sohn gegenüber dem Vater, die ihn zwinge, dem Vater die Wahrheit mitzuteilen.

Anspielung auf das Gleichnis vom verlorenen Sohn

Pathetisch spielt er dabei auf das biblische Gleichnis vom verlorenen Sohn an. In seiner vorgetäuschten Besorgnis gibt Franz vor, dem Vater zunächst nur einen Teil des Briefes bekannt zu machen, ihn daher zunächst nur in Auszügen vorzulesen. Dic cinleitenden Sätze des Briefes sollen beweisen, wie unangenehm es dem Schreiber ist, dem Vater und dem Bruder die schlechten Nachrichten zu übermitteln, steigern aber die Spannung auf den Inhalt sowohl für den Vater als auch für den Zuschauer.

Karls „Verbrechen"

Knapp fasst der Brief dann die angeblichen Verbrechen von Karl Moor zusammen: Er habe vierzigtausend Dukaten Schulden gemacht, die Tochter eines reichen Bankiers entjungfert, deren jungen, vornehmen Liebhaber im Duell getötet und sei dann mit sieben Gleichgesinnten vor der Strafverfolgung geflohen. Nun werde er steckbrieflich gesucht, zudem sei eine Belohnung auf seinen Kopf ausgesetzt. Der entsetzte Vater bricht in Tränen aus über die Verbrechen seines Sohnes und die Entehrung seines guten Rufs. Mit geheucheltem Mitgefühl zerreißt Franz Moor den Brief, tatsächlich hat er damit verhindert, dass der Vater den Brief noch einmal zu lesen wünscht und die Handschrift von Franz erkennt. Dann umarmt er den Vater und beschwört ihn, dem Brief nicht zu glauben.

Rückblick auf die „verhängnisvolle" Entwicklung von Karl

Gleichzeitig aber trägt er dem Vater in einer langen Rede Ereignisse und Beobachtungen aus der Kindheit von Karl vor, die beweisen sollen, dass die Verbrechen sich schon zu dieser Zeit angekündigt hätten. Schon damals sei Karl Mädchen nachgestiegen, habe sich mit üblem Gesindel herumgetrieben und die Kirche gemieden. Zudem habe auch sein literarisches Interesse eher kriegerischen Helden wie Cäsar und Alexander gegolten, während er selbst folgsam Heiligenlegenden und Predigtbücher gelesen habe. Gehässig wirft Franz dem Vater vor, die negativen Eigenschaften nicht zur Kenntnis genommen, sondern sie vielmehr positiv umgedeutet zu haben, obgleich er den Vater immer wieder gewarnt habe. Was aus dem angeblichen Mut, der großen Gesinnung und Kühnheit geworden sei, könne man ja nun erkennen: Offenheit sei „Frechheit" geworden, Empfindsamkeit und Weichheit hätten Karl empfänglich für Prostituierte gemacht. Schließlich entwirft Franz boshaft und zynisch das Bild von Karls Zukunft als Wegelagerer und Bandit, der schließlich am Galgen endet.

Erinnerung an die Ungerechtigkeit des Vaters

In Anspielung auf Cäsars berühmten Ausspruch („auch Du, mein Sohn Brutus", als er unter seinen Mördern auch Brutus erkennt) unterbricht der Vater die monologartige Rede von Franz mit dem tiefen Seufzer: „Und auch du, mein Franz, auch du? O meine Kinder!" (9,29 f.) Franz muss erkennen, dass der Vater sich keineswegs von Karl

Franz, der ungeliebte Sohn

distanziert. In diesem Moment bricht aus ihm der ganze Hass auf die jahrelange ungerechte Behandlung und tief empfundene Zurücksetzung durch seinen Vater hervor. Während Karl der Lieblingssohn des Vaters gewesen sei, habe der Vater in ihm nur den steifen, trockenen und hölzernen Pedanten gesehen, der – im Gegensatz zu seinem Bruder – ruhmlos sterben werde.
Betroffen bittet der Vater seinen Sohn um Verzeihung, kann sich aber nicht dazu entschließen, wie Franz es wünscht, sich von seinem Sohn Karl loszusagen. Argumentativ geschickt versucht Franz nachzuweisen, dass der Gram des Vaters nur dadurch beseitigt werden könne, wenn er sich von seinem Sohn lossage, der ja nach den Verbrechen nicht mehr die Liebe des Vaters beanspruchen könne. Auch die Hinweise von Franz, dass nach dem Tod des Vaters Karl das Vermögen des Vaters nur dazu nutzen werde, seinen verbrecherischen Vergnügungen nachzugehen, bleiben ohne Wirkung.

Erziehung durch Strenge

Erst als Franz seinem Vater vor Augen hält, dass seine Nachgiebigkeit Karl in seiner Liederlichkeit (vgl. 12,2) nur bestärke, dass es sogar seine Pflicht als Vater sei, seinen Sohn durch Härte entweder zur Umkehr zu zwingen oder ihn seinem Schicksal zu überlassen, ist der alte Moor bereit, Karl zu schreiben, dass er sich, zumindest so lange, bis er sich geändert habe, von ihm abwende.

Der Antwortbrief an Karl

Franz vermag seinen Vater davon zu überzeugen, dass es besser sei, wenn er es übernähme, dem Bruder dies zu schreiben. Zweimal aber bittet der alte Moor eindringlich darum, seinen Sohn nicht zur Verzweiflung zu bringen, bevor er „traurig“ (13,7) den Saal verlässt.

Franz Moors triumphierender Blick in die Zukunft

Triumphierend blickt Franz ihm nach. Er ist sich sicher, den Bruder überwunden zu haben, und ist überzeugt, dass der Vater den Gram über den Verlust des Lieblingssohnes nur kurze Zeit überleben wird. Zugleich plant er, Karls Geliebte, Amalia, für sich zu gewinnen.
In einem langen Monolog rechtfertigt Franz sein Handeln und prangert die Ungerechtigkeit der Natur an, die ihm übel mitgespielt habe. Er beklagt, nicht der Erstgeborene zu sein, und hadert dann mit seinem Aussehen,

Franz Moors Klage über die Ungerechtigkeit der Natur

seiner Hässlichkeit, die kaum zu überbieten sei. Sarkastisch bedankt er sich dann jedoch dafür, dass die Natur jeden in gleicher Weise „nackt und armselig“ (13,36) in die Welt gesetzt hat. Allerdings sei auch jeder ausgestattet mit „Erfindungsgeist“ (13,35), der es erlaubt, sich selbst zu behaupten in einer Welt, in der das Recht beim Stärkeren liegt und in der nur die Grenze der eigenen „Kraft“ das eigene Handeln einschränkt. Zynisch geht er auf gesellschaftliche Konventionen ein, die er als Deckmantel der herrschenden Mächtigen entlarvt. Sie dienten diesen nur dazu, um „Narren in Respekt“ und den „Pöbel unter dem Pantoffel zu halten“ (14,15).

Anspruch auf das Recht des Stärkeren

Dann setzt sich Franz mit der „Blutliebe“, der Blutsverwandtschaft, auseinander: Es sei lächerlich, den Bruder als etwas Besonderes anzusehen. Nur weil man dieselbe Mutter gehabt habe, könne man nicht auf die „Harmonie der Geister“ (14,36), dieselben Empfindungen, die gleichen Neigungen schließen.

Ablehnung aller Blutsbande

Abschließend gipfelt dieser hasserfüllte Monolog mit der Abkehr von der besonderen Bindung zum Vater: Wieso berechtige die Blutsverwandtschaft dazu, fragt er, den Vater als „heilig“ (15,3) zu achten? Dieser habe ihn doch nicht aus Liebe zu ihm gezeugt, denn er habe seinen Sohn zu diesem Zeitpunkt gar nicht gekannt. Der Zeugungsprozess sei schließlich nicht mehr als „ein viehischer Prozess zur Stillung viehischer Begierden“ (15,17 f.). Die Liebe des Vaters zu seinen Kindern könne mit der Eitelkeit des Künstlers verglichen werden, der sich in seinen Werken bewundert, auch wenn sie „noch so hässlich“ (15,24) seien.

Auseinandersetzung mit dem vierten Gebot

Entschieden lehnt er diese emotionale Bindung ab und verkündet, alles zu vernichten, was ihn daran hindere, „Herr zu sein“. Mit Gewalt will er das erzwingen, was er sonst nicht erreichen kann.

Ablehnung aller emotionalen Bindungen

Der Monolog verdeutlicht eine der Triebfedern des Handelns von Franz Moor und zeigt, dass die jahrelange Zurücksetzung durch den Vater, dessen ungerechte Bevorzugung des Bruders und der aufgestaute Neid zu einem rücksichtslosen Denken und einer brutalen Abkehr von allen gesellschaftlichen Vereinbarungen geführt hat. Zugleich entwickelt der letzte Teil des Monologs einen Gedankengang, in dem ein Mann mit „aufklärerischem Scharfsinn […] wagt […] sich seines eigenen Verstandes zu bedienen, gegenüber einer Gegebenheit, die als sakrosankt [heilig] gilt.“ (Von Matt, 1995, S. 146)

I,2

> Die 2. Szene bildet zunächst räumlich einen deutlichen Kontrast zur vorhergehenden. Zugleich wird nach und nach deutlich, dass das, was Franz seinem Vater vorgetragen hat, nicht völlig aus der Luft gegriffen ist. Karl ist offensichtlich aufgrund von Schulden knapp einer Haft entgangen, er treibt sich mit einer Gruppe von wenig vertrauenswürdigen Begleitern, ehemals wohl auch Studenten, herum, hatte offenkundig mehrere duellartige Auseinandersetzungen und hat einen Aufstand angezettelt. Zugleich wird aber auch klar, dass Karl in seinem Brief dem Vater mitgeteilt hat, dass er mit dieser Vergangenheit gebrochen habe, die Vorfälle bedauere und geläutert zurückkehren werde.

Karls „tintenklecksendes Säkulum"

In einer Schenke an der Grenze von Sachsen treffen wir Karl von Moor an, der Plutarchs Charakterschilderungen großer Staatsmänner und herausragender Feldherren liest. Als er seine Lektüre unterbricht, charakterisiert er pathetisch sein Jahrhundert als „tintenklecksende[s] Säkulum" (16,4 f.) im Vergleich zu Plutarchs Lebenszeit. Eine Bemerkung seines Gefährten Spiegelberg provoziert Karl zu weiteren verächtlichen Äußerungen über das „schlappe Kastratenjahrhundert" (17,10). Dieses sei gekennzeichnet von „dozierenden", „schwindsüchtigen" Schreibtischgelehrten, die sich über die kraftvollen Helden der Vergangenheit krittelnd und greinend äußerten und zu nichts anderem in der Lage seien, als diese Helden in trockenen und gestelzten Tragödien zu „verhunzen" (17,12). Dieses Jahrhundert habe heuchlerische, in Konventionen erstickende und heimtückische Menschen hervorgebracht, die keinerlei Mitleid mit ihren Mitmenschen hätten. Mit wenigen und nahezu zusammenhanglosen Worten gibt Karl dann eine Auseinandersetzung mit seinen Gläubigern wieder, die ihn mitleidlos, trotz „Bitten! Schwüre[n]! Tränen!" (17,30 f.), wegen „ein paar tausend lausige[n] Dukaten" (18,1) ins Gefängnis werfen lassen wollten. In Rage gekommen, verflucht er die einengenden Gesetze seiner Zeit, die jegliche Freiheit des Individuums einschränkten. Leidenschaftlich beschwört er den Freiheitswillen des Germanenfürsten Hermann der Cherusker und steigert sich in die Vision, ein Heer von „Kerls" anzuführen, die

Die unerreichten Helden der Vergangenheit

Karls Ablehnung einengender Gesetze

ihm ähnlich seien, um aus Deutschland „eine Republik“ (18,11) zu machen.

Traum von einer Republik

Karls Gefährte Spiegelberg fühlt sich hierdurch angeregt, seine überspannte Idee der Errichtung eines jüdischen Staates in Palästina, des Wiederaufbaus von Jerusalem und der Vertreibung der Türken aus Asien vorzutragen. Karl jedoch belächelt die grotesken Pläne und erklärt dem überraschten Spiegelberg, dass er in Zukunft für „Narrenstreiche“ (19,5) nicht mehr zu haben sei.

Spiegelbergs Vision eines jüdischen Staates

Spiegelberg ist völlig verblüfft über den Sinneswandel von Karl. Ironisch fragt er, ob Karl nun als “verlorener Sohn“ reumütig nach Hause zurückkehren wolle. Um ihn umzustimmen, erinnert er ihn an seine Vergangenheit, in der er „mit dem Degen mehr auf die Gesichter gekritzelt hat“ (19,8 f.), als drei Amtsschreiber im Laufe eines Jahres in ihre Bücher eintragen könnten. Ausführlich erinnert er Karl dann an die groteske Bestrafung des Ratskollegiums einer Stadt, nur weil man Karls Dogge verletzt hatte. Schließlich ruft er Karl ins Gedächtnis, dass er betrunken immer wieder seinen Vater als Geizhals verspottet habe.

Karls studentische Streiche

Noch glaubt Spiegelberg nicht daran, dass Karl wirklich dem liederlichen Leben abschwören will. Er erzählt eine Geschichte aus seiner Jugend, die beweisen soll, dass Kraft und Mut in Gefahr überraschend wachsen können und phantasiert von einer Verbrecherkarriere in London und Paris. „Riesenpläne gären in [seinem] schöpferischen Schädel“ (22,3). Abfällig bezeichnet Karl diese Pläne als Phantastereien eines Betrunkenen. Aber Spiegelberg steigert sich weiter in seine wirren Gedanken hinein und faselt davon, wie Könige bedauerten, dass er nicht General geworden sei.

Spiegelbergs Pläne einer Verbrecherlaufbahn

Karl geht nur ironisch auf diese Prahlereien ein und eröffnet Spiegelberg, dass er seinem Vater alle Verfehlungen gestanden, um „Vergebung“ gebeten habe und damit rechne, seine geliebte Amalia schon bald in den Armen zu halten. Er ist sicher, dass der Vater ihm verzeiht, und glaubt dessen Brief schon in der Stadt.

Karls Plan einer reuevollen Rückkehr ins väterliche Schloss

Karl will sich gerade von Spiegelberg für immer verabschieden, als fünf weitere Gefährten die Bühne betreten. Sie berichten, dass man sie ausspioniere und dass sie in Gefahr seien, gefangen genommen zu werden. Karl aber interessiert nur, ob ein Brief für ihn angekommen ist.

Der verhängnisvolle Brief

Ein weiteres Mitglied der Gruppe bringt ihm schließlich den Brief, den sein Bruder geschrieben hat. Erschüttert liest Karl den fingierten Brief, in dem sein Bruder ihm im Namen des Vaters schreibt, dass er sich keine Hoffnung auf Rückkehr ins väterliche Schloss machen solle, dass der Vater ihn auf ewig verstoßen habe. Kopflos verlässt Karl zunächst die Bühne.

Währenddessen macht Spiegelberg den übrigen Mitgliedern der Gruppe klar, dass ein bürgerliches Leben für sie nicht mehr möglich sei nach den Vergehen, die sie begangen hätten. Auf die zaghafte Frage von Roller, ob Spiegelberg sie denn aus der „vermaledeiten Lage reißen" (24,20) könne, verspricht dieser selbstherrlich, sie zu „Helden, [...] zu Freiherrn, zu Fürsten, zu Göttern" (24,25 f.) zu machen. Er ruft sie auf, mit ihm in die böhmischen Wälder zu gehen und eine Räuberbande zu gründen. Dann führt er ihnen die kläglichen Alternativen zu diesem Leben vor Augen: harte Arbeit mit Schaufel und Hacke, Straßensängerei, Soldatenleben, Galeerensklaverei. Die Einwände seiner Kameraden und ihre Befürchtungen, letztlich am Galgen zu enden, wischt Spiegelberg großspurig beiseite und bezeichnet sie als Feigheit. Besonders Roller erhebt warnend seine Stimme und warnt in mehreren zynischen Bildern (27,16–26) vor dem unrühmlichen Ende am Galgen. Doch Spiegelbergs sarkastische Ansprache an seine Kameraden hat Erfolg, einer nach dem anderen erklärt, von ihm überzeugt worden zu sein, als letzter erklärt auch Roller sich bereit, sich der Gruppe anzuschließen.

Spiegelbergs Aufruf zur Gründung einer Räuberbande

Rollers Warnung vor dem Tod am Galgen

Spiegelberg glaubt sich am Ziel und will sofort aufbrechen, da wird er durch den Hinweis irritiert, dass man einen Anführer brauche, denn selbst „das Tier muss auch seinen Kopf haben" (29,6 f.). Mit kaum versteckten Andeutungen erklärt Spiegelberg zornig, dass die Führung doch eigentlich geklärt sei, es müsse unweigerlich derjenige sein, der – wie er – einen großartigen Gedanken gehabt habe und damit „ein erleuchteter politischer Kopf" (29,18) sei. Doch Roller macht klar, dass sie alle „ohne den Moor [...] Leib ohne Seele" (29,25 f.) seien.

Spiegelbergs Führungsanspruch

In diesem Augenblick stürmt Karl wutentbrannt hinzu und kennzeichnet die Menschen hasserfüllt als „falsche, heuchlerische Krokodilbrut" (29,29 f.). Für Menschen gebe es offensichtlich keine Blutsverwandtschaft, Vater-

liebe sei Illusion. Habe er doch seinem Vater einen Brief geschrieben, der „wilde Bestien“ hätte in Mitleid zerfließen lassen, selbst „Steine hätten Tränen vergossen“ (30,18), und doch habe der Vater ihn verstoßen.
Mit Rachschwüren wendet er sich von seinem Vater ab, den er so „unaussprechlich geliebt“ (30,27) habe. Der Menschheit droht er „eine brennende Wunde zu versetzen“ (30,30). Seine Gefährten nutzen die Hasstiraden, um Karl aufzufordern, mit ihnen in die böhmischen Wälder zu ziehen und ihr Hauptmann zu werden. Tief enttäuscht beobachtet Spiegelberg, dass alle bereit sind, Karl zu folgen und nicht ihm.
Völlig außer sich sagt Karl sich von seinem Vater los, schwört blutigen Aufruhr und fordert seine Gefährten auf, rücksichtslos zu morden, zu brandschatzen, zu rauben. So wie man ihm die menschliche Geste des Verzeihens und Vergebens durch den Vater versagt habe, werde er jede menschliche Regung unterdrücken. Schließlich fordert er alle auf, ihm „Treu und Gehorsam bis in den Tod“ (31,29) zu schwören. Aber auch Karl schwört nun den Banditen, für sie bis in den Tod als Hauptmann da zu sein, zugleich droht er jedem, der „jemals zagt oder zweifelt oder zurücktritt“ (31,33 f.) mit dem Tod. Nur Spiegelberg teilt die Begeisterung der Banditen nicht und bleibt mit drohenden Worten zurück: Bei allen Todesarten, die Karl als schicksalhaft angesprochen habe, habe er eine vergessen, „das Gift“ (32,7).

Karls Abkehr vom Vater und Aufruf zur Rache und zur Gewalt

Karls Treueschwur

Während Karl am Anfang der Szene angeekelt von der Schwäche seiner Zeit spricht, die keine Helden mehr hervorbringe, sondern nur Schwächlinge, stürzt er sich im zweiten Teil in das tollkühne Abenteuer als Verbrecher, um mit brutaler Gewalt und Unmenschlichkeit die mangelnde Mitmenschlichkeit zu bestrafen.
Dabei unterliegt Karl einer Selbsttäuschung. Sein anfänglich eher verbal geführter Angriff gegen die Gesellschaft ist so wenig reflektiert wie seine Reaktion auf den Brief des Bruders. Ihm fehlt hier wie da ein abwägender, realistischer Sinn für die Wirklichkeit. Seine Idee von verbrecherischer Freiheit ist zum Schluss nur Ausdruck seiner gekränkten Selbstliebe. Offensichtlich hat er als Lieblingssohn seines Vaters nie daran gezweifelt, dass dieser ihm sofort verzeihen würde, und hat wohl auch nie daran gedacht, dass sein Bruder ihm gegenüber Hassgefühle empfinden könnte.

Karls fehlender Realitätssinn

I,3

> Schon in der 1. Szene hatte Franz angedeutet, dass er Karls Geliebte, Amalia von Edelreich, für sich zu gewinnen trachtet. Er will ihr „diesen Karl aus dem Herzen reißen, wenn auch ihr halbes Leben dran hängen bleiben sollte." (13,20 f.) Er, der vom Vater Vernachlässigte, der Hässliche und von der Natur Benachteiligte, hätte damit Karls letzten Rückhalt im bürgerlichen Leben für sich gewonnen, hätte auch in der Liebesbeziehung den von allen bevorzugten Bruder ausgeschaltet und so den vollständigen Triumph über seinen Bruder erzielt.

Franz sucht Amalia in ihrem Zimmer im Schloss der Moors auf, muss aber sofort erkennen, dass Amalia ihn und seinen Vater verachtet. Sie ist empört darüber, dass der alte Graf von Moor seinen Sohn Karl verstoßen hat; ihm selbst sagt sie auf den Kopf zu, dass er Karl hasst.

Versuch von Franz, Amalia für sich zu gewinnen

Franz versucht nun, Karl zu verleumden, indem er behauptet, Karl habe eine Prostituierte mit dem Ring bezahlt, den Amalia ihm geschenkt hatte. Seine intrigante Verunglimpfung setzt er fort, indem er Amalia schildert, wie Karl sich körperlich verändert hat. Er zeichnet das Schreckensgemälde eines von Geschlechtskrankheit verunstalteten Aussätzigen. Doch Amalia durchschaut seine Lügen.

Verleumdung des Bruders

Noch einmal versucht Franz Amalia für sich zu gewinnen, indem er ihr vorspielt, sie mit seiner Schilderung auf die Probe gestellt zu haben. Nun aber habe er ihre wahre Liebe zu Karl zu erkannt, daher werde er seinen Vater darum bitten, ihn anstelle Karls zu bestrafen, ihn zu enterben. Als Amalia ihm um den Hals fällt, weil sie für einen kurzen Moment Franz vertraut, versucht Franz ihr einzureden, dass zwischen den beiden Brüdern schon immer größte Harmonie bestanden habe. Mit mehreren Beispielen sucht er dieses Lügengebäude zu untermauern. Schließlich schildert er eine Abschiedsszene, in der Karl ihn unter Tränen beschworen habe, sich Amalias anzunehmen, sollte er nicht wiederkehren. In diesem Moment durchschaut ihn Amalia endgültig und wendet sich verächtlich von ihm ab: „Geh, sag ich. Du hast mir eine kostbare Stunde gestohlen, sie werde dir an deinem Leben abgezogen." (36,33 f.) Mit dieser Drohung verlässt Franz Amalia.

Kurze Verunsicherung Amalias

Amalias Abscheu vor Franz

In dem abschließenden Monolog bekennt sich Amalia voller Leidenschaft zu Karl. Solange Karl in Armut lebe, wolle auch sie dem Reichtum entsagen, und so „reißt [sie] sich die Perlen vom Hals“ (37,8).

> Im Gegensatz zu dem alten Moor und Karl durchschaut Amalia die Intrigen von Franz sehr schnell, sie lässt sich nicht täuschen, weil sie ihrer tiefen Empfindung zu Karl völlig vertraut. Doch zeigt schon diese Szene deutlich, dass Amalia außer der Beteuerung ihrer Liebe und ihrer Treue kaum Handlungsspielraum bleibt. Ihrer Demonstration der Verbundenheit mit Karl wird weder ein revolutionärer Aufbruch noch eine eigene Intrige folgen, dazu fehlen ihr die aktive Entschlossenheit und Hinterhältigkeit, über die Franz verfügt.

II,1

Es sind inzwischen elf Monate vergangen, und in seinem langen Eingangsmonolog beklagt Franz von Moor, dass der alte Graf noch nicht gestorben ist. Einerseits „möcht [er] das nicht gern selbst getan haben um der Leute willen“, aber er wünscht den alten Grafen „abgelebt“ (38,12), um für seine Pläne freie Bahn zu haben.
In Gedanken geht Franz alle Möglichkeiten durch, wie er den Tod herbeiführen könne, ohne selbst einzugreifen. Er „möcht es machen wie der gescheite Arzt, nur umgekehrt“ (38,13) und überlegt, wie er den „Körper vom Geist aus […] verderben“ (38,25) könne, indem er so starke Emotionen hervorruft, dass der alte Graf daran stirbt. Gemütsbewegungen wie Zorn, Sorge, Furcht verwirft er, selbst der Schreck scheint ihm nicht geeignet, um den Tod herbeizuführen. Schließlich glaubt er die Lösung gefunden zu haben: Verzweiflung über die Nachricht, dass sein Sohn tot sei, soll den Vater tödlich treffen.

Franz als ‚gescheiter Arzt, nur umgekehrt‘

Wie gerufen tritt Hermann, der uneheliche Sohn eines Adligen, auf und wird von Franz überschwänglich begrüßt. Offensichtlich hat es zwischen dem alten Moor und Hermann eine tiefgreifende Auseinandersetzung gegeben, die Hermann nicht überwunden hat. Franz erinnert Hermann noch einmal an die Beleidigung, bezeugt sein Verständnis für seine Rachegedanken und beschenkt ihn, nicht ohne darauf hinzuweisen, dass die

Hermann, der uneheliche Sohn eines Adligen, als ‚Waffe‘ von Franz

Geschenke noch größer ausfielen, wenn er erst Herr im Schloss sei. Dann ruft er Hermann ins Gedächtnis, dass Karl Moor ihm Amalia „weggefischt“ (40,29) habe, und verspricht ihm Amalia, sollte er erst das Sagen im Haus haben.

Um Hermanns Zorn und Hass zu steigern, erinnert Franz ihn an seine uneheliche Geburt und die hämischen Anspielungen von Karl, er sei so ganz nebenbei „zwischen Rindfleisch und Meerrettich gemacht worden“ (40,34 f.) und solle doch seinen wertlosen Adelsbrief versteigern.

Franz eröffnet Hermann die Vision einer Zukunft als Abhängiger von Karl

Noch einmal verspricht Franz dafür zu sorgen, dass Hermann Amalia bekommt. Um Hermann ganz für seinen Plan zu gewinnen, stellt Franz ihm vor Augen, wie es aussähe, wenn Karl zurückkehrte und vom alten Moor die Herrschaft im Hause zugesprochen bekäme.

Der Plan von Franz, um den Vater zu töten

Psychologisch raffiniert hat Franz nun aus Hermann ein williges Werkzeug für seine Pläne gemacht. Hermann soll verkleidet dem alten Moor die Nachricht überbringen, er habe mit Karl zusammen in der Schlacht bei Prag gestanden und Karl sei in dieser Schlacht tödlich verwundet worden. Um seine Nachricht zu untermauern, übergibt Franz Hermann gefälschte Dokumente.

Als Hermann gegangen ist, verrät Franz seine wahre Absicht, „eine Stallmagd, und keine Amalia“ für Hermann, denn „wenn der Ochse den Kornwagen in die Scheune gezogen hat, so muss er mit Heu vorlieb nehmen.“ (43,7 f.)

> Erneut hat Franz bewiesen, dass er ein geschickter und heimtückischer Intrigant ist, der Mitmenschen zu manipulieren versteht, indem er ihre Schwächen und Gemütsbewegungen durchschaut. Raffiniert spielt er mit den seelischen Kränkungen von Hermann, nutzt dessen Demütigungen durch Karl und die unerwiderte Liebe zu Amalia aus.
> Zugleich aber rächt sich auch die schlechte Behandlung Hermanns, der offensichtlich – ähnlich wie Franz – Missachtung im Hause Moor erfahren hat.

II,2

Amalia und der alte Moor

Schlafend ruht der alte Moor in seinem Lehnstuhl, als Amalia herbeischleicht und den Schlafenden gerührt betrachtet: Sie kann ihm „nicht zürnen“ (43,13), wenngleich er ihre große Liebe, Karl, verstoßen hat. Amalia bekommt mit, wie der alte Graf in unruhigem Schlaf träumend von seinem Sohn Karl spricht und glaubt, dessen „kummervollen Blick“ (43,19) auf sich gerichtet zu sehen. Amalia weckt und beruhigt den alten Mann, der noch im Halbschlaf meint, Karls Hand gedrückt zu haben.

Amalia verzeiht ihrem Onkel

Gerührt verzeiht Amalia dem alten Moor, dass er Karl verstoßen hat. Als der Graf Moor Amalia ein Bild zeigt, dass diese von Karl gemalt hat, erinnert sie sich schwärmerisch an ihn und sieht sich auch im Tod in seinen Armen „auf ewig“ (44,36). Innerlich aufgewühlt setzt sie sich an das Klavier und spielt ein Lied, das sie oft mit Karl zur Laute gesungen hat. Das Lied handelt vom Abschied Andromaches von Hektor, bevor Hektor im Zweikampf mit Achill fällt. Während Andromache Hektor zurückhalten will, verspricht Hektor, den sicheren Tod vor Augen, ein Wiedersehen im „Elysium“.

Amalias Lied vom Abschied Andromaches

In diesem Augenblick wird das Lied durch die Nachricht unterbrochen, dass ein Unbekannter sich mit einer wichtigen Nachricht angemeldet habe. Während er geholt wird, spielt Amalia die dritte und vierte Strophe des Liedes. Andromache beklagt hier den bevorstehenden Tod Hektors und das Ende ihrer Liebe, wenn Hektor aus dem Fluss Lethe trinken und damit sein bisheriges Leben vergessen wird. Hektor dagegen beschwört, dass der Fluss Lethe seine Liebe nicht ertränken könne, und drängt darauf, in den Kampf zu ziehen.

Der verkleidete Hermann tritt auf, hereingeführt von Franz, und schildert zunächst einige Einzelheiten aus Karls angeblichem Leben. Seine Erzählung unterstreicht er immer wieder mit Verweisen darauf, wie sehr Karl unter der Verbannung durch seinen Vater gelitten habe. Nach einem Bettlerleben habe Karl sich schließlich beim preußischen Generalfeldmarschall Schwerin als Fahnenträger gemeldet, damit er im Kampf falle, denn er habe keinen Vater mehr (vgl. 46,28). Tatsächlich habe er in der Schlacht bei Prag (Sieg Friedrichs des Großen 1757 über die Österreicher im Siebenjährigen Krieg 1756–1763) heldenhaft gekämpft, habe, als ihm eine Kugel die rechte Hand zerschmetterte, die Fahne mit der linken gehalten, bis er tödlich verwundet zusammengebrochen sei.

Hermanns Erzählung von Karls Heldentod

Theatralisch stürzt Franz sich auf den Überbringer dieser Botschaft, um ihn zum Schweigen zu bringen.

Das Schwert als Beweis für Hermanns Nachricht

Hermann aber überbietet die bisherigen Lügen, indem er dem Vater nun das blutbefleckte Schwert von Karl überreicht und ihm Karls letzte Botschaft übermittelt: Er sei „gefallen in Verzweiflung", der Fluch des Vaters habe ihn „gejagt in Kampf und Tod" (47,22f.).

Die letzten Worte Karls

Seine letzten Worte aber hätten Amalia gegolten, und Karl habe ihm ein Porträt von Amalia überreicht, das er Franz geben solle. Warum, das wisse er nicht.

Sofort glaubt Amalia an Betrug und stürzt sich auf den verkleideten Hermann. Dieser stellt scheinbar verblüfft die Ähnlichkeit des Porträts mit der anwesenden Amalia fest. Überrascht erkennt Amalia ihr Bild; noch einmal erfragt sie die letzten Worte von Karl. Als Hermann wiederholt, dass „Amalia" Karls letzte Worte gewesen seien, ist auch sie von Hermanns Geschichte überzeugt. Verzweifelt wiederholt währenddessen der Vater Karls letzte Botschaft, er habe seinen Sohn „in den Tod gejagt".

Die blutige Botschaft auf dem Schwert

Franz krönt dieses abgekartete Spiel, als er auf dem Schwert Karls in Blut geschriebene Abschiedsworte bemerkt und vorliest: „Franz, verlass meine Amalia nicht! [...] Amalia, deinen Eid zerbrach der allgewaltige Tod!" (48,26f.) Tief getroffen verlässt Amalia den Raum, sie glaubt nun, Karl habe sie nie wirklich geliebt.

Wütend muss Franz erkennen, dass sein Vater den vermeintlichen Schicksalsschlag überlebt hat. Höhnisch erinnert er ihn nun mehrmals daran, dass er ja tatsächlich seinen Sohn in den Tod getrieben habe. Als sich der alte Moor mit dem Aufschrei „Scheusal" auf Franz stürzen will, schleudert dieser seinen Vater zornentbrannt in den Sessel zurück und wünscht ihm Verzweiflung und den Tod.

Amalias liebevoller Trost für den alten Moor

Als Franz den Raum verlassen hat, verflucht ihn der alte Graf. Amalia kehrt mit Tränen in den Augen zurück, sie hat sich offensichtlich gefasst und versucht liebevoll den alten Moor zu trösten. Sie verspricht ihm ein Wiedersehen „droben über den Sonnen" (50,1). Amalia erinnert sich nochmals gerührt an Karls letzte Worte und sehnt sich nach dem Tod, um mit Karl wieder vereint zu sein, dabei beneidet sie Karls Vater darum, dass er früher bei seinem Sohn sein wird.

Erneut betritt Franz den Raum, und sein Vater bittet ihn um Verzeihung für die vorangegangene Auseinandersetzung. Franz geht auf diese Bitte nicht ein, sondern fragt spöttisch, ob sein Vater nun hinreichend um seinen Sohn geweint habe. Diesen Gedanken schließt er zynisch mit der Bemerkung ab, der alte Moor habe ja nun nur einen Sohn.

Die biblische Erzählung von Joseph und seinen Brüdern

Der alte Graf erinnert an die biblische Erzählung von Joseph und seinen Brüdern, auch hier habe der Vater um Joseph geweint, obgleich ihm noch elf Söhne geblieben seien. Er bittet Amalia, diese Erzählung aus der Bibel vorzulesen, nicht ahnend, wie diese Geschichte mit dem Schicksal seines Sohnes Karl übereinstimmt. Franz verschwindet unbemerkt aus dem Zimmer, möglicherweise peinlich berührt von dieser Übereinstimmung.

Der Zusammenbruch des alten Grafen

Der alte Graf ist von der Erzählung so ergriffen, dass er zusammenbricht und zu sterben glaubt. Er bittet Amalia, den Pastor zu rufen, und fragt nach seinem Sohn Franz. Zutiefst erschüttert, dass keiner seiner Söhne bei ihm ist, bricht er wie tot zusammen.

Nachdem Amalia voller Verzweiflung das Zimmer verlassen hat, „hüpft [Franz] frohlockend herein“ (51,31), glaubt sich am Ziel, Herr zu sein im Schloss und über alle Besitzungen. Triumphierend entwirft er in einem Monolog seine Vision von der Nachfolge des Vater: War dieser sanftmütig, verzeihend und tugendhaft, begrüßte „Brüder und Kinder“ „liebreich lächelnd am Tor“, so würde er kalt, brutal und rücksichtslos seinen Untergebenen „die zackigte Sporen ins Fleisch hauen, und die scharfe Geißel versuchen.“ (52,11 f.) Ja, sie würden froh sein dürfen, „Kartoffeln und Dünnbier“ (52,13) als Festschmaus zu bekommen.

Franz sieht sich als neuer Herr

II,3

Karl Moors Räuberbande hält sich in den böhmischen Wäldern auf. Razmann, einer der Begründer der Räuberbande, begrüßt Spiegelberg, der neue Räuber angeworben hat: verarmte Händler, hinausgeworfene Lehrer und Schreiber aus den schwäbischen Provinzen. Blasphemisch betrachtet Spiegelberg seinen Erfolg, 78 „Rekruten“ angeworben zu haben als Zeichen dafür, dass

Spiegelbergs Erzählungen seiner ‚Erfolge‘ bei der Anwerbung von Rekruten wohl „Gottes sichtbarer Segen" (52,24) mit ihm sei, und parodiert die Bibel (1. Mose 32,11: „denn ich hatte nicht mehr als diesen Stab, da ich über den Jordan ging, und nun bin ich zwei Heere geworden").

Voller Stolz berichtet er darauf, dass in allen Zeitungen „Artikelchen von dem Schlaukopf Spiegelberg" (53,5 f.) mit genauester Personenbeschreibung zu lesen seien. Dieses Interesse der Zeitungen an seiner Person habe er dann ausgenutzt, indem er die Beschreibung eines aus der Gegend stammenden „Wurmdoktors" als seine an eine Zeitung gegeben habe. Woraufhin dieser verhaftet und gefoltert worden sei; er habe dann tatsächlich gestanden, Spiegelberg zu sein, und sei gehenkt worden.

Der Tod des Wurmdoktors

Um Razmann zu beweisen, dass er noch „immer der Alte" sei, erzählt er von dem Überfall auf ein Nonnenkloster. Nachdem man allen Nonnen nachts heimlich die Kleidung entwendet habe, habe man sie nackt aus den Zellen getrieben, gezwungen, den Klosterschatz herauszugeben, und sie vergewaltigt.

Der Überfall auf das Nonnenkloster

Spiegelberg rühmt sich recht überheblich selbst seiner Fähigkeit, „Spitzbuben" wie ein Magnet an sich zu ziehen, allerdings müsse auch ein gewisses „Spitzbubenklima" (55,13) herrschen wie etwa im Graubündner Land, das er Razmann empfiehlt zu bereisen.

Spitzbubenklima im Graubündner Land

> Diese Bemerkung war ausschlaggebend für Herzog Karl Eugen, Schiller zu untersagen, weitere „Komödien" zu schreiben, denn Schillers Anspielung hatte zu außenpolitischen Konflikten geführt. Schiller hatte allerdings mit dem Satz nur einen Aufseher in der Karlsschule treffen wollen, der bei allen Schülern äußerst unbeliebt war und aus der Schweiz stammte.

Spiegelbergs Methoden der Rekrutierung

Ausführlich legt er Razmann dar, wie man neue Bandenmitglieder rekrutieren könne: Zunächst müsse man in einer neuen Stadt herausfinden, wer häufig mit dem Gesetz in Konflikt gerate, wer nicht arbeite, seine Schulden nicht bezahle oder sich über Verordnungen beschwere. Diese Leute seien überaus anfällig für eine Anwerbung. Aber es sei auch nicht schwer, ehrliche Bürger anzuwerben. Dazu müsse man beispielsweise jemanden zum Diebstahl provozieren und ihm diesen Diebstahl nachweisen. Das Leugnen des Diebstahls sei dann schon das erste Zeichen einer Anfälligkeit, nun gelte es, den Betreffenden allmählich in das kriminelle Milieu zu verstricken, bis schließlich der gute Ruf verloren sei. „[W]enn der ehrliche Mann einmal aus dem Nest gejagt ist, so ist der Teufel Meister“ (57,2 f.). Freiwillig kämen diejenigen, denen man „Haus und Hof“ geplündert habe, bis sie „kein Hemd mehr am Leibe“ (57,8 f.) hätten, oder diejenigen, die man zu kriminellen Handlungen überredet hätte, so dass sie nun erpressbar seien.

Karl als Gegenmodell zu Spiegelberg – der gute Räuber

Razmann ist beeindruckt von Spiegelbergs Methoden, weist aber zugleich darauf hin, dass auch Karl Moor in der Rekrutierung von Bandenmitgliedern außerordentlich erfolgreich sei. Zudem sei bemerkenswert, dass Moors Raubgesellen gerne unter ihm dienten und sich ihrer Taten keineswegs schämten, denn Moor gehe es nicht darum, sich durch Verbrechen zu bereichern, sondern um Gerechtigkeit in der Welt. Seinen Anteil an der Beute schenke er Waisenkindern oder ermögliche „armen Jungen von Hoffnung“ (58,10) das Studium. Treffe er allerdings auf ausbeuterische Adlige oder auf Herrschende, die das Gesetz für sich ausnützten, „haust [Karl] teufelsmäßig“ (58,15 f.). Dann schildert er den mörderischen Überfall auf einen Grafen und dessen Rechtsanwalt, der ihm mit Tricks geholfen hatte, einen Prozess von einer Million zu gewinnen. Vor der Plünderung habe sich Karl „stolz“ abgewandt und sei im Wald verschwunden.

Gefangennahme Rollers und Karls Racheschwur

In diesem Moment stürzt Schwarz auf die Bühne und berichtet atemlos, dass man Roller, der Moor besonders am Herzen liegt, vor drei Wochen gefangen genommen, verhört, gefoltert und schließlich einen Tag zuvor zum Tode verurteilt habe. Moor sei dies erst einen Tag zuvor mitgeteilt worden und er habe Roller sofort als Mönch verkleidet aufgesucht. Das Angebot, mit ihm zu tauschen, sei von Roller entschieden zurückgewiesen worden. Darauf habe Moor den Schwur geleistet, dass er Roller „eine Todesfackel anzünden [wolle], wie sie noch keinem König geleuchtet hat.“ (59,37 f.) Schwarz befürchtet nun das Schlimmste für die Stadt, in der Roller gehenkt werden soll. Im Hintergrund hört man Schüsse, Stimmengewirr und Rollers Stimme. Der Räubertrupp mit Karl Moor an der Spitze tritt auf, Roller ist unter ihnen.

Während Roller den lang vermissten Branntwein trinkt, berichtet Schweizer von der gewaltsamen Befreiung:

Schweizers Bericht von der Befreiung Rollers

Zunächst habe man erfahren, dass Roller schon am kommenden Tag hingerichtet werden sollte. Am Tag der Hinrichtung habe man gewartet, bis alle Wege menschenleer waren, weil alle dem Hinrichtungszug folgten. Dann habe Moor den Befehl gegeben, die Stadt an dreiunddreißig Ecken anzuzünden, brennende Lunten in Kirchen, Scheunen und in die Nähe des Pulverturms zu werfen. Der Wind habe dann zusätzlich die Flammen angefacht. Kurze Zeit später explodierte der Pulverturm und die ganze Stadt ging in Flammen auf.

Explosion des Pulverturms

Roller schildert den Moment, in dem er – das Chaos ausnutzend – geflohen ist, sich in den Fluss stürzte und unter Wasser schwamm, bis er von seinen Verfolgern nicht mehr gesehen werden konnte. Am Ufer wartete Moor mit neuen Kleidern und Pferden auf ihn. Schließlich aber beschreibt er voller Grauen seine Gedanken und Gefühle beim Gang zur Hinrichtungsstätte: Noch hat er die Spottlieder der Menge und das Krächzen der Raben im Ohr und die halbverfaulten Gehenkten an den Galgen vor Augen. Nie wieder möchte er das erleben, denn „Todesangst ist ärger als Sterben." (63,23)

Rollers Schilderung seiner Todesangst

Doch keinen interessiert die Todesangst von Roller, die Banditen prahlen vielmehr mit ihren Verbrechen, etwa der Plünderung von Kirchen und Kaufläden und der Zahl der Opfer. Ernst und nachdenklich äußert Moor, dass Roller mit den 83 Todesopfern „teuer bezahlt" sei. Schufterle schildert zynisch, wie Säuglinge, Kranke, hochschwangere Frauen, Arme und Alte in den Flammen und einstürzenden Gebäuden umgekommen seien; mitleidlos äußert er, dass es „sich der Mühe nicht [lohnt], dass man davon redt." (64,36 f.) Als er schließlich auch noch – wie nebenbei – erzählt, dass er einen weinenden Säugling in die Flammen geworfen habe, verflucht Karl ihn und verbannt ihn aus der Bande.

Schufterles unmenschliches Verbrechen

Drohend wendet er sich an die Räuberbande, unter anderem auch an Spiegelberg, und kündigt an, dass er „fürchterlich Musterung" (65,2) unter ihnen halten werde. „Zitternd" gehen die Banditen ab, und Moor wendet sich in einem Monolog an Gott. Er beklagt, dass weder Gott noch er verhindern könnte, dass bei Katastrophen die „Gerechten mit dem Bösewicht" (65,15) umkämen. Er verurteilt die begangenen Verbrechen an Kindern, Müttern, Kranken; damit seien seine „schönsten Werke

Karls Selbstzweifel

vergiftet“ (65,26). Er erkennt sein Handeln als Größenwahn und sieht ein, dass nur Gott das Recht zur Rache zukommt. Schon beim ersten Griff zum Racheschwert habe er versagt. Er will seinem „frechen Plan“, seiner Anmaßung, Rache zu üben, entsagen und sich vor den Menschen verstecken. Als er im Begriff ist, seine Räuberbande zu verlassen, zu „fliehen“, wird er gewarnt, dass der Wald voll böhmischer Reiter ist, die offensichtlich die Bande eingeschlossen haben.

Schon sehen sich einige der Räuber „gefangen, gerädert, [...] gevierteilt“ (66,1 f.) und rufen nach ihrem Hauptmann, der sich kurze Zeit zurückgezogen hat. Als er wiederkehrt, wird deutlich, dass er absichtlich abgewartet hat, bis seine Räuberbande eingeschlossen ist. Jetzt gelte es zu kämpfen „wie angeschossene Eber“ (66,32) oder unterzugehen. Er entwirft einen Plan, wie sie mit der fast 20fachen Übermacht an Husaren, Dragonern und Jägern fertig werden könnten. 80 Räubern stehen 1700 Bewaffnete gegenüber.

Umzingelung der Räuber durch eine 20fache Übermacht

Bevor der Kampf anfängt, tritt ein Pater auf, der sich als Unterhändler, von der ‚hohen Obrigkeit‘ gesandt, vorstellt und zunächst Beleidigungen gegen die Räuber und Karl Moor ausstößt. Moor lässt sich nicht von dem Pater provozieren, sondern bittet ihn ironisch, seine auswendig gelernte Predigt (vgl. 68,9) fortzusetzen. Der Pater zählt noch einmal die Verbrechen auf, deren sich Karl Moor und seine Bande schuldig gemacht haben. Spöttisch fordert Karl den Pater auf, doch endlich „zur Sache“ zu kommen und mitzuteilen „was [...] der hochlöbliche Magistrat durch [ihn] kundmachen“ (69,1 f.) wolle.

Der Pater als Vertreter der ‚hohen Obrigkeit‘

Der Pater teilt nun mit, dass man gegenüber Moor besondere Milde walten lassen werde, wenn er „gleich zum Kreuz kriechen, und um Gnade und Schonung flehen“ (69,11 f.) werde; dann lasse man es „bei dem Rade bewenden“. Empört wollen Roller und Schweizer den Pater für dieses in ihren Augen unverschämte Angebot umbringen, doch Moor hält sie zurück und gesteht dem Pater noch weitere Verbrechen. Vier Ringe an seiner rechten Hand zeigt er ihm stellvertretend für Morde an Angehörigen der herrschenden Adelsklasse, unter anderem an einem Minister, einem Finanzrat und einem Pfarrer, die wegen ihrer Skrupellosigkeit, Ungerechtigkeit und Korruption den Tod verdient hätten. Dann

Ringe als Zeichen der Rache – Erinnerung an Lessings „Ringparabel“

Karls Feldzug gegen Korruption und Scheinheiligkeit

entlarvt er das Verhalten der gesamten Kirche und des Paters als pharisäerhaft, verlogen und scheinheilig. Er erinnert an die Eroberung Perus durch Pizarro, die Morde an Heiden im Namen des Christentums und bezeichnet sie als „Falschmünzer der Wahrheit, [...] Affen der Gottheit“ (71,1 f.). Er gesteht durchaus seine Schuld ein, für die er sich dereinst vor Gott verantworten müsse, doch das weltliche Gericht werde er nicht anerkennen, da es korrupt und ungerecht sei und „über Leben und Tod würfelt“ (71,15). Hingegen sei es gerade sein „Handwerk [...] Wiedervergeltung – Rache“ (71,20 f.) zu üben, für die Ungerechtigkeit in der Welt.

III,1

Erneuter Versuch von Franz, Amalia zu ‚gewinnen‘

Amalia sitzt im Garten, spielt auf der Laute und singt dazu ein gefühlvolles Lied. Sie erinnert sich an den tot geglaubten Karl, an ihre gemeinsame Liebe, um letztlich wehmütig zu erkennen, dass sie sich vergebens nach ihm verzehrt.

Franz hat seine ungenierten Nachstellungen nicht aufgegeben, er tritt hinzu und macht Amalia Vorwürfe, dass sie sich wieder einmal “vom frohen Mahle hinweggestohlen, und den Gästen die Freude verdorben“ (74,24 f.) habe. Franz, der inzwischen Herr im Hause ist, versucht erneut Amalia für sich zu gewinnen und „erklärt sich freiwillig für Amalias Sklaven“ (75,26). Aber Amalia weist ihn zornig zurück: ihn, der ihren Geliebten ermordet hat (vgl. 75,28), kann sie niemals als Ehemann anerkennen.

Franz verändert daraufhin seinen Tonfall; hämisch gibt er zu, dass seine Werbung nicht denen ‚schmachtender Schäfer‘ in literarischen Vorbildern entspreche, dass er aber durchaus befehlen könne. Als Amalia ihn als „Wurm“ beschimpft, droht er, sie hinter Klostermauern zu bringen. Amalia vermag hierin keine Drohung, sondern Erlösung vor den Nachstellungen von Franz zu sehen.

Amalias Bedrohung durch Franz und ihre Selbstbefreiung

Seine letzte Möglichkeit sieht Franz nun darin, Amalia zu drohen, sie mit Gewalt, mit dem Degen in der Hand zur Ehe zu zwingen und anschließend zu vergewaltigen. Amalias Ohrfeige reizt Franz dazu, ihr anzudrohen, sie

zur Mätresse zu machen. Als er sie mit sich zerren will, umarmt Amalia ihn. Als Franz überrascht ihre Umarmung erwidern will, entreißt sie ihm seinen Degen und jagt ihn unter Drohungen davon. Der Gedanke an ein Leben hinter Klostermauern eröffnet ihr eine neue Zukunftsperspektive.
Beim Verlassen des Gartens trifft sie auf Hermann, den seine Gewissensbisse zutiefst belasten. Er gesteht Amalia, dass sowohl Karl als auch der alte Moor, Amalias Onkel, noch leben.

III,2

Karls Erinnerungen an seine Jugend

Die Räuber lagern auf einer Anhöhe in einer Gegend an der Donau, sie haben die Übermacht der Verfolger besiegt. Erschöpft wirft sich Karl Moor auf die Erde und blickt melancholisch über die Weinberge und die Getreidefelder. Beim Anblick des Sonnenuntergangs erinnert er sich schmerzhaft an seine Jugend, an eine Zeit, in der er „nicht schlafen konnte, wenn [er] [s]ein Nachtgebet vergessen hatte" (79,11 f.), und wünscht sich sehnsüchtig diese Zeit zurück. Während er die Schönheit der Welt wahrnimmt, sieht er sich selbst als ein „Ungeheuer auf dieser herrlichen Welt" (79,26). Durch seine Verbrechen hat er seine Unschuld verloren und kann die Harmonie einer friedvollen Welt nur von außen beobachten. Er fühlt sich ausgestoßen aus dieser wunderbaren Welt und vermisst die Umarmungen des Vaters, seiner Geliebten, aber auch die eines wirklichen Freundes. Dafür sieht er sich umgeben von „Mördern", „von Nattern umzischt" (79,37).

Karl sieht sich als „Ungeheuer"

Verwundert betrachten die Räuber den Anfall von Moor. Dieser steigert sich weiter hinein in die Selbstzweifel und Vorwürfe. Als Schweizer ihm Wasser bringt, kehrt Moor schlagartig in die Wirklichkeit zurück und erkundigt sich nach den Opfern der gewonnenen Schlacht. Während ihr Feind etwa 300 Soldaten verloren hat, beklagt Moor ein einziges Opfer: Es ist ausgerechnet Roller, der Moor besonders nahe steht. Als wolle er ihm ein persönliches Denkmal setzen, erneuert Moor seinen Schwur, die Bande „niemals [zu] verlassen" (81,16). Die warnenden (und den Schluss vorwegnehmenden) Worte

Schweizers freundschaftliche Geste

Karls erneuerter Schwur der Treue zu seiner Bande

Schweizers, nicht zu schwören, da er ja nicht wisse, ob er „nicht noch glücklich werden" (81,14) könnte und daher den Schwur „bereuen" werde, überhört Moor.
Ein junger Mann, Kosinsky, stößt zu dem Räuberhaufen und sagt, er sei auf der Suche nach Männern, die sich trauten, „dem Tod ins Gesicht [zu] sehen", die die „Freiheit höher schätzten als Ehre und Leben" und bei deren bloßer Namensnennung „Tyrannen bleich" (81,27 f.) würden. Schweizer ist sofort begeistert von Kosinsky, Moor hingegen fragt ihn zunächst nach seinen Motiven, zu ihnen zu stoßen. Kosinsky gibt eine ausweichende bildliche Antwort, er habe „Schiffbruch erlitten auf der ungestümen See dieser Welt" (82,10).
Als Schweizer voller Freude glaubt, in Kosinsky einen „zehnhundertfach[en]" Ersatz für Roller gefunden zu haben, versucht Moor im Gegensatz dazu, dem jungen Mann die Realität des Banditenlebens vor Augen zu halten. Er bezeichnet ihn als ‚leichtsinnigen Knaben', der nicht wisse, was es bedeute, einen Mord zu begehen, und der offensichtlich zu viele Räubergeschichten von Robin Hood gelesen habe oder glaube, „Unsterblichkeit mit Mordbrennerei" (83,27 f.) erkaufen zu können. Eindringlich warnt er ihn vor dem Ende des Banditendaseins, vor „Fluch, Gefahr, Tod, Schande" (83,30) und dem Tod am Galgen.

Karls Versuch, Kosinsky vom Räuberdasein abzuhalten

Väterlich nimmt Karl Moor schließlich Kosinskys Hand und mahnt ihn, noch rechtzeitig zurückzukehren, denn mit dem Eintritt in die Bande entferne er sich „aus dem Kreis der Menschheit" (84,11). Nur Verzweiflung oder ein höheres Ziel könne ein Grund für das Leben in der Räuberbande sein.
Doch nun erzählt Kosinsky sein Schicksal, das ihn dazu getrieben hat, sich der Räuberbande anzuschließen: Er sei ein böhmischer Adliger, der ein stattliches Rittergut nach dem frühen Tod des Vaters geerbt habe. Kurz vor der Hochzeit mit einem engelgleichen bürgerlichen Mädchen, Amalia, sei er zum Hof gerufen worden. Hier habe man ihn dann mit gefälschten Briefen konfrontiert, die einen „verräterischen Inhalt" (85,19) gehabt hätten. Einen Monat lang sei er eingesperrt worden, dann habe er vom ersten Minister des Hofes die Mitteilung enthalten, dass er unschuldig gewesen und nun wieder frei sei.

Kosinsky und die Parallelen zu Karls Schicksal

Als er „im Triumphe nach [seinem] Schloss, in die Arme

[seiner] Amalia“ zurückgeeilt sei, habe er Amalia (85,19 f.) nicht angetroffen. Niemand kannte ihren Aufenthaltsort, man wusste nur, dass man sie gegen Mitternacht abgeholt hatte. Schließlich habe er sie auf seiner Suche zufällig „durch ein verborgenes Gitter im Palast“ (85,26) entdeckt. Auf einem Zettel, den sie ihm zugeworfen habe, habe sie ihm ihr Schicksal geschildert. Man habe sie vor die Alternative gestellt, entweder die Mätresse des Fürsten zu werden oder schuld am Tod ihres Verlobten zu sein.

Das Schicksal von Kosinskys Amalia

Wutentbrannt sei er nun zum Haus des Ministers geeilt, denn nur dieser konnte der „höllische Kuppler“ gewesen sein. Als er weder in seinem Haus noch beim Fürsten anzutreffen gewesen sei, sei er noch einmal zu dem Haus des Ministers zurückgekehrt, habe die Türen aufgebrochen, den Minister tatsächlich gefunden. Doch bevor er habe Rache üben können, sei er überwältige worden. Er sei angeklagt, gefoltert, verurteilt, seiner Güter beraubt und des Landes verwiesen worden. Amalia aber „bleibt in den Klauen des Tigers, verseufzt und vertrauert ihr Leben“.

Das Schicksal Kosinskys rührt Karl Moor so tief, dass er beschließt, Amalia heimlich aufzusuchen.

IV,1

In der Nähe des väterlichen Schlosses verabredet Karl Moor mit Kosinsky, dass dieser Karl im Schloss als „Graf von Brand“ aus Mecklenburg ankündigen und sich selbst als Pferdeknecht ausgeben solle.

Karl begrüßt die heimatliche Erde

Während Kosinsky zum Schloss eilt, begrüßt Karl die Heimat. Tief gerührt küsst er die heimatliche Erde und erinnert sich voller Wehmut an seine Kindheit. Er erinnert sich daran, wie er auf den Hügeln um das Schloss herum die siegreiche Schlacht Alexander des Großen bei Arbela nachgespielt hat. „Die goldenen Maienjahre der Knabenzeit leben wieder auf“ (87,19) und mit ihnen auch sein Zukunftstraum, als Vater mit „Amalias blühenden Kindern“ die eigene Kindheit noch einmal zu erleben.

Karls erneute Erinnerungen an seine Kindheit

Dann reißt ihn die Frage, warum er in die Heimat gekommen sei, aus seinen Träumen. Das Elend seiner verbrecherischen Existenz wird ihm wieder bewusst, und er beschließt, nicht zurückzukehren. Dann aber blickt er zum Schloss zurück, und in diesem Moment wird ihm klar, dass er seinen Vater und Amalia sehen muss. Mit den Worten „Amalia! Vater! dein Karl naht" (88,13) eilt er dem Schloss zu.

IV,2

Karls Inkognito als Graf von Brand

Unerkannt hat Karl als Graf von Brand Amalia in die Gemäldegalerie des Moor'schen Schlosses begleitet. Er gibt vor, das Porträt des alten Hausherrn zu suchen, den er vor achtzehn Jahren das letzte Mal gesehen habe. Wie vom Blitz getroffen bleibt er dann vor dem Gemälde seines Vaters stehen. Amalia ist überrascht, dass Graf von Brand sich so intensiv für den alten Moor interessiert.

Amalia und das Porträt Karls

Als Amalia wenig später vor dem Porträt Karls in Tränen ausbricht, erkennt dieser, dass sie ihn noch immer leidenschaftlich liebt. Nachdem Amalia sich rasch entfernt hat, betrachtet Karl noch einmal mit tiefem Schmerz das Bild seines Vaters. Vorwurfsvoll verflucht er sich selbst dafür, dass er seinen Vater getötet habe. „Ergriffen vom Anblick seines Vaters" „rennt" er davon (89,34 f.).

Das einzige „Treffen" von Franz und Karl – Franz vor dem Porträt Karls

Franz, der nun in den Gemäldesaal des Schlosses getreten ist, fühlt sich durch die Anwesenheit des fremden Grafen verunsichert. Er hat den Eindruck verfolgt zu werden und fühlt sich, als sei „ein Spion der Hölle" (90,4) auf seinen Fersen. Zudem kommen ihm Amalias Verhalten und ihre „gierig schmachtende[n] Blicke" (90,7 f.) merkwürdig vor, auch das Gesicht des Fremden löst in ihm Furcht aus. Er ermahnt sich zur Vorsicht.

Franz durchschaut Karls Verkleidung

Als er vor dem Porträt Karls stehen bleibt und es genauer betrachtet, fallen ihm Übereinstimmungen mit dem Fremden auf. Wie Schuppen fällt es ihm von den Augen: Er erkennt, dass der Fremde sein Bruder Karl ist. Wütend sieht er seine bisherigen Erfolge in Gefahr, aber zugleich begreift er, dass er so weit gegangen ist, dass an ein „Umkehren […] nicht mehr zu gedenken" (90,29 f.) ist. Gnade und Erbarmung wird es für ihn nie mehr geben, also muss er den einmal eingeschlagenen Weg weiter beschreiten.

Schon scheint ein neuer Plan in ihm gereift. Er ruft den

Hausknecht Daniel zu sich, doch Daniels Verhalten und Gesichtsausdruck missfallen Franz. Voller Misstrauen vermutet er, dass Daniel schon gegen ihn aufgewiegelt sein könnte, und befiehlt ihm Wein zu holen. Dann unterstellt er Daniel, den Wein im Auftrag des Grafen von Brand vergiftet und mit ihm und Amalia verschwörerisch gesprochen zu haben. Er packt den Hausdiener und behauptet, dass sie alle sogar danach trachteten, ihn zu ermorden.

Franz beschuldigt den alten Hausdiener des Verrats

Daniels beteuert seine Unschuld, und scheinbar beschwichtigend nimmt Franz die Anschuldigungen zurück, um gleich danach weitere Verdächtigungen in Form von Fragen vorzutragen: ob ihn der fremde Graf bestochen, ihn besonders freundlich begrüßt oder ihm gesagt habe, dass er den alten Grafen Moor besonders schätze. Tatsächlich erinnert sich Daniel an eine derartige Aussage des fremden Gastes und schildert dessen Verhalten in der Gemäldegalerie vor dem Bildnis des alten Moor.

Franz versichert sich zunächst der absoluten Ergebenheit des alten Hausknechtes und verlangt Gehorsam in allem, was er fordere. Den Einwand Daniels, nur so weit zu Gehorsam verpflichtet zu sein, wie es nicht gegen sein Gewissen und Gott gehe, wischt Franz höhnisch vom Tisch: „Ich bin ja Herr. Mich werden Gott und Gewissen strafen, wenn es ja einen Gott und ein Gewissen gibt." (93,3 f.) Dann fordert er von ihm, den fremden Grafen zu ermorden.

Daniel als gedungener Mörder

Franz stellt den alten Mann vor die Alternative, den Auftrag auszuführen oder im Kerker des Schlosses zu verschmachten. Entsetzt weist Daniel den Auftrag zunächst zurück. Seine flehentliche Bitte, ihn wegen seines Alters von 71 Jahren zu verschonen, ignoriert Franz und unterstreicht noch einmal die Wahlmöglichkeit: „das höchste Glück, und das äußerste Unglück!" (94,20) Schließlich erklärt sich der alte Hausdiener bereit: „Ich will's tun, morgen will ich's tun."

Wieder allein setzt sich Franz erneut – wie schon in Akt I – mit dem Thema Tod, Geburt und Zeugung auseinander. So wie der Zeugungsakt nur ein Kitzel nach einer Flasche Wein gewesen sein könnte, so ist es für ihn auch nur ein momentaner Kitzel, das Gegenteil zu veranlassen: nämlich ein Menschenleben auszulöschen. Dabei

Tod, Geburt und Zeugung aus Franz' Sicht

ist er überzeugt, dass hierin mehr Verstand und Plan zu sehen sei, als im „Werk einer viehischen Anwandlung" (95,1 – vgl. auch 15,17 f.), denn die Zeugung sei doch weitgehend nur von Zufällen, etwa vom „anziehenden Anblick eines Betttuchs, oder [...] der waagerechten Lage einer schlafenden Küchengrazie" (94,36 f.) abhängig.

Die Macht des Gewissens

Dann kreisen seine Gedanken um den Begriff „Mord". Er verflucht diejenigen, die in der Kindheit und Jugend versucht haben, mit „schröcklichen Märchen", grässlichen Bildern „von Strafgerichten" (95,5 f.) die Abneigung gegen Gewalt und Mord auszubilden. Franz versucht Mord als etwas durchaus Natürliches zu erklären, so verhindere doch auch die Natur die Entstehung von Leben, etwa wenn der Ehemann plötzlich in der Hochzeitsnacht Durchfall bekomme und damit von der Zeugung abgehalten werde. Das menschliche Leben könne doch nicht so hoch geachtet werden, denn der Mensch entsteht aus Morast, wate „eine Weile im Morast, und macht Morast, und gärt wieder zusammen in Morast, bis er zuletzt an den Schuhsohlen seines Urenkels unflätig anklebt. [...] der morastige Zirkel der menschlichen Bestimmung" (95,17–21).

Nihilistische Sicht auf das Leben

Zum Schluss seines Monologs verleugnet Franz sein Gewissen. Es erhalte bei ihm „nimmermehr Audienz", (95,24 f.) denn es sei doch nur ein missgelauntes, gichtgeplagtes, sittliches Wesen, mit dem man höchstens alte Prostituierte auf den Weg der Tugend bringen oder alte Ausbeuter auf dem Sterbebett noch Furcht einflößen könne.

Aber die freudlose Sicht der menschlichen Existenz, die seelenlose Betrachtung des Lebens und die trostlose Perspektive auf die Lieblosigkeit der Zeugung wirken angesichts der letzten Sätze des Monologs eher wie die Resignation eines von niemandem geliebten Menschen, der seine eigene Hoffnungslosigkeit zum Maßstab des Daseins macht.

IV,3

In einem anderem Zimmer des Schlosses treffen Karl Moor und der alte Hausknecht Daniel aufeinander. Recht unvermittelt bittet der alte Mann darum, Karl, der die

Rolle des Grafen von Brand weiterzuspielen sucht, die Hand küssen zu dürfen. Gerührt umarmt Karl den Hausdiener und weist dessen Ansinnen zurück, doch Daniel erzwingt den Handkuss, denn mit ihm will er sichergehen, dass er den Sohn des alten Grafen vor sich hat. Tatsächlich erkennt er ihn an einer Narbe, die dieser sich als Kind zugezogen hat. Tief gerührt begrüßt Daniel nun Karl und bezeichnet sich selbst als Esel, der nicht sofort den geliebten Sohn seines Herrn erkannt hat. Karl jedoch verleugnet seine Identität auch noch, nachdem der alte Diener ihm erzählt hat, wie er sich als kleines Kind die Wunde zugezogen habe.

Der alte Hausdiener erkennt Karl an seiner Narbe

Doch als Daniel an die Versprechen Karls erinnert, die dieser dem Diener gegeben hat, als er noch klein war, fällt Karl Moor dem alten Mann, der in Tränen ausbricht, um den Hals und beteuert zu "halten, was er versprochen hat" (98,12). Nie habe er, so fährt er fort, den alten Mann vergessen, voller Dankbarkeit schenkt Karl Daniel einen Beutel mit Geld.

Karl erneuert seine Versprechen gegenüber Daniel

Der alte Hausknecht berichtet daraufhin Karl Moor von der Treue Amalias und deutet – mit für Karl zunächst unverständlichen Sätzen – an, dass der alte Moor seinen Sohn Karl für tot gehalten habe. Als er gegangen ist, rekonstruiert Karl allmählich, dass Franz offensichtlich seine Briefe unterschlagen und ihn beim Vater verleumdet hat. Nun macht er sich Vorwürfe, dass er seinerzeit seinen Vater nicht persönlich um Vergebung gebeten hat, es hätte ihn „einen Fußfall gekostet, es hätte [ihn] eine Träne gekostet –“ (99,20 f.). Er verflucht seinen Bruder. Als Kosinsky hinzukommt, fordert er ihn auf, die sofortige Abreise vorzubereiten denn er befürchtet, seine Selbstkontrolle zu verlieren und seinen Bruder zu töten. Anders als Franz sieht Karl nämlich in der Blutsverwandtschaft ein hohes Gut und will sich nicht an seines „Vaters Sohn" (99,37) vergehen, auch wenn er sich letztlich von ihm lossagt.

Karls plötzliche Erkenntnis der Intrigen von Franz

Karls Rücksicht auf „Blutsverwandtschaft“

Als Kosinsky meldet, dass die Pferde bereit stünden, bringt Karl es nicht über das Herz abzureisen, ohne Amalia noch einmal gesehen zu haben.

IV,4

Amalias Verunsicherung durch den fremden Grafen

Im Garten versucht Amalia sich über ihre Gefühle gegenüber dem fremden Grafen klar zu werden, dabei verraten ihre Tränen ihre emotionale Verunsicherung. Der Fremde hat in ihr ein tiefes Empfinden ausgelöst hat, das sie an die Zeit mit Karl erinnert. "Die genossenen Lenze der Liebe dämmerten auf mit der Stimme" (100,19 f.). Doch mit Entschlossenheit weist sie die Gefühle von sich, nennt sie, verräterisch' und ‚gottlos'. Um eine weitere seelische Beunruhigung zu verhindern, beschließt Amalia, dem Fremden nie wieder zu begegnen. Doch in diesem Moment nähert sich Karl, den Amalia nach wie vor für den Grafen von Brand hält. Sie fühlt sich außerstande zu fliehen; wie gebannt blickt sie den fremden Gast an, der in ihr die gleichen Gefühle hervorruft wie Karl. Als wolle sie den Fremden bannen, zieht sie ein kleines Porträt Karls heraus, betrachtet es und fleht: „weg alle gottlosen Blicke nach diesem." (101,8 f.) Karl verlangt, das Bild von Amalias Geliebtem auch einmal betrachten zu dürfen. Als er erkennt, dass es sein eigenes Porträt ist, ist er betroffen.

Amalia zeigt dem Grafen von Brand Karls Bild

Amalias schwärmerische Erinnerung an Karl

Amalia erinnert sich schwärmerisch an die Zeit mit Karl in ebenjenem Garten und beschwört die Ewigkeit ihrer Liebe. Ohne sich erkennen zu geben, schildert Karl nun seine Liebe zu einer Frau, die ebenfalls Amalia heiße, ihn jedoch tot glaube. Allerdings sei seine Amalia eine unglücklich Liebende, ihre Liebe gelte einem „Totschläger", und er müsse ihr „für jeden Kuss einen Mord aufzählen" (102,30–32). Beglückt springt Amalia auf, glaubt sie doch nun einen entscheidenden Unterschied zwischen dem fremden Grafen, der sie so verstört hat, und ihrem geliebten Karl zu erkennen: „seine Seele ist so fern von einem blutigen Gedanken, als fern der Mittag von der Mitternacht ist." (102,37 f.)

Karl gibt sich Amalia mit einem Lied zu erkennen

Karl wendet sich betroffen ab, währenddessen spielt Amalia jenes Lied auf der Laute, das sie zuvor schon einmal ihrem Vater vorgesungen hat als Lieblingslied von Karl und ihr. Nach der ersten Strophe übernimmt Karl die Laute und lässt die ersten beiden Zeilen der zweiten Strophe erklingen, bevor er die Laute wegwirft und flieht.

IV,5

In einem nahe gelegenen Wald lagern die Räuber bei einer Schlossruine. Sie besingen ihr gesetzloses und ungezügeltes Leben, besingen Raub, Mord, aber auch ihr freies Leben. Die Nacht bricht ein und die Räuber warten auf die Heimkehr Karls.

Spiegelbergs Mordplan
Verschwörung

Spiegelberg versucht erneut, die Abwesenheit Karls zu nutzen, um sich selbst zum Hauptmann der Bande zu machen. Er will Razmann anstiften, mit ihm zusammen Karl Moor hinterrücks zu ermorden. Doch Schweizer, der Verdacht geschöpft und das Gespräch mitangehört hat, ersticht Spiegelberg und schließt Razmann aus der Bande aus.

Spiegelbergs Tod als düsteres Vorzeichen für Karl

Indessen kehren Karl und Kosinsky zurück. Schweizer informiert Karl über den Verrat Spiegelbergs und seine Bestrafung, ist jedoch unzufrieden mit der Reaktion von Karl. Dieser begreift den Tod Spiegelbergs nämlich als Wink des Himmels, der damit dessen Entscheidung, eine Räuberbande zu gründen, bestraft habe. Düster sieht Karl nun auch die eigene Zukunft, Spiegelbergs Tod ist ein Vorzeichen für das eigene Ende.

Die Räuber erwarten von Karl weitere Befehle, doch dieser vertröstet sie auf später. Er gibt ihnen zu verstehen, dass er sich nach dem Besuch im väterlichen Schloss erst wieder fassen müsse, und verlangt seine Laute.

Karls Gesang von Brutus und Cäsar

Obgleich es schon Mitternacht ist und die Räuber sich erschöpft zum Schlafen legen, vermag Karl keine Ruhe zu finden. Er singt ein Lied zur Laute, das die Begegnung von Cäsars Geist mit dem Geist seines Mörders Brutus an der Schwelle des Totenreichs schildert (vgl. hierzu S. 131 f. „Lieder“).

Karls seelischer Zwiespalt

Nach dem Lied legt Karl die Laute beiseite und überdenkt seine Zukunft. Sein seelischer Zwiespalt zeigt sich mehrfach im Unterschied zwischen dem, was er in seinem Monolog überheblich vorträgt, und seinen körperlichen Reaktionen. Während er behauptet, vor den ‚Geistern der Erwürgten‘, vor ihrem „Sterbegewinsel“, den „fürchterlich klaffenden Wunden“ (110,11–14) nicht zu erschrecken, nicht zu zittern, überfallen seinen Körper Angstschauer und Zittern.

Selbstmordgedanken

Erscheint er zunächst entschlossen, sich zu erschießen, verwirft er schließlich den Gedanken an Selbstmord, weil ihm dies als Flucht vor der Verantwortung erscheint. Er will nicht aus Furcht vor einem ‚qualvollen Leben sterben', er will seinen Lebensweg „vollenden" (111,12).

Hermann und der alte Moor

In diesem Augenblick nähert sich Hermann dem alten verfallenen Schloss, vor dem die Räuber ihr Nachtquartier bezogen haben. Die Uhr hat Mitternacht geschlagen, und es ist so finster, dass Hermann Karl, der in der Nähe ist, nicht sehen kann. Gespenstische Geräusche dringen durch die Nacht, als Hermann an das Tor des Schlosses klopft und eine Stimme ihm antwortet. Hermann hat für den im Schloss Gefangenen Essen mitgebracht. Die nächtlichen Geräusche, vor allem aber das Schnarchen der Räuber, das Hermann sich nicht erklären kann, ängstigen ihn, so dass er rasch fliehen will.

Karl erkennt den tot geglaubten Vater

Doch Karl hindert ihn daran und entdeckt das Geheimnis, das Hermann zu verteidigen sucht. Er befreit den Gefangenen, den Hermann heimlich versorgt hat, und „springt erschrocken zurück", als er die Stimme seines Vaters erkennt. Glaubt er zunächst den Geist seines toten Vaters zu erblicken, muss er dann feststellen, dass sein tot geglaubter Vater lebt. Schon vor drei Monaten hat Franz ihn im Verlies des Schlosses eingesperrt.

Der Bericht des alten Moor von den Mordversuchen von Franz

Der alte Moor erzählt Karl, den er noch immer nicht erkennt und der sich seinem Vater gegenüber auch nicht zu erkennen gibt, seine Leidensgeschichte. Jetzt erfährt dieser, wie Franz versucht hat, den Vater zu Tode zu erschrecken. Tatsächlich, so schildert der alte Moor die Geschehnisse, sei er nach der Mitteilung, dass Karl im Kampf gefallen sei, ohnmächtig umgefallen. Man habe ihn für tot gehalten und aufgebahrt. Als er wieder erwacht sei, habe er an den Sargdeckel geklopft. Franz, der den Sargdeckel geöffnet habe, habe ihn mit „entsetzlicher Stimme" (113,27) gefragt, ob er denn ewig leben wolle, und habe den Sargdeckel wieder zugeschlagen. Nachts sei er abgeholt und im Sarg bis zu der Schlossruine transportiert worden. Dort habe Hermann zusammen mit Franz ihn in das Verlies gesperrt.

Hermann als Retter des alten Grafen

Offensichtlich von seinem schlechten Gewissen geplagt, habe Hermann ihn seitdem mit Essen versorgt, denn Franz habe vorgehabt, ihn verhungern zu lassen. Zwar habe er körperlich und seelisch unendlich gelitten, nicht zuletzt aus Kummer um seinen Sohn Karl, doch habe er „gerecht“ (114,28) gelitten, weil er seinen Sohn Karl verstoßen habe.

Rachschwur Karls

Außer sich vor Wut weckt Karl seine Räuberbande und konfrontiert sie mit dem Schicksal seines Vaters und den Verbrechen seines Bruders. Mit fürchterlichen Verwünschungen schwört er vor seiner Bande, „das Licht des Tages nicht mehr zu grüßen, bis des Vatermörders Blut, vor diesem Steine verschüttet, gegen die Sonne dampft.“ (115,27) Seine Räuberbande fordert er auf niederzuknien, um dafür zu danken, dass eine „unsichtbare Macht [ihr] Handwerk geadelt“ (116,3 f.) habe, dass sie nun die Racheengel einer höheren Gewalt und nicht mehr gemeine Verbrecher seien.
Karl beauftragt Schweizer, als Dank für eine zurückliegende Rettung aus höchster Not, Franz Moor gefangen zu nehmen und lebendig zu ihm zu bringen, damit er Rache nehmen könne.

V,1

Daniels Fluchtversuch

Mitten in der Nacht ist Daniel im Begriff das Moor’sche Schloss, in dem er so lange gedient hat, zu verlassen, denn er ist nicht bereit, die Forderung seines neuen Herrn zu erfüllen und Karl zu ermorden. Tief betrübt nimmt er Abschied von allem, was ihm über so lange Zeit vertraut war. Da stürzt Franz mit lautem Geschrei herein und verlangt, dass alle geweckt und bewaffnet würden. Daniel eilt davon, dieweil Franz einem Bediensteten atemlos seine nächtlichen Visionen von schwebenden Geistern, Teufeln und galoppierenden Pferden schildert. Er verlangt, dass der Pastor geholt werde.

Angstvisionen von Franz

Als Daniel zurückkehrt, beruhigt sich Franz wieder und verharmlost seine Erregung als Folgen eines Traumes und seines Fiebers. Als Daniel ein Mittel gegen seine Krankheit aus dem Keller holen will, gerät Franz erneut in Unruhe und bittet Daniel, ihn nicht allein zu lassen. Besorgt stellt Daniel fest, dass Franz ganz offensichtlich krank ist. Dieser bestätigt Daniels Ansicht und versucht die Alpträume auf seine Krankheit zu schieben, denn die „Krankheit verstöret das Gehirn, und brütet tolle und wunderliche Träume aus“ (119,34 f.). Dann bricht Franz ohnmächtig zusammen.

Der Traum von Jüngsten Gericht

Die Vision des Vaters als Richter

Die Verdammung von Franz

Ankunft des Pastors

Als er sein Bewusstsein wiedererlangt hat, glaubt er in Daniel ein „scheußliches Totengeripp" zu erkennen. Doch dann beruhigt Daniels Anwesenheit ihn erneut, und er beginnt Daniel seinen Traum zu erzählen: Nach einem königlichen Mahl sei er berauscht im Schlossgarten eingeschlafen. Da habe mit einem Mal ein Donner seinen Schlaf zerrissen und ein Feuer sei am Horizont entfacht. Städte, Wälder, Berge seien wie Wachs geschmolzen und eine eherne Posaune habe die Toten gerufen. Ein Strom von menschlichen Leibern sei wie „ein lebendiger Sturm" (120,33) aufgebrochen. Er selbst habe am Fuße des Berges Sinai gestanden, inmitten des Stroms der menschlichen Körper, und im Aufschauen habe er auf der Höhe des Berges „auf drei rauchenden Stühlen drei Männer, vor deren Blick [...] die Kreatur" (121,2 f.) geflohen sei, erblickt. Daniel erfasst voller Schrecken, dass der Traum die biblische Schilderung des Jüngsten Gerichts widerspiegelt.
Franz setzt die Schilderung seines apokalyptischen Traumes fort, der schließlich darin gipfelt, dass ein alter Mann auftritt, der ihm bekannt vorkommt. Dieser halb verhungerte Alte habe eine Locke seines „silbernen" Haupthaares abgeschnitten und in die Schale der Sünden geworfen. Diese sei daraufhin plötzlich „zum Abgrund" (122,4 f.) gesunken, die „Schale der Versöhnung" dagegen „flatterte hoch auf". Eine Stimme verkündete zugleich „aus dem Rauche des Felsens", dass jedem Sünder Gnade widerfahre, nur er allein sei „verworfen" und verdammt.
Als Daniel schaudernd den Traum als göttliche Botschaft beurteilt, weist Franz diese Deutung hochmütig zurück, verlangt erneut, den Pastor zu sprechen, und schickt Daniel, ihn herbeizuholen. Während er auf den Pastor wartet, setzt sich Franz mit der Existenz eines über allem stehenden rächenden Wesens auseinander. Zunächst weist er diese Vorstellung als „Pöbelweisheit, Pöbelfurcht" (122,18) von sich, will sogar befehlen, dass es keinen rächenden Richter geben dürfe. Dann jedoch überkommt ihn Angst, als er an den Tod denkt und an die Möglichkeit, dass es einen Rächer „droben über den Sternen" (122,21) geben könnte.
Der herbeigerufene Pastor Moser ist überrascht, dass Franz ihn zum ersten Mal in seinem Leben hat rufen las-

sen, und vermutet, Franz wolle sich entweder über die Religion lustig machen oder er beginne sich vor ihr zu fürchten. Überheblich begründet Franz seinen Wunsch, den Pastor zu sehen, damit, dass er ihm beweisen wolle, dass es keinen Gott gebe. Doch der Pastor widerlegt die Erklärung von Franz als inkonsequent: Wenn er so überzeugt sei, dass es keinen Gott gebe, warum habe er dann einen Pastor kommen lassen? Franz gibt vor, aus Langeweile dieses Gespräch gefordert zu haben, um dann nihilistisch fortzufahren, dass es keinen übergeordneten Sinn des Daseins und keine „unsterbliche Seele" gebe.

Moser durchschaut die Lebenslüge von Franz

Doch der Pastor durchschaut die Lebenslüge von Franz und billigt ihm zu, gewonnen zu haben, wenn er angesichts des Todes nicht den mindesten Schauer empfinde. Er selbst wolle an seinem Bett stehen und ihn „starr ins Auge fassen, wenn der Arzt [seine] kalte, nasse Hand ergreift und den verloren schleichenden Puls kaum mehr finden kann" (124,23–25). Im Moment seines nahenden Todes werde sich in Franz' Innerem ein Tribunal abspielen, das ihm blitzartig sein bisheriges Leben vor Augen führe; wenn er dann noch so unbeeindruckt sei, wie er jetzt erkläre, dann habe er gewonnen.

Obgleich Franz schon deutlich beunruhigt ist, wehrt er die Aussagen des Pfarrers erneut als „Pfaffengewäsche" (125,3) ab. Doch unbeeindruckt setzt der Pastor seine Strafpredigt fort und hält Franz vor Augen, wie er vor Gott für seine Verbrechen zur Rechenschaft gezogen wird. Verzweiflung oder Triumph im Leben werde sich nun umkehren, „was hier endlicher Triumph war, wird dort ewige unendliche Verzweiflung." (125,27 f.)

Die Strafpredigt des Pastors

Wütend will Franz den Pastor angreifen, doch ungerührt öffnet dieser Franz die Augen, dass er „dem Arm des Vergelters" niemals entgehen könne, sein „unsterblicher Geist" werde auf jeden Fall zur Verantwortung gezogen. Zynisch und überheblich entgegnet Franz, er wolle die richtende Macht so zur Wut reizen, dass sie ihn „in der Wut zernichte" (126,12). Dann stellt er Moser die Frage, welches die größte Sünde sei, die seinen Richter am „grimmigsten" herausfordere. Der Pastor nennt Franz die beiden grauenvollsten Sünden: Vatermord und Brudermord. Im Innersten getroffen sinkt Franz auf einen Stuhl, während der Pastor ihn sarkastisch beruhigt, er

Vater- und Brudermord als schlimmstmögliche Vergehen

solle sich doch glücklich preisen, sei er doch im Vergleich zum Vatermörder „ein Heiliger“ (126,31).

Moser entlarvt Franz

Im Abgehen entlarvt der Pastor die größenwahnsinnige Einstellung von Franz, indem er sich verwundert zeigt, dass „das Pfaffengewäsche so einen Philosophen in Harnisch jagen“ könne und rät ihm sarkastisch, sein Geschwätz doch einfach „mit dem Hauch [seines] Mundes“ (126,37 f.) wegzublasen. Zutiefst betroffen bleibt Franz zurück, als ein Bedienter mitteilt, dass Amalia und der fremde Graf verschwunden seien. Zugleich nähert sich Daniel ängstlich und teilt mit, dass ein Trupp Reiter mit Mordgeschrei herangaloppiere.

Ankunft der Räuber

Während schon Getümmel hörbar ist, beschwört Franz Daniel, die Kirchenglocken läuten zu lassen, zudem alle zum Gebet aufzufordern, die Gefangenen freizulassen und den Armen „alles doppelt und dreifach wieder[zu]geben“ (127,12 f.). Zugleich bittet er um den Beichtvater. Daniel ist über den plötzlichen Sinneswandel von Franz überrascht, vermag ihn zunächst nicht zu verstehen und hält den Sinneswandel für einen Akt der Blasphemie. Doch je näher der Tumult heranrückt, desto kopfloser reagiert Franz. Er versucht zu beten, muss dann jedoch einsehen, dass sein Inneres „verdorret“ (128,16) ist. Während Steine und Brandfackeln in das Schloss geworfen werden und das Schloss Feuer fängt, verlangt Franz von dem alten Daniel, ihn hinterrücks zu erstechen. Doch Daniel entzieht sich dieser Forderung.

Verspätete Reue von Franz

Das Feuer greift um sich, und Franz muss erkennen, dass er den Verfolgern nicht entrinnen kann, denn schon splittern die Türen unter dem Ansturm. Vor dem Selbstmord mit dem Degen schreckt er zurück, dann aber erdrosselt er sich mit seiner goldenen Hutschnur. Schweizer stürmt mit seinen Gefährten in das Zimmer und kann nur noch den Tod von Franz feststellen. Niedergeschmettert muss er erkennen, dass er sein Versprechen, Franz lebend zu Karl zu bringen, nicht hat halten können, und erschießt sich.

Tumult im Schloss und Selbstmord von Franz

Selbstmord von Schweizer

V,2

Karl Moor und sein greiser Vater sitzen vor jener Schlossruine, aus der Karl den alten Moor gerettet hat. Karl wartet ungeduldig darauf, dass man seinen Bruder Franz herbeischafft. Der alte Graf von Moor, der seinen Sohn Karl noch immer nicht erkannt hat, bittet derweil um Gnade für seinen Sohn Franz. Franz habe ihn sozusagen als göttlicher Ausgleich dafür gequält, dass er seinen Sohn Karl gequält und verleugnet habe. Karl ringt mit sich, ob er sich seinem Vater zu erkennen geben soll, doch der Gedanke daran, dass er keineswegs mehr der Sohn ist, den sein Vater erwartet, hält ihn zurück.

Die Bitte des alten Moor um Gnade für seinen Sohn Franz

Ohne sich erkennen zu geben, erfleht Karl den Segen von dem alten Moor dafür, dass er ihn aus dem Verlies geholt hat. Nachdem ihn der Greis gesegnet hat, verliert Karl seine Energie, er fühlt sich „schlapp, der Dolch sinkt aus [seinen] Händen." (131,23 f.) Schließlich fordert er von dem alten Mann einen väterlichen Kuss. Nun hat sich der Gedanke an Rache endgültig verloren und Karl fürchtet, dass man in diesem Moment Franz bringen könnte.

Der Segen des alten Moor für den (noch unerkannten) Karl

Indessen kehren die Gefährten Schweizers in stummer Trauer und mit verhüllten Gesichtern zurück. Als sie Karl mitteilen, dass Schweizer nicht mehr zurückkehre, deutet Karl dies irrtümlich damit, dass man Franz nicht gefunden habe. Erleichtert springt er auf und glaubt „alles überstanden" (132,18); Erbarmung und Verzeihen möge seine und seines Bruders Zukunft bestimmen.

Karls Erleichterung darüber, dass er Franz nicht strafen muss

Neue Räuber tauchen auf, die Amalia mit sich führen und sie als hervorragenden „Fang" (132,20) bezeichnen. Sie erkennt sofort den alten Moor und stürzt sich seine Arme. Dann umarmt sie leidenschaftlich Karl. Doch völlig unverständlich für Amalia reißt sich Karl von ihr los und verlangt von den Räubern sofortigen Aufbruch. Amalia aber versucht Karl, den sie als ihren Bräutigam anspricht, zu beruhigen. Sie glaubt sich gefühllos verhalten zu haben und entschuldigt sich bei Karl.

Amalia als Gefangene der Räuber

Der alte Moor fängt Amalias Worte „Bräutigam" auf und versucht diese Aussage zu begreifen. Karl Moor hingegen gerät völlig außer Fassung, als Amalia ihm ihre ewige Liebe gesteht. Erschüttert will er fliehen, geht dann aber voller Verzweiflung mit dem gezückten Degen auf seine Kumpanen los und fragt sie, wer ihn denn eigentlich „hierhergelockt" habe. Er beschimpft sie als „Kreaturen des Abgrunds" (136,16 f.). Dann aber wendet er sich an seinen Vater und verurteilt ihn „zum dritten Mal" zum

Ihr Liebesgeständnis an Karl

Das ‚Todesurteil' von Karl an seinem Vater

Tode, indem er sich ihm und Amalia als Hauptmann der Räuberbande zu erkennen gibt. Tatsächlich kann der alte Moor dieses Geständnis nicht mehr verkraften und stirbt, während Amalia erstarrt und verstummt. Die Räuberbande verfolgt die Ereignisse mit höchster Anspannung und „fürchterlicher Pause“ (133,21).

Karls Erinnerung an die Verbrechen der Bande

Verzweifelt erinnert sich Karl an die Verbrechen der Räuberbande, die auf seinen Befehl begangen worden sind. Die Explosion des Pulverturms, die Ermordung der Säuglinge und der Tod der gebärenden Mütter seien seine verbrecherische „Hochzeitsmusik“ und die „Brautfackel“ (133,26 f.) gewesen, die Gott dereinst rächen werde. Liebe könne daher nur „Folter“ und „Vergeltung“ bedeuten, niemals könne Amalia ihm diese Sünden und Schandtaten vergeben. Vor keiner Gefahr habe er gezittert, nie sei er zurückgewichen. Auch jetzt, so erklärt er hilflos und verzweifelt, wolle er vor Amalia nicht zurückweichen, Blut müsse er „saufen“ (134,1). Amalia stürzt sich mit dem Ausruf „Ich kann dich Engel nicht lassen“ (134,3 f.) in seine Arme. Aber Karl schleudert sie von sich, denn er glaubt zunächst, Amalia wolle ihn verhöhnen. Er argwöhnt, dass Amalias Tränen geheuchelt seien.

Amalias erneutes Liebesgeständnis

Doch Amalia „fällt ihm um den Hals“ (134,8 f.) und beschert ihm wenige Minuten des Glücks. Karl weiß nun, dass Amalia ihn liebt. Überwältigt von Amalias Liebeserklärung fällt er auf die Knie, weint und dankt Gott. Beim Aufstehen fordert er die Räuberbande auf, sein Glück zu teilen und mit ihm Tränen zu vergießen. Während das

Das kurze Liebesglück

Liebespaar in stummer Umarmung vor der Bande von Verbrechern verharrt, treten wutentbrannte Räuber vor. Zornig erinnern sie Karl an die Treueschwüre, die er geleistet habe. Einige Räuber reißen ihre Kleidung auf, um ihre Wunden zu zeigen, und erinnern ihn an die Toten, die für die Räuberbande gestorben seien. Sie fordern

Die Bande fordert Amalia

Karl auf, bei ihnen zu bleiben, und beanspruchen „Amalia für die Bande“ (135,7 f.).

Desillusioniert muss Karl erkennen, dass die Hoffnung auf eine versöhnliche und friedliche Zukunft aussichtslos ist, ein „großer Sünder kann nimmermehr umkehren“ (135,12 f.). Gott bedarf seiner nicht, denn er verfüge über „Geschöpfe die Fülle“ (135,17).

Als er seine Bande auffordert, mit ihm zu gehen, und im Begriff ist, Amalia erneut zu verlassen, fleht sie Karl an, sie zu töten. Sie provoziert Karl, indem sie ihn als „Meister im Morden“ bezeichnet, während sie selbst Angst vor „der blitzenden Schneide“ habe (135,31). Karl weigert sich, indem er abschätzig sagt, dass er „kein Weib“ töte. Höhnisch wirft Amalia Karl vor, dass er „nur die Glücklichen“ töte, an den „Lebenssatten“ aber vorübergehe. Amalia kriecht zu den Räubern und fordert sie auf, sich ihrer zu erbarmen und sie zu töten, seien sie doch „Schüler des Henkers“ (136,1), auch wenn ihr „Meister [...] ein eitler feigherziger Prahler“ (136,2 f.) sei.

Amalias Bitte um ihren Tod durch Karl

Amalia erhebt sich wieder und bekundet, Selbstmord begehen zu wollen. In diesem Augenblick schickt sich einer der Banditen an, Amalia auf ihren Wunsch hin zu töten. Da springt Karl rasend vor Wut auf und gebietet Einhalt, denn „Moors Geliebte soll nur durch Moor sterben!“ (136,8 f.) Mit diesen Worten ermordet Karl sie vor den Augen seiner entsetzten Verbrecherbande. Ihren Aufschrei, was er da getan habe, beantwortet Karl mit Verachtung: Während sie, als Banditen, ihm ihr armseliges Leben „voll Abscheulichkeit und Schande“ geopfert hätten, habe er ihnen „einen Engel geschlachtet“ (136,16).

Karls Mord an Amalia

Die beschwichtigenden Worte von Grimm, der von Anfang an bei der Räuberbande war, er habe mehr getan, um seine Ehre zu retten, als man überhaupt von einem Mann verlangen könne, beantwortet Karl zynisch: Die Tränen, die sie als Verbrecher bei Folter und grausamen Peinigungen vergießen würden, könnten seine Tränen um Amalia niemals aufwiegen.

Amalia als Opfer

Als Schwarz ihn auffordert, den Ort der blutigen Tat zu verlassen und sie wieder zu neuen Taten zu führen, erklärt Karl seiner Bande, dass er mit „Scham und Grauen [...] diesen blutigen Stab“(136,32) niederlege und nicht mehr ihr Hauptmann sei. Höhnisch fragen die Räuber, was denn nun aus Karls ‚hochfliegenden Plänen‘ geworden sei, sie seien ja wohl eher „Seifenblasen gewesen“ (137,4), die „beim Hauch eines Weibes zerplatzt“ (ebd.) seien. Resigniert gibt Karl Fehler seines Denkens und Handelns zu. Jetzt, nach dem Tod Amalias, des Vaters, dem Tod vieler Opfer seines Räuberdaseins müsse er erkennen, dass seine Idee, „die Welt durch Gräuel zu verschönern, und die Gesetze durch Gesetzlosigkeit aufrecht zu halten“ (137,5–7), Vermessenheit gewesen sei. Er erkennt, dass nur Gott die Rache vorbehalten sei

Karls Einsicht in die Vermessenheit seines Handelns

und dass Gott „nicht des Menschen Hand“ bedürfe, um „Rache und Recht“ auszuführen. Noch aber glaubt Karl, durch ein Opfer die „beleidigten Gesetze“ (137,18) und „die misshandelte Ordnung“ heilen zu können.

Karls Absage an die Räuber

Die Räuber glauben, dass Karl plant, Selbstmord zu begehen, und wollen ihn in Ketten legen, da er „rasend geworden“ sei. Doch Karl wirft den Räubern seine Waffen vor die Füße und gibt ihnen verächtlich zu verstehen, dass sie allesamt „Toren“ seien, wenn sie glaubten, dass er die Todsünde des Selbstmordes auf sich nähme, um „die Harmonie der Welt [...] durch diesen gottlosen Misslaut [zu] gewinnen“ (137,26 f.). Er hält seiner Bande vor Augen, dass er der Justiz nicht mehr entkommen könne, frührer oder später „im Schlaf [...] oder auf der Flucht [...] mit Zwang und Schwert“ (137,33 f.) werde man ihn ergreifen. Der Himmel habe schon längst über sein Geschick beraten.

Die Räuber glauben nach diesen Erklärungen von Karl, dass ihr Hauptmann nur bewundert werden wolle, und sagen sich von ihm los. Schuldbewusst gesteht Karl den Räubern zu, dass tatsächlich der falsche Eindruck entstehen könne, er wolle darum bewundert werden. Nach einigem Nachdenken fällt ihm dann jedoch ein, wie er das Zeichen der Reue annehmbar machen könne: Er beschließt die auf ihn ausgelobte Kopfprämie einem Tagelöhner mit elf Kindern zukommen zu lassen, indem er sich als großer Räuber lebendig diesem Mann ausliefert.

Die Grundstruktur des Dramas

Die folgende Strukturübersicht soll einerseits die Inhaltsübersicht durch interpretatorische Aspekte noch einmal unterstreichen, auf der anderen Seite verdeutlichen, warum dieses Drama bei den Zuschauern früherer Zeiten enormen Erfolg hatte, warum es aber auch heute noch überaus bühnenwirksam ist. Es ist mit seinem dramatischen Wechsel von kontrastierenden Szenen, mit den raschen Umschwüngen gegensätzlicher Gefühlen, mit seinen überraschenden Handlungselementen und den Gegensätzen der Räume ungeheuer dynamisch. Mit großem Geschick fügt Schiller in einem schnellen Wechsel von Schauplätzen emotionale Gegensätze mit harten Schnitten aneinander. Selbst innerhalb einzelner Szenen gelingt ihm eine brillantes Spiel von Überraschungen und kontrastiven Stimmungen.
„Nur das für den Gang des Dramas Notwendige geschieht, nichts Beiläufiges, Nebensächliches. [...] Was nach Nebenhandlung aussieht, beispielsweise das Wasserholen Schweizers in der Abendszene an der Donau [...] löst weiterführende Wirkung aus: Jener Auftritt Schweizers gibt das Stichwort zum verhängnisvollen Schwur Karls. Dies – Stichwort bringen, Wirkung auslösen – ist die Funktion jeglichen Kommens und Auftretens." (Storz, 1965, S. 212)

Traditioneller Aufbau des Dramas in fünf Akten

Der Grundstruktur des Dramas „Die Räuber" folgt zunächst dem traditionellen Aufbau in **Exposition, steigende Handlung, Höhe-/Wendepunkt, fallende Handlung** und **Katastrophe** bzw. **Lösung**. Allerdings verläuft das Handlungsgerüst zweigeteilt. Beiden Brüdern wird in etwa gleicher Handlungs-Raum gegeben.

Abweichen vom klassischen Drama: Räume, Zeit, Einschübe von Liedern, Erzählungen

Abweichend vom klassischen Drama dagegen sind die Vielzahl der Handlungsräume, die Handlungszeit über einen längeren Zeitraum und die gehäuften Einschübe von Liedern und Erzählungen. Typisch hingegen für ein klassisches Drama ist der Auslöser der Handlung durch eine Intrige.

Akt I: doppelte Exposition

Eine doppelte Exposition eröffnet das Drama mit dem Auftreten der Brüder in I,1 und I,2; in gleicher Weise endet es auch mit einer doppelten Auflösung in den letzten beiden Szenen von Akt V.

1. Teil der Exposition:
- Intrige und Vorgeschichte
- Charakteristik von Karl
- Machtanspruch und Gewaltankündigung

Die 1. Szene führt den Zuschauer in den Raum des Moor'schen Schlosses, lässt damit etwas von dem erahnen, was Karl erben wird, was aber Franz sich aneignen will. Als treibende Kraft der 1. Szene inszeniert Franz Moor die entscheidende Intrige, er liest dem Vater einen gefälschten Brief vor. Zugleich vermittelt er die Vorgeschichte, indem er die Kindheit und Jugend von Karl Moor verzerrend widerspiegelt und das Verhalten des Vaters gegenüber seinen beiden Söhnen schildert. In einem langen Schlussmonolog setzt er zu einem vernichtenden Schlag gegen das Irrationale einer Blutsverwandtschaft an, die er bis zum Akt der Zeugung ohne Rücksicht zu entlarven sucht. Dieser Teil der Exposition findet seinen Höhepunkt in dem Bekenntnis von Franz zur Macht, er will Herr sein (Machtmotiv). Er will Karl entmündigen lassen und zugleich Karls Geliebte, Amalia, für sich gewinnen oder mit Gewalt an sich binden. Seinen Machtanspruch will er notfalls auch mit Gewalt durchsetzen.
Der Vater vermag in dieser Szene nur zu reagieren; willenlos beugt er sich dem Vorschlag von Franz, seinem Sohn Karl einen Brief zu schreiben, wobei Franz als Fortsetzung der Intrige dem Vater das Schreiben des Briefes „abnimmt". Obgleich Franz ein völlig entstelltes Bild von Karl zu entwerfen sucht, vermittelt er (ungewollt) dem Zuschauer auch positive Eigenschaften von Karl, hingegen charakterisiert Franz sich selbst in seinem langen Schlussmonolog, in dem er seinen Hass, seine Wut und seinen extremen Materialismus ausdrückt und jegliche verwandtschaftliche Verbindung negiert.

2. Teil der Exposition:
- Reaktion auf die Intrige
- Karl als Gegenbild zu Franz
- Charakter von Karl
- Racheschwur

Die 2. Szene setzt die Exposition fort. Karl wird in einer recht zwielichtigen Umgebung gezeigt. Zunächst gilt die Unterhaltung mit Spiegelberg einerseits einer schwärmerischen Idee von Kraftgenies, Freiheit und Loslösung von Konventionen, andererseits einer politisch-religiösen Utopie. Sie geht über in Karls Absage vom studentischen „Lotterleben" und wendet sich zur romantischen

Verklärung des Elternhauses und der Liebesbeziehung zu Amalia.
Karls unreflektierte, höchst emotionale Reaktion auf die Intrige von Franz sowie sein Racheschwur gegen die „Menschen“ sind Handlungsauslöser für die folgenden Ereignisse (Motiv der verletzten Ehre). Diese Szene leitet dementsprechend über zur steigenden Handlung. Als negatives Spiegelbild Karls wird in dieser Szene der skrupellose Spiegelberg aufgebaut.

Fortsetzung der Exposition: Charakteristik Amalias und Vertiefung der Abneigung gegenüber Franz

Die Szene I,3 kann noch zur Exposition gezählt werden: Die weibliche Hauptperson, Amalia, wird in ihrer Liebe zu Karl, ihrer Standhaftigkeit und Treue gezeigt (Motiv der Liebe und Treue). Demgegenüber vertieft sich das negative Bild des intriganten, skrupellosen und boshaften Verführers Franz, der mit einer Erzählung über den körperlich zerstörten und verkommenen Karl dessen Bild in Amalias Seele vernichten will. Mit einer Drohung gegen Amalia verlässt er die Bühne, damit erhöht er die Spannung, wie Amalia den Zudringlichkeiten von Franz entkommen wird.

Akt II: steigende Handlungsintensität

> Akt II steigert die Handlungsintensität (= steigende Handlung): Franz versucht seinen Vater zu töten, ohne körperliche Gewalt anzuwenden. Karl hingegen wird als Räuberhauptmann mit positiven Grundwerten gezeigt, der allerdings Verbrechen an Unschuldigen nicht verhindert.
> In einem merkwürdigen Gegensatz stehen die beiden Brüder hinsichtlich der Ausübung von Gewalt: Während Karl eine ganze Stadt niederbrennen lässt, um Rollers Leben zu retten, scheut Franz vor jeglicher unmittelbaren körperlichen Gewalt zurück.

Psychoterror von Franz

Hermann, der skrupellose Helfer von Franz, als Kontrastfigur zu Daniel, dem mitleidigen Hausdiener

In II,1 treffen wir Franz erneut im Schloss, nun in seinem Zimmer. Hier reflektiert er in einem langen Monolog die Möglichkeiten, den Vater, dessen Wiedergenesung ihn verärgert, zu töten, ohne körperliche Gewalt anzuwenden, und zwar durch die Anwendung psychischer Gewalt (Macht- und Gewaltmotiv). Für seinen Plan nutzt er die Unzufriedenheit des hinzukommenden Hermann, den er durch Drohungen, dass er im Falle der Rückkehr Karls bedeutungslos werde, und durch das Versprechen, ihm Amalia zuzuführen, für seinen Plan gewinnen kann. Hermann soll als Bote dem Vater den Tod Karls mitteilen. Reue, Selbstanklage, Gram und Schreck sollen dann den Tod herbeiführen (Leib-Seele-Motiv).

Lyrisches Intermezzo als Spiegel der Liebe und als Kontrast zur brutalen Botschaft vom „Tode" Karls

Die 2. Szene greift die Motive Schuld und Liebe wieder auf. Der alte Graf leidet unter dem Bewusstsein seiner Schuld; Amalia, die ihn trösten will, singt ihm in seinem Schlafzimmer das Abschiedslied Andromaches von ihrem geliebten Hektor vor: ein lyrisches Intermezzo, das das Motiv von Liebe und Trennung aufgreift (vgl. den Abschnitt „Lieder", S. 131 f.).

Stimmungs- und Spannungsumschwung – Hermanns Auftritt

Durch dieses Lied geraten sowohl Amalia als auch der alte Moor in eine sentimentale, aufgewühlte Stimmung, in die der verkleidete Hermann mit seiner Botschaft vom Tode Karls hineinstößt. Der in II,1 ausgeheckte Plan wird ausgeführt, führt jedoch nicht zu dem von Franz erhofften Tod des alten Grafen. Erst als Amalia die biblische Geschichte von Jakob und seinen Brüdern erzählt, bricht der alte Moor – scheinbar vom Schlag getroffen – zusammen.

Kontraste und Korrespondenzen: Spiegelberg/Karl-Schweizer und Roller/Schufterle

Elf Monate sind vergangen und kontrastiv zum Schloss der Moors führt die 3. Szene in die „böhmischen Wälder". Der Enge des Schlosses mit seinen Intrigen wird die freie Natur entgegengesetzt. Auch die Konstellation der Figuren ist kontrastiv aufgebaut: Spiegelbergs zynischem Bericht von seinen Taten steht Razmanns Bericht von Karls Handlungen und seinen achtbaren Motiven gegenüber.

Der siegreiche Einzug von Karl, dem es mit seiner Bande gelungen ist, Roller zu befreien, bildet die Spiegelachse der gesamten Szene. Den Erzählungen über die Vergangenheit steht die Gegenwart gegenüber, über die Schweizer und Roller berichten: Sie schildern die Befreiung Rollers, die zwar viele Opfer gefordert hat, aber eher als positiver Erfolg gesehen wird („Roller, du bist teuer bezahlt", 64,19).

Dramatischer Umschwung: Karls Distanzierung von den Verbrechen – erzwungene Rückkehr zur Bande

Demgegenüber berichtet Schufterle – im Beisein von Karl – voller Stolz von Morden an Unschuldigen und Säuglingen (wie zuvor Spiegelberg von der Vergewaltigung von Nonnen). Die Berichte dieser Verbrechen bestärken Karls Entschluss, die Räuberbande zu verlassen (vgl. Monolog 65,13 f.). Doch die dramatische Wende dieser Szene, die Gefahr der Gefangennahme der Räuber, bindet Karl erneut und noch stärker an seine Räuberbande. Die Räuber sind umzingelt (= steigende Handlung).

Auftritt des Paters als Anlass zur Religionskritik

Mit dem Auftreten des Paters klingt ein neues Motiv an: Religionskritik. Dem Versuch, Karl Moor zur Aufgabe bzw. seine Bandenmitglieder zur Auslieferung zu überreden, setzt Karl Moor seine pervertierte „Ringparabel" entgegen, um das Unrecht, das auch im Namen der Kirche geschieht, zu geißeln. Der triumphale Rückhalt bei seinen Bandenmitgliedern lässt Karl Moor seinen Plan, die Räuber zu verlassen, vergessen, und er glaubt eine neue Freiheit vor Augen zu haben, als er mit seiner Bande zur Schlacht aufbricht.

Akt III: Höhe- und Wendepunkt

> Akt III zeigt sowohl Franz als auch Karl auf dem Höhepunkt ihrer Macht. Franz ist Herr der Grafschaft, Karl Moor hat einen entscheidenden Sieg davon getragen. Zugleich kündigt sich die fallende Handlung von Akt IV an. Amalia erfährt, dass der alte Moor, ihr Onkel, und auch Karl leben. Karl bricht am Ende des dritten Aktes auf, um Amalia zu treffen, so dass nicht nur ein Treffen der beiden Liebenden, sondern auch ein Wiedersehen mit Franz und Karls Vater in Aussicht steht.

Entsagungsvolles Lied als Kontrast zur Schlacht der Räuber

Im eindringlichen Gegensatz zu dem Getümmel und Lärm des Aufbruchs der Räuberbande in der vorhergehenden Szene stehen der anmutige Schlossgarten und das romantische Lied, das Amalia im Garten des Schlosses singt und mit dem der dritte Akt beginnt. Amalias Lied setzt thematisch das Abschiedslied von II,2 fort.

Stimmungsbruch: Gewaltsamer Versuch von Franz, Amalia an sich zu bringen

In diese sentimentale Stimmung bricht Franz mit seiner hinterhältigen und zynischen Sprache ein, und im gleichen Moment wirkt der Garten eher wie ein Gefängnis für Amalia, die dem boshaften Verfolger Franz nicht entkommen kann. Auf dem Höhepunkt seiner Macht angekommen, glaubt er, Amalia mit physischer Gewalt bezwingen zu können, scheitert jedoch an Amalias Widerstand. Das Motiv der gewaltsamen Eroberung von Amalia aus I,3 wiederholt sich hier.

Erneuter Umschwung: Nachricht, dass der alte Moor und Karl leben

Erneut erfolgt ein unerwarteter Umschwung: Gerade noch der brutalen Umklammerung von Franz entgangen, wird Amalias Standhaftigkeit durch Hermanns Mitteilung belohnt, dass der alte Moor und Karl noch leben. Das Motiv der Liebe, Treue und Standhaftigkeit klingt erneut an.

Am Ende der Szene verlässt Amalia mit den Worten „Karl

Kontrastive Orte: Abgeschlossener Garten – offene Flusslandschaft

lebt noch!“ (77,38) die Bühne. Das nächste Bild führt uns in geschicktem Kontrast zur geschlossenen Gartenszene Karl vor Augen, der in einer idyllischen Landschaftskulisse lagert. Während Amalia in der vorhergehenden Szene ein Wechselbad der Gefühle (Todeslied, gewaltsamer Versuch, sie zu bezwingen, Mitteilung, dass Karl lebt) durchgemacht hat, erlebt Karl – in dem Moment seines Sieges und seiner unumstrittenen Macht – einen inneren Zusammenbruch. Die idyllische Landschaft, in der die Räuber lagern, kontrastiert mit seinen Gedanken an Naturkatastrophen, Vernichtung der Ernte, Zerstörung. Sehnsucht nach der Kindheit kommt in Karl auf (Verknüpfung mit der 1. Szene – Darstellung der Kindheit durch Franz). Doch als Schweizer Karl Moor einen Hut voll Wasser bringt, führt diese Treuebezeugung zu einem überraschenden Umschwung in Karl. Im Gedenken an den Tod von Roller erneuert er seinen Schwur, seine Bande „niemals [...] zu verlassen“ (81,13).

Karls innerer Zusammenbruch: Sehnsucht nach Idylle, Kindheit, einfachem Leben

Kosinsky als „Wiedergeburt“ Rollers

Als eine Art Wiedergeburt Rollers tritt Kosinsky auf, er übernimmt die positive Rolle, die zuvor Roller innehatte. Kosinskys Erzählung seines Schicksals ist der Auslöser von Karls plötzlicher Sehnsucht nach seiner Geliebten. Anstatt, wie Kosinsky erwartet hat, seine Geliebte zu befreien, bricht Karl nach Franken auf, um Amalia wiederzusehen.

Akt IV: Perspektive auf die Katastrophe

Akt IV verweist in vielen Motiven schon deutlich auf das Ende des Dramas. Die Motive Liebe, Sehnsucht nach der Kindheit, Intrige und Verrat, Mordkomplott und Entlarvung der Verbrechen von Franz werden noch einmal aufgegriffen, vertieft, verflochten und ansatzweise gelöst.

Bildertrick:
- Porträts als Auslöser tiefer Gefühle
- stellvertretende Begegnungen mit Personen

Während Karl sich dem väterlichen Schlosses nähert, überkommen ihn erneut die Erinnerungen an seine Jugend, die er in einem Monolog ausdrückt. Damit wird ein weiterer Aspekt von Karls harmonischer Jugend mitgeteilt.

IV,2 führt den Zuschauer in die Galerie des Schlosses. Karl hat sich unter falschem Namen in das Schloss begeben und betrachtet zusammen mit Amalia zunächst das Bild seines Vaters, um sich dann dem eigenen Porträt zuzuwenden. Tief gerührt sieht Amalia das Bild des Geliebten an, erkennt jedoch den vor ihr stehenden Karl nicht.

Angesichts des Porträts verlässt Amalia tränenüberströmt die Galerie. Karl dagegen „rennt davon" (89,37), als er voller Selbstvorwürfe noch einmal das Bild des tot geglaubten Vaters betrachtet (eine Begegnung, die die spätere Konfrontation mit dem Vater vorwegnimmt).

Wechsel der Perspektive – Franz vor Karls Porträt

Mit einem harten Schnitt ändert sich die Perspektive auf die Bilder, als Franz vor dem Porträt Karls steht und in einem Monolog seine vorhergehenden Beobachtungen im Schloss reflektiert, um dann das Porträt mit dem fremden Besucher zu vergleichen. Schlagartig wird ihm klar, dass der fremde Besucher Karl ist. Es ist das einzige Treffen der beiden Brüder auf der Bühne. Schiller gelingt es mit diesem Trick, den Mordplan, den Franz in diesem Augenblick, sozusagen im Angesicht von Karl, entwirft, psychologisch verständlich zu machen. Noch einmal wird die Spannung erhöht, auch die Spannung darauf, ob es ein reales Treffen der Brüder geben wird.

Das indirekte „Treffen" der Brüder – Reflexion vor dem Bild als Auslöser des Mordplans

Spannungsaufbau

Parallel zum Erscheinen Hermanns (Franz selbst nennt ihn an früherer Stelle „Deus ex machina", 39,30) kommt auch der alte Hausdiener Daniel wie gerufen. Nachdem Franz ihn eingeschüchtert hat, glaubt er ihn als Werkzeug seines Mordplanes nutzen zu können. Sein Schlussmonolog in dieser Szene (94,24–95,25) kehrt noch einmal zurück zur Idee des radikalen Materialismus, mit der Franz alle Familienbande zerbrochen hat. (Der Kreis zum Anfang des Dramas schließt sich damit.)

Wiederaufnahme der radikalen Gedanken von Franz: materialistische Weltsicht auf Geburt und Tod

Die 3. Szene ergänzt die Erkennungsszene von Franz. Auch der Hausdiener Daniel, der Karl ermorden soll, erkennt Karl anhand einer Narbe. Zugleich ergibt sich durch die Erinnerung des alten Daniel an die Situation, in der sich Karl verletzte, die Möglichkeit, die glückliche Jugend von Karl noch einmal aufzugreifen.

Erkennungsszene – Parallele zur vorhergehenden Szene

Noch wichtiger aber ist, dass Daniel Karl eröffnet, dass sein Bruder eine Intrige gegen ihn gesponnen hat. Tief erschüttert, dass er seinen Vater falsch verdächtigt hat, beschließt Karl – erneut zur Überraschung des Zuschauers –, sofort das Schloss zu verlassen. Eigenartigerweise will er zunächst auf das Treffen mit Amalia verzichten, auch den Bruder nicht zur Rechenschaft heranziehen.

Auflösung der zentralen Intrige, überraschende Reaktion von Karl

Wiederholung der Gartenszene

Die 4. Szene nimmt die Gartenszene (III,1) wieder auf, allerdings ist es nun nicht der ungeliebte Franz, sondern der unerkannte Geliebte, der zu Amalia kommt. Erneut wird ein Bild zum Spiegel der Wirklichkeit. Amalia, die Karl noch immer nicht erkannt hat, zeigt dem fremden Besucher ein Bild von Karl und gesteht dem Bild (damit auch Karl, der ja neben ihr steht) ihre unverbrüchliche Liebe.

Bild als Wirklichkeitsersatz – Indirektes/direktes Liebesgeständnis

Wiederaufnahme des Abschiedsliedes zwischen Hektor und Andromache

Amalia fühlt sich eigentümlich zu dem Fremden hingezogen und greift jenes Lied auf, das sie oft mit Karl gesungen hat, das Abschiedslied von Andromache. Dieses wühlt Karl, der sich ja inkognito in das Schloss geschlichen hat, tief auf. Überraschend nimmt er die Laute und singt, sozusagen als Erkennungslied für Amalia, Hektors Antwort auf die erste Strophe, um dann fast panisch zu fliehen.

Kontraste von Ort, Stimmung, Personen, Liedern, Gefühlen und Werten

In der 5. Szene arbeitet Schiller wiederum mit einem radikalen Schnitt. Kaum ist das entsagungsvolle Lied der 4. Szene verklungen, stimmen die Räuber nun im nahe gelegenen Wald bei einem alten verfallenen Schloss das „Räuberlied“ an. Der Kontrast beider Szenen kann extremer kaum ausfallen: Ort, Stimmung, Personenkonstellation und Lieder enthüllen noch einmal die Widersprüchlichkeit und Gegensätzlichkeit der Werte und Gefühle. Es wird zugleich deutlich, dass Karl nicht in den Umkreis der Räuber passt.

Parallelen zwischen Spiegelberg und Schweizer

Spiegelbergs Revolte und Mordanschlag erinnern an I,2; das Eingreifen Schweizers, der den Mord verhindert und Spiegelberg tötet, korrespondiert mit seiner damaligen vehementen Unterstützung von Karl: „Du sollst unser Hauptmann sein.“ (31,3)

Lyrisches Intermezzo von Karl – Flucht- und Selbstmordgedanken

In einem lyrischen Intermezzo, das dem Amalias entspricht, versucht Karl den Tod Spiegelbergs aufzuarbeiten. Erneut keimt in ihm der Gedanke an Flucht auf (vgl. auch II,3 und III,2), dieses Mal allerdings will er den Schwur, den er seiner Bande geleistet hat, nicht brechen, sondern plant, Selbstmord zu begehen, doch entschlossen verwirft er den Gedanken.

Die „zunehmende Finsternis“ auf der Bühne spiegelt die zunehmende Verfinsterung der Seele von Karl. Die endgültige Seelenfinsternis überkommt ihn, als er erkennen muss, dass sein Vater in dem alten Schlossturm eingesperrt ist und nur durch Hermanns Beistand überlebt hat. Aus der Erzählung des alten Moor erfährt Karl, wie brutal und perfide Franz den Tod seines Vaters geplant hat. In Korrespondenz zu seinen ersten Überlegungen hat Franz erneut davor zurückgescheut, den Vater durch Gewalt zu töten. Jetzt ruft Karl zur Rache auf und befiehlt seinen Räubern, ihm Franz unbedingt lebendig zu übergeben.

Schweizers Schwur als Parallele zu Karls Schwüren

Der Zuschauer wartet nun gespannt auf die (offensichtlich angekündigte) Konfrontation der beiden Brüder. Die Spannung auf den letzten Akt wird noch einmal gesteigert durch Schweizers Schwur, entweder Franz lebendig zu übergeben oder nie wieder zu erscheinen, also selbst zu sterben. Damit werden die Schwüre von Karl wieder aufgenommen, Schwüre, an denen Karl letztlich gescheitert ist, weil er sich von ihnen nie lossagen konnte.

Akt V: die doppelte Katastrophe

> Die Katastrophe in Akt V spiegelt die Grundstruktur des gesamten Dramas wider: Die doppelte Exposition endet in einer doppelten Katastrophe, in die auch Amalia einbezogen ist. Die extreme rationalistische, materialistische Weltsicht von Franz scheitert kläglich in seinem Selbstmord, doch Karls Selbstaufopferung entfaltet tragische Züge: Er muss erkennen, dass er nicht Ordnung geschaffen, sondern die sittliche Ordnung zerstört hat.

Der innere Zusammenbruch von Franz: Visionen von Teufelserscheinungen, Traum vom Jüngsten Gericht

Auch im Schloss herrscht nun Finsternis, die Bühne ist in V,1 nur durch flackernde Laternen und Kerzen schwach erleuchtet. Den flackernden Schatten an den Wänden entsprechen die Visionen, die Franz in seinen Träumen verfolgt haben. Immer wieder einer Ohnmacht nahe trägt er seine Untergangsvisionen dem Diener Daniel vor. Der äußeren Katastrophe des Selbstmords geht die seelische Katastrophe voraus. Dem Traum vom Jüngsten Gericht versucht Franz seine rationalistische Negation (Narrheit, Pöbelfurcht) entgegenzusetzen, die sich im Gespräch mit dem Pastor Moser zur atheistischen Leugnung Gottes und Verneinung von Gewissen und seelischen Prozessen steigert.

Atheistische Negation religiöser Ideen

Doch seine gespielte Selbstsicherheit und sein Zynismus brechen als Selbstschutz zusammen, als Pastor Moser Brudermord und Mord am Vater als einzige unverzeihliche Verbrechen geißelt. Der Höhepunkt des inneren

Selbstmord als letzter Verstoß gegen christliche Werte

Zusammenbruchs fällt zusammen mit dem Sturm des Schlosses. In einer letzten Steigerung seiner atheistisch-materialistischen Sicht wird sein letztes Gebet zur Lästerung und Verweigerung von Gnade. Um Schweizer und damit seinem Bruder zu entkommen, begeht er Selbstmord. Das Verbrecherische hat sich selbst gerichtet, der Tod wird beim Zuschauer kein Mitleid hervorrufen. Wie Karl wird Franz eher froh sein, dass es keine weltliche Rache für seine Verbrechen gibt, sicherlich aber eine göttliche, die sich in seinen Visionen und im Gespräch mit Moser angedeutet hat. Schweizer tötet sich ebenfalls selbst, weil er sein Wort gegenüber Karl nicht halten konnte (Motiv der Treue).

Karl als tragischer Held, der sich selbst opfert

Die letzte Szene gehört – in Umkehrung des Anfangs – Karl. Er wird darin zum tragischen Helden, der sich selbst opfert, um die gestörte Ordnung wiederherzustellen. Damit bildet er den Kontrast zu Franz, dessen Selbstmord Flucht vor der Verantwortung ist.

Die Tragik des Schlusses:
- Sinnloses Opfer von Schweizer
- Tötung des Vaters durch das Geständnis, Räuberhauptmann zu sein
- Aussichtslosigkeit der Liebeserfüllung
- Tötung Amalias als Opfer
- Tragik des Treuebekenntnisses zu den Verbrechern
- Tragik der falschen Rechtsauffassung (Einsicht in die Störung der „Harmonie der Welt")

Wie zuvor Amalia erkennt auch der alte Moor seinen Sohn Karl nicht. Umso ergreifender klingen die Selbstvorwürfe des alten Moor für Karl. Er lässt sich unerkannt von seinem Vater segnen.

Überraschend ist Karls Reaktion darauf, dass Franz tot ist. Er empfindet es als göttliche Gnade, seinen Bruder nicht selbst bestrafen zu müssen. Damit aber verliert der Selbstmord von Schweizer seinen Sinn. Die Tragik des Schlusses wird offensichtlich. Sie setzt sich fort, als Amalia als Gefangene der Räuber auf die Bühne stürzt, ihren Onkel umarmt und Karl wiedererkennt. Nun muss der alte Moor feststellen, dass sein Sohn Hauptmann einer Räuberbande ist. Was Franz mit seinem Psychoterror und dem Plan, den Vater verhungern zu lassen, nicht gelungen ist, erreicht Karl nur mit den wenigen Worten: „Diese deine Retter sind Räuber und Mörder! Dein Karl ist ihr Hauptmann!" (133,18 f.)

Nach dem Tod des alten Moor versucht Karl zu fliehen. Als Amalia sich allerdings zu ihm bekennt, unterbricht ein Moment „ekstatischer Wonne" (134,13) die Dramatik der Szene. Ein kurzer Augenblick bleibt für das Liebesgeständnis von Karl, ein glückliches Ende kündigt sich an. Da erinnern die Räuber in hitzigem Ton Karl an seinen Schwur und verlangen „Amalia für die Bande" (135,7).

Wieder gelingt es Schiller, die harmonische Stimmung durch einen radikalen Bruch zu zerstören.
Karl muss einsehen, dass eine Umkehr von seiner verbrecherischen Bahn nicht möglich ist, dass er, wenn er die Ordnung wiederherstellen will, sich stellen muss. Er weiß aber auch, dass das Geschick von Amalia an sein Schicksal gebunden ist. Erst ihr Tod gibt ihm die Freiheit des selbstbestimmten Handelns zurück. Mit ihrem Tod, seiner Abkehr von den Räubern und seiner Einsicht in die Störung der göttlichen Ordnung erfüllt sich der tragische Schluss, der im Zuschauer Mitleid erregt.

Exkurs: Unglaubwürdigkeiten und Schwächen

Zahlreiche Kritiker haben an Schillers erstem Drama Mängel in der Handlungsführung, der Konstruktion, den Motiven der handelnden Personen gerügt. So ist schon der erste Auftritt Karls, der sich vor seinem Zeitalter ekelt und sich an Freiheitsideen berauscht, eher unglaubwürdig, denn schließlich wartet er gespannt auf den Brief seines Vaters, den er um Verzeihung gebeten hat. Franz wiederum scheitert eben daran, was er ablehnt, an seinem Gewissen. Daniel erkennt Karl an seiner Narbe, Amalia jedoch erkennt Karl nicht.
Emil Staiger hat sehr nachdrücklich herausgearbeitet, dass diese Sprünge und Unglaubwürdigkeiten nicht durch moderne Psychologie oder durch Varianten des Dramas erklärt werden müssen, sondern eben jenem Aspekt entspringen, der aus der Gesamtkonstruktion des Dramas erkennbar wird. Schiller ist auf Effekte, auf überraschende Wendungen und Kontraste aus, die sein Publikum in immer neue Erregungen versetzt: „Man denkt im Theater überhaupt nicht allzu viel oder denkt doch anders, als wenn man sich in ein Buch vertieft. Ein wohlbegründetes Ereignis, das nirgends hinführt, kann befremden. Ein völlig unwahrscheinliches rechtfertigt sich durch seine Folge, den Greuel, den es auslöst, oder den Wonneschauer, in den es mündet. […] Was Schiller als Dichter im generellen Sinne verliert, gewinnt er […] als souveräner Meister der Szene, als Regisseur, der

mit den Gefühlen eines vollen Saales operiert, sein Publikum zermalt und erhebt und mit den Herzen nach seinem unbeugsamen Ratschluß schaltet und waltet." (Staiger, 1967, S. 252) Wie hervorragend dies dem jungen Autor gelungen ist, davon zeugen die Berichte der ersten Aufführung (vgl. den Abschnitt „Erste Rezensionen" S. 151).

Thematische Aspekte

Die radikalisierte Idee der „Aufklärung": Franz Moor

Mit einem radikalen Schritt nimmt Franz Moor eine Grundidee der Aufklärung für sich in Anspruch: Er löst sich aus einem vorgegebenen Abhängigkeitsverhältnis von seinem Vater. Er macht Ernst mit dem „Ausgang des Menschen aus seiner selbstverschuldeten Unmündigkeit" (Kant), indem er die juristischen, religiösen, sozialen Bindungen hinterfragt. Franz „emanzipiert" sich von rechtlichen Bindungen.

Grenzen der Autonomie

Deutlich erkennt Franz Moor, dass er in mehrfacher Hinsicht Verpflichtungen unterliegt, die seine Selbstständigkeit behindern: Als Zweitgeborener hat er keinerlei Anspruch auf einen Erbanteil, er wird sich daher mit einem untergeordneten Beruf zufriedengeben müssen, während sein Bruder Alleinerbe ist. Selbst als erwachsener Sohn ist er nach geltendem Recht noch nicht rechtsfähig, sondern steht unter der Verfügungsgewalt des Vaters. Nur mit väterlicher Einwilligung kann er sich durch formelle „emancipatio" selbstständig machen. Diese Vormundschaft endet erst mit dem Tod des Vaters.

Mündigkeit und Emanzipation

Wie der Begriff der „Mündigkeit" zunächst ein formaler juristischer Begriff ist, leitet sich auch die „Emanzipation" vom römischen Recht her und bedeutet die Entlassung aus der „Hand" (lat. *manus*) des Familienoberhauptes. Dass dies auch als Strafe gelten kann, macht der alte Moor deutlich, wenn er sich der Forderung von Franz beugt, sich seines Sohnes Karl zu ‚entäußern' (vgl. 10,33) und Karl schreiben will, dass er seine „Hand von ihm wende" (12,18 f.).

Radikale Emanzipation vom Vater

Franz nimmt dagegen für sich in Anspruch, sich aus eigener Entschlussfähigkeit in jeglicher Hinsicht von seinem Vater zu ‚emanzipieren'. Damit aber radikalisiert er die Idee der Aufklärung. Abgesehen von einigen radikalen Vertretern hat nämlich „die Aufklärung [...] nicht dran gedacht, die väterliche Gewalt überhaupt zur Disposition zu stellen, sondern es galt, sie auf ihre natür-

Ablösung der väterlichen Rechtsautorität durch väterliche Liebe

liche Funktion zurückzuführen, welche die Natur diesem ‚heiligsten aller Ämter' (so Montesquieu) gesetzt habe." (Borchmeyer, 1987, S. 163) Vielmehr strebt die Aufklärung an, die väterliche Rechtsautorität abzulösen durch die „väterliche Liebe; [...] hinter dem Schleier von Rührung und Zärtlichkeit blieb aber nach wie vor die Herrschaft des Hausvaters unangetastet." (Sørensen,1984, S. 40) Gerade diese väterliche Zärtlichkeit hat Franz zuvor vermisst und den Vater angeklagt, sie ausschließlich seinem Erstgeborenen gezeigt zu haben.

Mendelssohns Warnung vor der Fehlentwicklung der Aufklärung

Zwei Monate, bevor Kants Aufsatz zu dem Thema „Über die Frage: was heißt aufklären?" erschien, hat Moses Mendelssohn zu derselben Frage warnend geschrieben:

> „*Je edler ein Ding in seiner Vollkommenheit, [...] desto gräßlicher in seiner Verwesung.* Ein verfaultes Holz ist so scheußlich nicht als eine verweste Blume; diese nicht so ekelhaft als eine verfaultes Tier; und dieses so gräßlich nicht als der Mensch in seiner Verwesung. So auch mit Kultur und Aufklärung. Je edler in ihrer Blüte; desto abscheulicher in ihrer Verwesung und Verderbtheit. Mißbrauch der Aufklärung schwächt das moralische Gefühl, führt zu *Hartsinn, Egoismus, Irreligion und Anarchie.*" (Mendelssohn, 1994, S. 7)

Als habe Mendelssohn Franz in seiner Vermessenheit und moralischen Verderbtheit charakterisiert, zeigt er die Auswirkungen des Missbrauchs der Aufklärung. Schiller unterstreicht in seiner „Vorrede zur ersten Auflage" die Problematik einer ins Extreme gesteigerten Aufklärung: „Wer es einmal so weit gebracht hat [...], seinen Verstand auf Unkosten seines Herzens zu verfeinern, dem ist das Heiligste nicht heilig mehr – dem ist die Menschheit, die Gottheit nichts – "(140,5 f.). Franz ist es also gelungen, seinen Verstand zu stärken, dabei aber das Gefühl zu vernachlässigen.

Verstand gegen Herz

Damit kritisiert Schiller, dass Franz mit seinem materialistischen Denken das „Laster [...] mitsamt seinem ganzen innern Räderwerk entfaltet" (140,1 f.). Gewissen und natürliche Empfindungen werden außer Kraft gesetzt zugunsten einer kalten „Abstraktion" (140,3), „die ernsthafte Stimme der Religion" (140,4) wird zynisch ‚hinweggescherzt'. Schiller lehnte Materialismus und Rationalismus ab, weil sie für ihn Ausgangspunkt von Lastern sind.

Schillers Ablehnung von Materialismus und Rationalismus

Mit dem Hinweis auf die Religion erweitert Schiller die Radikalisierung des Handelns und Denkens von Franz: „Franz Moor wird durch sein aufgeklärtes Studium dazu angetrieben, sich eine radikal vaterlose Existenz zu denken, nicht nur den leiblichen Vater zu ermorden, sondern überhaupt jede Gewalt über sich zu liquidieren – insbesondere diejenige Gottes. ‚Ich will alles um mich her ausrotten, was mich einschränkt, daß ich nicht Herr bin', verkündet Franz Moor am Ende der Eingangsszene der ‚Räuber'." (Borchmeyer, 1987, S. 166)

Franz' Idee von der Vernichtung jeglicher Autorität

Kategorisch weist Franz das biblische Gebot der Elternliebe zurück und entlarvt für sich diese Norm als „Hexerei, die ihr in einem heiligen Nebel verschleiert, unsere Furchtsamkeit zu missbrauchen" (15,24). Peter von Matt erkennt in diesem Satz „das ganze Metaphernarsenal der kombattanten (kriegerischen) Aufklärung":

Radikale Aufklärungsidee

> „Was geschieht hier? Ein Mann wagt es, sich seines Verstandes zu bedienen, gegenüber einer Gegebenheit, die als sakrosankt gilt. Er sieht sich konfrontiert mit einem allgemeinen Consensus, die Heiligkeit des Vaters betreffend und überprüft die geläufigen Begründungen. […]. Das Heilige ist ein ‚Nebel'. Dahinter steht nichts. Ein ‚Schleier' ist es, der nichts verschleiert, aber die Menschen in frommen Schauern hält und lenkbar macht. So bleiben sie Kinder, ‚Knaben' eben, die man an Bändern führt, wenn sie gehen lernen, am Gängelband ‚gängelt'. Die Frömmigkeit der Menschen ist ihre Angst vor dem Denken, und mit dieser ‚Furchtsamkeit' rechnet und operiert die Macht." (Von Matt, 1995, S. 146)

Frömmigkeit und Furchtsamkeit als „Gängelband" des Menschen

Doch vor dem letzten Mittel, um sich des Vaters zu entledigen, dem Vatermord, schreckt Franz zurück. Zwar phantasiert er davon, wie er seinen Vater indirekt durch Schreck zu Tode bringen könne, doch Hand an ihn zu legen, vermag er auch dann nicht, als sein Vater ohnmächtig zusammenbricht.

Angst vor dem letzten Schritt, dem Vatermord

Franz muss bei seinen Gedanken an den Vatermord erkennen, dass seine radikalisierte Aufklärung die emotionale Seite seines Daseins nicht unterdrücken kann. Seine „erwachende Vernunft [ist] an Ketten abergläubischer Finsternis" (95,7) gelegt, und er verflucht „die Torheit unserer Ammen und Wärterinnen, die unsere Phantasie mit schröcklichen Märchen verderben, und grässliche Bilder von Strafgerichten in unser weiches Gehirnmark

Sieg des Gefühls über den Verstand

drücken, dass unwillkürliche Schauder die Glieder des Mannes noch in frostige Angst rütteln, unsere kühnste Entschlossenheit sperren" (94,3–8).

Karls erzwungene Emanzipation – die scheinbare Abwendung des Vaters

Während Franz sich einseitig emanzipiert und seine Mündigkeit in der Ablehnung aller Normen und Regeln demonstriert, erlebt Karl die erzwungene Emanzipation. Wie oben erwähnt, wendet sich der Vater von seinem Sohn ab, entzieht ihm seine Hand. Dies geschieht in einem Moment, in dem Karl gerade auf die christliche Vergebung (im Sinne des verlorenen Sohnes) hofft. Seine radikale Abkehr von den gesellschaftlichen Verpflichtungen und Normen ist die „Privaterbitterung gegen den unzärtlichen Vater" und mündet in einen wütenden „Universalhass gegen das ganze Menschengeschlecht" (Schiller, zit. nach: Grawe, S. 158). Aber es ist nicht die patriarchalische Grundordnung, die Karl mit der Gründung seiner Räuberbande angreift. In Umkehrung der Situation des verlorenen Sohnes schlägt seine Hoffnung auf die Milde und Vergebung in Menschenhass um. „Dadurch dass der Vater sich seinen Vaterpflichten entzogen hat, hat [...] das A und O aller menschlichen Verhältnisse seine Kraft eingebüßt. Das Versagen des väterlichen Segens ist für Karl Exkommunikation, Ausschließung aus der Gemeinschaft überhaupt; die Quelle, aus der die Menschheit sich nährt, ist versiegt, darum allein erklärt er die Menschheit für entmenscht." (Michelsen, 1964, S. 86)

„Universalhass gegen das ganze Menschengeschlecht"

Verweigerung des väterlichen Segens bedeutet für Karl Ausschluss aus der Gemeinschaft

Das Motiv der Liebe

Schillers Rede zum Geburtstag der Mätresse Karl Eugens über Liebe und Tugend

Am 10.1.1780 kam dem gerade zwanzigjährigen Schiller die besondere Ehre zu, als Festredner zum Geburtstag von Franziska von Hohenheim, der Mätresse Karl Eugens, sprechen zu dürfen. Er wählte das Thema „Die Tugend in Ihren Folgen betrachtet". So deutlich diese Rede auch geprägt sein mag vom Anlass und von der besonderen Situation, in der Schiller sich als Karlsschüler befand, so geben einige Thesen doch Hinweise auf Motive und Akzente des Dramas „Die Räuber"; beschäftigte sich Schiller doch gerade zu dieser Zeit sehr intensiv mit seinem Drama.

Schon die Einleitung seiner Rede wirft ein doppeldeutiges Bild auf ein zentrales Motiv des Stücks: den scheinbaren Verlust der Liebe des Vaters und die fehlende Liebe des Vaters. Schiller stellt in dieser Rede immer wieder die unendliche Kraft der allgemeinen Liebe in den Vordergrund. Die Frage „Wie ist die Tugend in ihren Folgen betrachtet" ist für denjenigen leicht zu beantworten, der wie „ein Vater in Mitte einer jauchzenden Jugend, den göttlichen Wunsch äußerte: ‚O dass ich alle glücklich machen könnte!'" (Werke, Bd. 5, S. 281)

Die unendliche Kraft der Liebe

Ist Karl Eugen, der Landesherr, der sich als Vaterersatz seiner Karlsschüler empfindet, hier ironisch skizziert? Ist dies eine – für die Karlsschüler – erkennbare Anspielung? Oder ist es, und dies scheint treffender, ein versteckter Hinweis auf die Gestalt des versagenden alten Grafen Moor, der diesen „göttlichen Wunsch" nie beachtet hat?

Schiller vergleicht die Kraft der physikalischen Anziehung, „die Welten um Welten wendet und Sonnen in ewigen Ketten hält", mit dem „Band der allgemeinen Liebe" (ebd., S. 282). Liebe sei, so sagt der junge Schiller „der zweite Lebensodem in der Schöpfung. Liebe ist das große Band des Zusammenhangs aller denkenden Naturen. Sollte dieses Band der Liebe jedoch zerreißen, käme es zu „anarchischem Aufruhr" (ebd., S. 283), es kamen die „Räder der Natur [zu] ewigem Stillstand [...], wenn das mächtige Gesetz der Anziehung aufgehoben würde." (Ebd.)

Das Band der Liebe und die physikalische Anziehungskraft

Sowohl Karl als auch Franz zerreißen dieses Band der Liebe und erzeugen damit eine Disharmonie, die die Welt zeitweise aus den Angeln hebt. „Die Liebe, die den Vater an den Sohn, den Sohn an den Vater fesselt, [...] kann mächtig würken auf die Harmonie des Ganzen." (Ebd.)

> „Die durch die Aufklärung in eine tiefe Krise geratene Vaterordnung erfährt durch die Liebesphilosophie des jungen Schiller eine neue Legitimation – nicht mehr freilich als Herrschafts-, sondern als Liebesordnung, welche die Freiheit des einzelnen nicht beeinträchtigt, sondern Kind und Vater, Mensch und Gott in Sympathie autonomer Wesen vereinigt. Das ist auch das Thema des späteren Liedes ‚An die Freude': ‚Brüder – überm Sternenzelt / Muß ein lieber Vater wohnen.' Nicht mehr der pater omnipotens also, der nach dem Modell der patria

Die Ablösung des allmächtigen Vaters, des Herrschers, durch den liebenden Vater potestas den Welthaushalt lenkt, sondern ein ‚lieber Vater‘!“ (Borchmeyer, 1987, S. 168)

Recht und Gerechtigkeit

Ungerechtigkeit der Rechtsordnung als Motivation für Franz

> Das Rechtsgefühl von Franz Moor entfaltet sich zunächst aus seinem Erleben von Ungerechtem. So empfindet er die Regeln und Normen, damit im Grunde auch die Grundstruktur der gesamten Rechtsordnung, durch die er als Zweitgeborener keinen Anspruch auf das Erbe hat, als ungerecht. Ungerecht ist für ihn aber auch das Handeln seines Vaters und seines Bruders. Und schließlich sieht er sich als Opfer der Natur, die auch daran Schuld trägt, dass er durch seine Hässlichkeit keine Chance hat, eine Frau wie Amalia zu erobern.

Gleichheit aller Menschen und das Recht des Stärkeren

Aus seiner individuellen Einschätzung heraus konkretisiert Franz Moor seinen Rechtsanspruch. Er beruft sich auf eine zentrale Idee des Naturrechts: Gleichheit der Menschen. Gerecht ist für ihn, dass „jeder […] gleiches Recht zum Größten und Kleinsten“ (14,3) in sich trägt, dass ihm also durch die Ungleichbehandlung Unrecht geschieht. Doch um sein Recht durchzusetzen, greift Franz zu der extremen Naturrechtsvorstellung vom „Recht des Stärkeren“.

Karls Idee der Tauschgerechtigkeit – Reue als Tauschobjekt für väterliches Verzeihen

Karl Moors Rechtsgefühl entwickelt sich hingegen aus einer Art Tauschgerechtigkeit, die enttäuscht wird. Karl geht davon aus, dass sein Vater seinen Brief gelesen hat, in dem er „so eine rührende Bitte, so eine lebendige Schilderung des Elends und der zerfließenden Reue“ (30,16f.) vorgetragen hat, dass selbst „die wilde Bestie […] in Mitleid zerschmolzen“ wäre und „Steine […] Tränen vergossen“ hätten (ebd.). Die offensichtliche Zurückweisung seiner Reue, empfindet Karl als ungeheuerliche Ungerechtigkeit, die ihm zudem zeigt, dass er sich in den Gefühlen und Wertvorstellungen des Vaters geirrt hat. Auch sein Gerechtigkeitsgefühl ähnelt „einer Goldwaage“ (Kleist, „Michael Kohlhaas“, 2006, S. 8), mit dem Unterschied, dass sein Bruder Franz ein falsches Gewicht auf die Waage gelegt hat.

Exkurs: Naturrecht

In Schillers Drama „Wilhelm Tell" enthält der berühmte Rütlischwur (II,2) einige wichtige sachliche und vor allem emotionale Aspekte naturrechtlichen Denkens:

„Wilhelm Tell": Rütlischwur als Ausdruck naturrechtlichen Denkens

> STAUFFACHER:
> Nein, eine Grenze hat Tyrannenmacht,
> Wenn der Gedrückte nirgends Recht kann finden,
> Wenn unerträglich wird die Last - greift er
> Hinauf getrosten Mutes in den Himmel
> Und holt herunter seine ewgen Rechte,
> Die droben hangen unveräußerlich
> Und unzerbrechlich wie die Sterne selbst –
> Der alte Urstand der Natur kehrt wieder,
> Wo Mensch dem Menschen gegenübersteht –
> Zum letzten Mittel, wenn kein andres mehr
> Verfangen will, ist ihm das Schwert gegeben –
> Der Güter höchstes dürfen wir verteidgen
> Gegen Gewalt [...].

Naturrecht als Voraussetzung der Menschenrechte des 18. Jahrhunderts

Demnach gibt es also ein Recht, das sich nicht von allgemeinen vorgegebenen Rechtsnormen durch Staat, Herrscher usw. ableiten lässt Das Naturrecht leitet sich aus der Natur des Menschen ab und wird als ein autonomes Recht gesehen, das unabhängig ist gegenüber Fremdeinflüssen, es gilt unabhängig von Raum und Zeit, Herkunft, Geschlecht, Religion usw. für alle Menschen in gleicher Weise. Gerechtigkeitsempfinden und damit Recht sind also bereits im Menschen angelegt. Recht ist somit kein Selbstzweck, sondern Teil des Menschen. Diese dem Menschen von Natur gegebenen Rechte sind beispielsweise Freiheit, Gleichheit und Unverletzlichkeit von Person und Eigentum. Insofern das Naturrecht sich aus der Natur des Menschen ableitet, ist es aus der menschlichen Vernunft heraus erkennbar. Daher heißt das Naturrecht auch Vernunftrecht.

Naturrecht: Freiheit, Gleichheit, Unverletzlichkeit von Person und Eigentum

Naturrecht = Vernunftrecht

Diese Rechtsidee bildet die Grundlage der Menschenrechte im Ausgang des 18. Jahrhunderts. Unmittelbar einsichtig sind allerdings die Schwächen dieser Idee: Dem sogenannten Naturrecht fehlt es an Rechtssicherheit und an Berechenbarkeit.

Fehlende Rechtssicherheit beim Naturrecht

Dem Naturrecht steht das positive Recht gegenüber (abgeleitet von lat *positum* ‚gesetzt, feststehend'). Unter positivem Recht wird Gewohnheitsrecht und von der Staatsgewalt festgelegtes Recht verstanden. Allerdings

Positives Recht = festgelegte Rechtsnorm

Verstöße gegen zentrale Werte des Rechts durch Franz und Karl: Gemeinnutz, Rechtssicherheit und Gerechtigkeit

beansprucht das Naturrecht gegenüber dem positiven Recht eine höherrangige Gültigkeit. Wenn allerdings Karl Moor und Franz Moor sich auf das Naturrecht berufen, so lassen sie bei ihrem Handeln einen zentralen Aspekt außer Acht: das Abwägen ihres Rechts gegenüber den drei allgemeingültigen zentralen Werten des Rechts: Gemeinnutz, Rechtssicherheit und Gerechtigkeit.
Sowohl Franz als auch Karl Moor nehmen für sich in Anspruch, das ihnen zugefügte Unrecht rächen zu müssen. Im Sinne des Naturrechts ist für Karl die – für ihn ungerechtfertigte – Enterbung durch den Vater ein Angriff auf sein Rechtsempfinden. Seine Deutung dieses Vorgangs entspricht zwar nicht den Tatsachen, denn nur durch die Intrige von Franz kommt es zu diesem fatalen Entmündigungsprozess, aber Karl interpretiert die angebliche Entmündigung im Sinne einer unzulässigen Beschränkung seiner natürlichen Rechte. Die Ungerechtigkeit, die ihm widerfahren ist, projiziert er auf das gesamte Gemeinwesen, er sieht sich nun als Rächer der Unterdrückten und fühlt sich zum Richter der Tyrannen und Ausbeuter aufgerufen.

Enterbung Karls als Verstoß gegen sein Rechtsempfinden

Gerechtigkeitspsychologie

Rechtspsychologie als Frage nach dem naiven Rechts- und Gerechtigkeitsempfinden

Die „Gerechtigkeitspsychologie“ befasst sich unter anderem mit der Frage des „naiven“ Rechts- und Gerechtigkeitsempfinden von Menschen und mit der Bedeutung von Gerechtigkeit als Wert und Leitmotiv menschlichen Handelns. Obgleich das Forschungsgebiet recht jung ist, so beschreibt es doch Handlungsweisen und Gefühle, die Schiller als Motivketten in seinem Drama „Die Räuber“ durchaus widerspiegelt. Man darf zudem nicht vergessen, dass Schiller sich gerade mit dem Thema „Psyche und menschliches Handeln“ intensiv auseinandergesetzt hat.

Gerechtigkeit und Verteilungsentscheidungen

> „Die Frage nach Gerechtigkeit stellt sich zunächst im Zusammenhang mit Verteilungsentscheidungen. Es sind vor allem drei Grundprinzipien, die hier ausschlaggebend sind: das ‚Leistungs- oder Beitragsprinzip [...] (jedem nach seinen Verdiensten)‘, das ‚Gleichheitsprinzip (jedem das Gleiche)‘ und das ‚Bedürftigkeitsprinzip (jedem nach seinen Bedürfnissen)‘“ (Schmitt, „Abriß der Gerechtigkeitspsychologie“).

Franz sieht mit Blick auf Gerechtigkeit weder das Leistungsprinzip berücksichtigt noch das Prinzip der Gleichheit, ja sogar das Prinzip der Bedürftigkeit bleibt unbeachtet; denn er, der Hässliche, der mit einem „Mohrenmaul" (13,27), mit „Hottentottenaugen" und mit einer „Lappländersnase" ‚Gesegnete', hätte doch wohl eher Anspruch auf eine ausgleichende Gerechtigkeit. So klagt er zu Recht: „Ich habe große Rechte, über die Natur ungehalten zu sein" (13,22).

Fehlende Gerechtigkeitsprinzipien für Franz

Verstärkend kommt zu seinem Gefühl von ungerechten Verteilungsentscheidungen, die fehlende „Verfahrensgerechtigkeit", also das Prinzip, nach dem Güter, Aufgaben usw. verteilt werden. So sieht die Gerechtigkeitspsychologie in dem Grundsatz, der „Gewinner bekommt alles", das nachteiligste Verfahrenskonzept, „Gleichheit" hingegen ist das am positivsten empfundene Konzept.

Schlechteste Variante der Verfahrensgerechtigkeit: Der Gewinner bekommt alles

Und es ist somit einsichtig, dass das Verteilungsprinzip des „Erstgeborenenrechts" für Franz unannehmbar ist. Was bleibt ihm von dem väterlichen Erbe? Wie er selbst zynisch bemerkt, nur ein „ehrlicher Name" (14,8) und sein Gewissen, das den guten Ruf zu erhalten suchen soll.

Erschwerend für die Wahrnehmung von Ungerechtigkeit und für die Entwicklung einer Handlungsbereitschaft sind vier weitere Faktoren, die nach Schmitt die Sensibilität für erlittene Ungerechtigkeit erhöhen:

1. „Die Häufigkeit berichteter Ungerechtigkeiten" verringert allmählich die Handlungsschwelle.
2. „Die Intensität empfundenen Ärgers über eine widerfahrene Ungerechtigkeit" kann als Faktor gesehen werden, der die Emotionen steigert.
3. „Die Dauer der gedanklichen Beschäftigung mit dem Ereignis" ist jene Größe, die den Durchbruch von Handlungsbereitschaft stärkt.
4. „Vergeltungswünsche" schließlich zielen auf eine Handlung hin, die die Gerechtigkeit wiederherstellen soll.

4 Faktoren, die Sensibilität für Ungerechtigkeit erhöhen:
- Häufigkeit
- Dauer
- Intensität der Ungerechtigkeit
- Vergeltungswünsche

So wie Franz Moor seine Wahrnehmung der Ungerechtigkeiten im Hause Moor darstellt, kann man die Eskalation seiner Gefühle nachvollziehen. Im Laufe der Jahre hat sich sicherlich nicht nur die Intensität der Beschäftigung mit der Ungerechtigkeit erhöht, sondern auch die Dauer der Beschäftigung. Der Anfang des Dramas stellt somit den Ausbruch einer tiefen Verletzung dar, er sieht nur noch eine Lösungsmöglichkeit: „wozu ich mich machen will, das ist nun meine Sache. [...] Das Recht wohnet beim Überwältiger, und die Schranken unserer Kraft sind unsere Gesetze." (14,2–6)

Exkurs: Recht und Gerechtigkeit in der Literatur

Gerechtigkeit als Thema der Literatur

Das Thema Recht und Gerechtigkeit spielt in der Literatur eine bedeutende Rolle, sei es in der antiken Literatur (z.B. Sophokles, „König Ödipus" und „Antigone"), der Literatur des Mittelalters (etwa in der politischen Lyrik Walthers von der Vogelweide), des 19. Jahrhunderts (z.B. Kleist, „Michael Kohlhaas") oder der modernen Literatur (z.B. Kafka, „Vor dem Gesetz", „Das Urteil" und „Der Proceß").

Offensichtlich entspringt das Verlangen nach Gerechtigkeit einem besonderen Bedürfnis des Menschen nach Ordnung, das sich in Verhaltensregeln (oder Gesetzen) niederschlägt. Dabei garantiert allerdings das geschriebene Recht in Form von Gesetzen keineswegs Gerechtigkeit. Und so zeigt sich in den genannten literarischen Werken die Abhängigkeit der Gerechtigkeit von Macht, Politik und Rechtsprechung. Zugleich wird aber die Vorstellung deutlich, dass Gerechtigkeit eine menschliche Empfindung bzw. Erkenntnis ist, aus der heraus richtiges und falsches Handeln erkannt wird. Damit verbunden sind einerseits der tiefe Wunsch, dass dem individuellen Leben ein verstehbarer Sinn innewohne, der das eigene richtige Handeln rechtfertigt bzw. das falsche Handeln ahndet, und andererseits die allgemeine Hoffnung, dass Gerechtigkeit verwirklicht wird.

Die fehlende Hoffnung auf die „Verwirklichung von Gerechtigkeit"

Unter dieser Perspektive kann man die tiefe Unzufriedenheit von Franz verstehen. Franz muss erkennen, dass aufgrund der Situation des Zweitgeborenen die Zukunft keinen für ihn nachvollziehbaren Sinn hat, denn er wird nach dem Tod des Vaters auf das Wohlwollen seines Bruders angewiesen sein. Auch das Verhalten des Vaters und des Bruders rechtfertigt seine über lange Zeit entwickelte Erbitterung über die ungerechte Behandlung. Er muss erkennen, dass seine Hoffnung auf die „Verwirklichung von Gerechtigkeit" vergebens und illusorisch ist.

In gleicher Weise bricht für Karl Moor der „verstehbare, nachvollziehbare Sinn“ seines Lebens zusammen, als er erfahren muss, dass sein Vater ihn zurückgewiesen hat. An die „Verwirklichung von Gerechtigkeit“ glaubt auch er nicht.

Hier allerdings liegt der entscheidende Unterschied zwischen Franz und Karl. Franz hat über lange Jahre hinweg erleben müssen, dass nicht nur seine Geburt, sondern auch sein Aussehen und die Einstellung seines Vaters zu ihm unabänderlich sind. Für ihn gibt es weder die Hoffnung auf wirkliche Liebe durch den Vater oder durch Amalia noch auf eine übergeordnete Institution, die das von ihm empfundene Unrecht abändern könnte. Ihm bleibt nur die Möglichkeit, sich in sein Schicksal zu fügen oder sein Schicksal selbst in die Hände zu nehmen.

Verwirklichung von Gerechtigkeit als Grundkonstante des Lebens

Karl dagegen hat über Jahrzehnte hinweg nur positive Erfahrungen mit seiner Umwelt gemacht, ihm ist alles in den Schoß gefallen, er hat niemals Zurücksetzung erfahren. Wenn er daher auf das erste Anzeichen eines ungerechtfertigten und ungerechten Handelns jegliche Erwartung auf die „Verwirklichung von Gerechtigkeit“ verwirft, so zeigt sich hierin sein Verlust an Realitätssinn. Der Rechtsphilosoph Peter Schneider verweist darauf, dass es „keine absolute Gerechtigkeit“ gibt, „so wenig es absolute Freiheit und absolute Macht geben kann. Wer auszieht, die absolute Gerechtigkeit zu verwirklichen, wird bei der absoluten Vernichtung enden, genauso wie derjenige, der die absolute Freiheit oder die absolute Macht will.“ (Schneider, 1962, S. 191)

Unterschiedliche Voraussetzungen von Franz und Karl

Absolute Gerechtigkeit und absolute Vernichtung

Tatsächlich endet Franz in der absoluten Vernichtung, da er bis zum Schluss die Maßlosigkeit seines Handelns nicht erkennen will. Karl hingegen sieht letztlich seine Schuld ein und erkennt, dass es dem Menschen nicht gegeben ist, den Absolutheitsanspruch von Gerechtigkeit und Strafe für sich zu beanspruchen.

Rache und Vergeltung

Rache, Recht und Ordnung

Der Wortstamm des Wortes „Rache“ steckt sowohl in den Worten „Recht“, „Gerechtigkeit“ und „richten“ als auch im Wort „rechnen“ im Sinne von „gerichtet machen, in Ordnung bringen“. Die ursprünglichen Zusammenhänge deuten also darauf hin, dass Rache eine zuvor gestörte Ordnung wiederherstellen sollte, allmählich jedoch im Sinne von Selbstjustiz den öffentlichen Gerichtsverfahren zuwiderlief und durch diese ersetzt wurde.

In Schillers Drama hingegen beobachtet man einen Rückfall in eine archaische Grundhaltung. Sowohl Franz als auch Karl glauben, aufgrund erlittener Ungerechtigkeiten Rache üben zu dürfen. Beide glauben, ihre verletzte Ehre nur auf diese Weise wiederherstellen zu können.

Fehlende Motive für Karls „blinde Rache"

Dabei bleibt Karls „blinde Rache" unverständlicher als die Rachehandlungen von Franz. Karl bliebe nach der Enterbung durch den Vater immerhin noch der Rechtsweg oder der Weg der unmittelbaren Auseinandersetzung mit dem Vater.

Die Zurücksetzung von Franz jedoch ist durch die Natur und ein entsprechendes Recht des Erstgeborenen vorgegeben und nicht juristisch auszugleichen. Die Fehler des Vaters haben zudem in Franz über Jahre den Wunsch nach Wiederherstellung seines Selbstwertgefühls und den Wunsch nach Gleichstellung mit dem Bruder erweckt. Die Verachtung, die er erfahren hat, der Neid, den er auf seinen Bruder entwickelt hat, ist umgeschlagen in Hass, der durch Rache an seinem Bruder, seinem Vater und an Amalia gestillt werden soll. Sein Bruder soll die vernichtende emotionale Zurücksetzung erfahren, die ihm widerfahren ist; der Vater soll für sein Verhalten büßen; in Amalia sieht Franz den Menschen, über den er seinen Bruder am tiefsten verletzen kann. Er will nicht die Liebe Amalias erringen, er will Amalia als Objekt.

Objekte der Rache von Franz

Rache und Vergeltung – Karl Moor und Michael Kohlhaas

Die private Herstellung der subjektiv empfundenen Ungerechtigkeit, die den beiden Brüdern widerfahren ist, steht in einem deutlichen Gegensatz zur Vergeltung, die Michael Kohlhaas in der gleichnamigen Novelle von Kleist übt. Kohlhaas hat zunächst einen juristisch nachvollziehbaren Schaden erlitten, für den er einen materiellen Ausgleich fordert. Erst als der Ausgleich für die erlittene Ungerechtigkeit nicht greift, die Schuld nicht gesühnt wird, entschließt sich Kohlhaas zur Rache.

Unterschiedliche Voraussetzungen für Karl Moor und Michael Kohlhaas

Kleist führt uns tatsächlich einen „der rechtschaffensten zugleich und entsetzlichsten Menschen seiner Zeit" vor Augen, den sein „Rechtgefühl […] zum Räuber und Mörder" (Kleist, 2006, S. 3) macht. Kohlhaas scheitert an politischen Verfilzungen, an Zufällen, juristischen Tricks usw. Karl hingegen versucht nicht einmal in Ansätzen seine Rechtsangelegenheit zu klären. Während die Novelle „Michael Kohlhaas“ dem Leser demonstriert, wie ein ‚rechtschaffener‘ Bürger unter außergewöhnlichen Umständen zu einem gesetzlosen Rächer, Mordbrenner und Anführer von Banditen wird, ist die Motivation von Karl psychologisch nur sehr oberflächlich begründet und im Hinblick auf diejenigen, an denen er Rache nimmt, sehr willkürlich und widersprüchlich. Sowohl Karl als auch Michael Kohlhaas lassen einen zentralen Rechts-Gesichtspunkt außer Acht, sie ziehen in keiner Weise in Betracht, ob nicht der Schutz eines höherwertigen Interesses die Verletzung eines geringeren rechtfertigt.

Karls ziellose Rache

Während Franz seine Rache zielgerichtet auf die Personen ausrichtet, die seine Selbstachtung tief gekränkt haben und die ihn an seiner Selbstverwirklichung hindern, trifft Karl Moors Rache – wie auch in Kleists Novelle „Michael Kohlhaas“ – Kinder, Frauen und Unschuldige. In einer seltsamen Vermischung von Schuldzuweisung und Verachtung der Menschheit, die anfangs noch eher spielerisch provokant klang, verknüpft er die Zurückweisung durch seinen Vater mit einem Fluch auf alle Menschen. „Ich hab ihn so unaussprechlich geliebt! so liebte kein Sohn, ich hätte tausend Leben für ihn – […]. Ha! wer mir itzt ein Schwert in die Hand gäb, dieser Otterbrut eine brennende Wunde zu versetzen! wer mir sagte, wo ich das Herz ihres Lebens erzielen, zermalmen, zernichten – er sei mein Freund, mein Engel, mein Gott – ich will ihn anbeten.“ (30,27–32)
Wie ziellos dieser Rachegedanke ist, beweist Karls Ermunterung, zu morden und Feuer zu legen, ohne dass ein konkretes Ziel angesprochen wird. „Und Glück zu dem Meister unter euch, der am wildesten sengt, am grässlichsten mordet, denn ich sage euch, er soll königlich belohnet werden“ (31,24 f.). Erst später gesellt sich zu diesem ziellosen Rachegedanken die Idee der Wiederherstellung von Gerechtigkeit für die machtlosen Opfer der Willkür der Herrschenden. Karl wird zum Rächer derjenigen, die weder selbst Rache ausüben können noch vor den willkürlichen Gesetzen des Adels ihr Recht finden.

Die Entstehung des Dramas

Inszenierung der „Räuber" 1984 in Bochum als Spiegel der Entstehungssituation des Dramas

Vergegenwärtigt man sich die Bedingungen, unter denen das Drama „Die Räuber" entstanden ist, und hält sich zudem vor Augen, dass hier ein junger Internatszögling ohne große Lebens- und Welterfahrung ein Schauspiel schreibt, so werden manche Ungereimtheiten und manche Übertreibungen verständlicher; vielleicht werden dann auch die beiden zentralen Figuren, Karl und Franz, in ihrer Beziehung zueinander und in ihrer Einschätzung der Welt fassbarer.
Die Inszenierung der „Räuber", die 1984 im Bochumer Schauspielhaus unter der Regie von Alfred Kirchner auf die Bühne gebracht wurde, versuchte dem Zuschauer eben diesen Aspekt zu veranschaulichen.

Überraschender Beginn der Inszenierung

So erlebten die Zuschauer in dieser Aufführung zunächst einen befremdlichen Anfang des Dramas: Nachdem die Augen sich an das Halbdunkel der Bühne gewöhnt haben, erblickt man nach und nach Pritschen, auf denen verschiedene Personen liegen. Plötzlich ertönen schrille Pfiffe wie in einer Kaserne, die Schauspieler springen auf, suchen nach ihren Kleidungsstücken; Gemurmel entsteht, die jungen Männer (man hatte für diese Aufführung sehr junge Schauspieler ausgesucht) in dem kasernenähnlichen Raum unterhalten sich halblaut miteinander. Während sie sich ankleiden, sitzt im Hintergrund ein junger Mann beim Kerzenschein und schreibt. Das Papier, das er beschrieben hat, wird herumgereicht. Und mit einem Mal wird dem Zuschauer klar, er befindet sich in der Karlsschule, jener Anstalt, in der Schiller die „Räuber" geschrieben hat.

Bühne als Internatsraum der Karlsschule

Die Karlsschüler/Schauspieler nehmen langsam ihre Positionen ein, um Schillers Drama aufzuführen, der erste Akt beginnt. Der Regisseur Alfred Kirchner „versetzt den gewohnten Ort der Handlung in einen neuen Rahmen: in Schlafsäle, wo Jugendliche sich ein Heldenleben imaginieren. ‚Die Räuber' – ein Internatsgewächs, in düsteren Schulräumen entstanden, um eine asketische Lebensferne mit Kraft zu erfüllen. [...] Die Hohe Karlsschule verwandelt sich für ein paar Stunden in einen Theatersaal, in dem die gestauten Energien Heranwachsender sich heimlich entladen." (Sautermeister, 2005, S. 210) Immer wieder erinnert der Regisseur daran, dass hier ein junger Internatsschüler, der strengen militärischen Ritualen untergeordnet war, ein Drama schreibt, in dem er der harten Wirklichkeit dieses Internats zu entfliehen sucht. Um den „Verhältnissen zu entfliehen, die mir zur Folter waren, schweift mein Herz in eine Idealenwelt aus" (Werke, Bd. 5, S. 855), bekennt Schiller selbst. Konsequent vermittelt dann auch das Programmbuch des Schauspielhauses auf 80 Seiten die Situation der Karlsschule und seiner Schüler. Grenzen einige der Szenen des Dramas auf heutigen Bühnen, unverändert gespielt, leicht ans Lächerliche, so nutzt der Regisseur hier gerade diese Wirkung, um sie für seine Inszenierung fruchtbar zu machen. Die ersten Verse aus den Mündern der streng erzogenen und zum absoluten Respekt erzogenen Karlsschüler/Räuber wirken grotesk. Dieser Eindruck wird verstärkt dadurch, dass die Räuber keineswegs mit den Waffen einer Räuberbande hantieren, sondern Besen schwingen und im Gleichtakt den Boden ihres Schlafraumes säubern.

Theater als Spielweise für Seelengymnastik der Karlsschüler

> „‚Die Räuber' – [...] ein aufsässiges Spiel mit Rollen und Masken im Luftraum der Träume, ein Theaterdonner in windgeschützter Erziehungsanstalt. Der Absolutismus gestattet seinen Zöglingen eine wohlverwahrte Spielwiese für die Seelen- und Geistesgymnastik." (Sautermeister, 1987, S. 211)

Tatsächlich wurden in der Karlsschule jährlich ein- bis zweimal Theaterstücke von den Schülern aufgeführt. Da dort das „andere Geschlecht" ferngehalten wurde, so dass Schiller selbst zugesteht, er sei völlig „unbekannt mit dem schönen Geschlecht, [...] die Tore dieses Instituts öffnen sich, wie man wissen wird, Frauenzimmern nur, ehe sie anfangen interessant zu werden, und wenn sie aufgehört haben es zu sein" (Ankündigung der „Rheinischen Thalia", 1784, in: Werke, Bd. 5, S. 855), wirkt Amalia, die weibliche Hauptfigur des Dramas „Die Räuber", seltsam eingeschränkt in ihren Emotionen. Sie ist „ein Ausbund an Seelenadel und Seelenschmelz, an Treue und [...]. Tugend, eine gleichsam eindimensionale Figur." (Sautermeister, 1987, S. 213)

Amalia – ein männlicher Karlsschüler

Folgerichtig wird Amalia daher in Bochum von einem jungen Mann gespielt, dessen Unbeholfenheit bei dem Versuch, die weibliche Rolle auszufüllen, die Rolle Amalias noch einmal verfremdet. „Historische Verhaltensweisen des weiblichen Geschlechts (um 1780) werden im Spiegel der Mannsgestalt überdeutlich nachgezogen und gleichsam entzaubert; […] so läßt der Mann hier Gebärden, Mienenspiel, Sprachgesten der Frau als einstudiert erscheinen und beraubt sie so aller Natürlichkeit; indem er [der männliche Schauspieler] sie mit kunstvoller Unbeholfenheit nachahmt und gleichsam ausstellt, läßt er ihre Konventionalität sehen, ihre Künstlichkeit“ (ebd., S 214).

Entzauberung der weiblichen Hauptfigur als Kunstfigur Schillers

Die Aufführung endet, wie sie begonnen hat: Schrille Pfiffe fordern die Kadetten auf, den Tagesablauf einzuhalten. Müde „verlassen“ die Schüler-Räuber „die böhmischen Wälder“ und legen sich auf ihre Schlafpritschen. Die Revolution hat in gesitteten Formen und nur in den Köpfen der Kadetten stattgefunden.

Die gesittete Revolution

Die Karlsschule

Vergegenwärtigt man sich den Bruch mit einer häuslichen Kindheit und Jugendzeit durch den Eintritt in die militärisch organisierte Karlsschule und betrachtet man weiterhin Schillers Verhältnis zu seinem Vater und die erzwungene Anerkennung des Herzogs Karl Eugen als Vaterersatz während der Internatszeit, so werden viele Aspekte des Dramas „Die Räuber“ psychologisch verständlich.

Schillers Biographen stimmen darin überein, dass Schiller seinem Vater unbedingten Respekt und Gehorsam entgegenbrachte, dabei aber nie das Gefühl von Unterdrückung, sondern von Sicherheit und Fürsorge empfand. Die Hochachtung vor seinem Vater spornte Schiller zu besonderem schulischen Fleiß an und seine Leistungen waren anerkannt überdurchschnittlich.

Und gerade Schillers Fleiß und seine schulischen Erfolge in Latein und Griechisch machten den Herzog Karl Eugen auf ihn aufmerksam, und er forderte den Vater auf, ihm seinen Sohn als Eleven für die Karlsschule zu überlassen. Vergeblich wies der Vater mehrfach darauf hin, dass sein Sohn Theologe zu werden wünsche. 1773 musste er sich dem Willen des Herzogs beugen, wollte er nicht in den

Vergebliche Bemühungen des Vaters um Schillers theologische Laufbahn

Verdacht des Ungehorsams geraten. Schweren Herzens übergab er seinen Sohn der herzoglichen Ausbildung, und „es beginnt die Zeit der erzwungenen Entfremdung vom Elternhaus, das Leben in einer Bildungskaserne mit eigenen Gesetzen." (Alt, 2000, S. 81)

Erzwungene Entfremdung vom Elternhaus – Schiller auf der Karlsschule

Lebenslang wird Schiller seinen Vater verehren, nicht zuletzt deshalb, weil er versucht hat, ihn vor der Karlsschule zu bewahren und ihm seinen Wunsch zu ermöglichen, Geistlicher zu werden. „Schiller erlebt den Einzug in die Karlsschule als tiefgreifenden Schock. Er bedeutet für ihn den Verlust der Familie und die Auflösung seiner vertrauten alltäglichen Bindungen. [...] Das Motiv der verlorenen Kindheit begleitet fortan Schillers Denken." (Ebd., S. 89)

Schillers verlorene Kindheit

Schiller wird Karl Eugen, trotz einiger positiver Äußerungen über den Herzog, nie vergeben, dass er ihm seine Jugendjahre geraubt hat. Kurz nach dem Tod des Herzogs schreibt Schiller: „der Tod des alten Herodes hat weder auf mich noch auf meine Familie Einfluß, außer daß es allen Menschen, die unmittelbar mit dem Herrn zu thun hatten, wie mein Vater, jetzt einen Menschen vor sich haben." (Brief an Körner vom 10. Dezember 1793, in: SNA, Bd. 26, S. 336) Der Vergleich mit dem Kindermörder Herodes lässt alle Anekdoten, in denen Schiller sich positiv über den Herzog geäußert haben soll, in den Hintergrund treten. Die Karlsschüler sollten den Herzog als eigentlichen Vater empfinden, in einer Rede zum Semesterschluss bezeichnete dieser die Ausbildung als „zweite Geburt".

Schillers Vergleich von Karl Eugen mit Herodes

Herodes, der Große (um 72–4 v. Chr.), soll den bethlehemitischen Kindermord befohlen haben

Zwar hat Schiller immer die hervorragende Ausbildung in der Karlsschule, etwa in Philosophie und den Sprachen, anerkannt, doch vermochte er lange nicht, den totalen Freiheitsentzug und den militärischen Zwang zu vergessen. Acht Unterrichtsstunden fügten sich in einen spartanischen Tagesablauf; es war angeordnet, dass „kein junger Mensch einen Augenblick allein sein dürfe" (Lahnstein, 1984, S. 50). „Kein Cavalier noch Eleve wird aus dem Haus gelassen, es wäre denn, daß Vater oder Mutter tödtlich wäre, alsdann selbiger mit einem Offizier und einem Aufseher dahin zu schicken ist" (Befehl von 1776, zit. nach: ebd., S. 51). Schiller erfährt vom Tod seiner beiden Schwestern, Beata Friederike (1773) und Maria Charlotte (1774) nur brieflich, seine 1777 gebore-

Spartanische Erziehung in der Karlsschule

Karl Eugen als übermächtige Vaterfigur

ne Schwester sieht er 1780 das erste Mal. Als Karl Eugen einem Schüler untersagte, seinen sterbenden Vater zu besuchen, sagte er: „Tröst' Er sich, Ich bin Sein Vater" (ebd.).

Wenn Karl Moor sich in Schillers Drama beim ersten Auftritt enthusiastisch zur Freiheit bekennt und davon träumt, aus Deutschland eine Republik zu machen (18,11), so stehen dahinter vielfältige Erfahrungen eines Unterdrückungsapparates, dem Schiller selbst täglich ausgesetzt war. Zugleich fließen aber auch Vorfälle ein, die er unmittelbar erlebte. So bekam der zehnjährige Schiller mit, wie man den – gerade bei jungen Leuten – bewunderten Organisten und Musiklehrer Schubart wegen unsittlichen Lebenswandels, Verschwendungssucht und literarischer Tugendlosigkeit (hier erinnern wir uns an die Unterstellungen von Franz gegenüber seinem Bruder) aus Ludwigsburg auswies und vertrieb. Verständlicherweise nahm Schubart von da an in seiner republikanisch ausgerichteten Zeitschrift „Teutsche Chronik" Karl Eugen besonders aufs Korn: Schubart charakterisierte die Karlsschule als „Sklavenplantage", spottete über die Doppelbegabung des Herzogs für Mätressenwirtschaft und Tugendpredigten, machte sich über die Unfruchtbarkeit des herzoglichen Hauses lustig und kritisierte den Verkauf von 3000 Landeskindern an England (Schubarts genaue Angaben über die gezahlten Summen übernimmt Schiller in seinem Drama „Kabale und Liebe").

Das Schicksal des Schriftstellers Schubart

Schubart: Karlsschule als „Sklavenplantage"

Schubarts Kritik am Herzog Karl Eugen wegen des Verkaufs von Soldaten

10-jährige Festungshaft für Schubart ohne Prozess

1777 lockte man Schubart auf württembergischen Boden, verhaftete ihn und sperrte ihn bis 1787 zehn Jahre lang ohne Prozess auf dem Hohen Asperg ein. Das erste Jahr verbrachte er in einem stickigen Gewölbe in den Fundamenten eines Turmes. „Als Schubart im Februar 1777 auf dem Hohen Asperg in den Kerker geworfen wurde, war der Herzog mit seiner Franziska zugegen, dieses Vergnügen wollten sich die beiden Gekränkten nicht entgehen lassen." (Safranski, 2004, S. 102 f.)

Schubart als warnendes Beispiel für die Gefahr durch „poetische Sachen"

Die Karlsschüler bewunderten Schubart, der Herzog dagegen stellte Schubart als warnendes Beispiel für die negativen Folgen der Beschäftigung mit Literatur hin und er unterstrich noch einmal nachdrücklich die Anordnung, dass ohne seine Erlaubnis keine „poetischen Sachen" veröffentlicht werden dürften. Auf Schubart geht die wichtigste Quelle für Schillers Drama „Die Räuber“ zurück: die Erzählung „Zur Geschichte des menschlichen Herzens“ (vgl. Materialien, S. 150–152).

Quellen

Unterdrückung und genialer Schaffenskraft verdankt das Drama „Die Räuber" seine hervorragende Bedeutung, zugleich aber spiegelt sich darin ein ungeheures Lesepensum. Zwar hat Schiller nicht viel erlebt, jedoch außerordentlich viel gelesen. Die zahlreichen Anleihen, Anspielungen und Zitate gelesener Literatur bargen allerdings die Gefahr in sich, ein Flickwerk von Einzelelementen zu werden. Doch es gelingt Schiller, ein unverwechselbares und eigenständiges Ganzes zu schaffen. Das Drama ist in der Sprache, in der Handlungsführung, in der Figurenkomposition eine geniale Verschmelzung von einzelnen Elementen zu einem Werk, das – wie zu zeigen sein wird – in seiner Zeit Aufsehen und große Wirkung hervorrief, das zudem im Motiv des Vaterkonflikts die Zeitströmung und Schillers eigene Auseinandersetzung mit dem Thema treffend widerspiegelt.

Rückblickend erinnert sich Schiller an seine Schulzeit: „Acht Jahre rang mein Enthusiasmus mit der militärischen Regel; aber Leidenschaft für die Dichtkunst ist feurig und stark, wie die erste Liebe. Was sie ersticken sollte, fachte sie an.“ (Werke, Bd. 5, S. 855) Und tatsächlich gehörte Schillers Liebe der Literatur. Er war ein unbändiger Leser, der die wenigen Stunden, die den Schülern der Karlsschule blieb, mit Lesen verbrachte, sogar nachts saß er bei der Lektüre klassischer, später aber vor allem moderner (zeitgenössischer) Literatur.

Schiller – ein unbändiger Leser

1795 bekennt Schiller in einem Brief an Wilhelm von Humboldt, er habe sich „in dem entscheidenden Alter, wo die Gemüthsform vielleicht für das ganze Leben bestimmt wird, von 14 biß 24 ausschließlich nur aus modernen Quellen genährt“ (SNA, Bd. 28, S. 84). Dabei wurde es in der Karlsschule überaus ungern gesehen, wenn die Eleven sich der Lektüre der ‚schönen Literatur‘ widmeten. Das Lesen von neuerer Literatur, Goethes „Werther“, Gerstenbergs „Ugolino“ usw. war sogar unter Strafe gestellt. Dennoch widmete sich Schiller gerade diesen Werken.

Verbotene Bücher in der Karlsschule: u. a. Goethes „Werther“

Unmittelbare Vorbilder

Als der Direktor des Hamburger Nationaltheaters 1775 einen Preis für ein Theaterstück aussetzt, dessen zentrales Thema ein Brudermord sein sollte, werden drei Dramen eingereicht, von denen zwei zu Schillers besonderer Lektüre gehörten: „Julius von Tarent“ von dem 23-jährigen Leisewitz und „Die Zwillinge“ des ebenfalls 23-jährigen Klinger, dessen Drama den Preis gewinnt.

Preisträger des Theaterwettbewerbs um das Thema „Brudermord“: Klingers „Die Zwillinge“ (1775)

> In Klingers Drama ersticht der jähzornige und unbändige Guelfo seinen sanften Zwillingsbruder Ferdinando. Ferdinando ist um Minuten eher geboren und steht damit als Thronfolger fest. Guelfo muss zudem voller Eifersucht erkennen, dass die von ihm verehrte Kamilla den liebenswürdigen Ferdinando vorzieht.
> Guelfos Handeln wird durch seine schlechten Eigenschaften, seinen Verfolgungswahn und seine angeborene Bosheit bestimmt, und so ist er unfähig, freie Willensentscheidungen zu treffen. Sein destruktiver Charakter überwältigt ihn förmlich, und er tötet seinen Bruder. Doch er bereut die Tat und bietet sein Leben als Sühneopfer an. Sein Vater, zugleich Landesherr, übernimmt die Bestrafung und ersticht seinen eigenen Sohn.

Es mag bei diesem recht ungewöhnlichen Inhalt, der noch durch sprachliche Exzesse, Wutausbrüche und Kraftausdrücke, unterstrichen wird, erstaunen, dass Lessing dieses Drama, das zunächst anonym erschien, so hoch schätzte, dass er annahm, es stamme von Goethe. Klinger hat, anders als Schiller, den Bruderzwist nicht auf das Motiv des Erstgeborenen-Rechts ausgerichtet, sondern die angeborene Bosheit als auslösenden Faktor gesehen. Doch nicht Klingers Drama, sondern das Drama von Leisewitz (1776) begeisterte Schiller so, dass er bei Spaziergängen seinen Mitschülern daraus vorlas und ganze Passagen des Theaterstücks auswendig konnte.

„Julius von Tarent“ des 23-jährigen Leisewitz als weiterer Beitrag zum Thema „Brudermord“: Vorbild für Schillers Drama

> Die Tragödie von Leisewitz behandelt recht frei einen historischen Stoff, die Geschichte des Großherzogs Cosimo I de' Medici und seiner beiden Söhne.
> Die beiden feindlichen Brüder in der Tragödie von Leisewitz sind gleichfalls charakterlich sehr unterschiedlich: Julius, eher sanft, ist der Erstgeborene und damit Thronfolger, zugleich wird er von der schönen Bianca geliebt. Sein Bruder Guido dagegen ist ein Kraftmensch, der auf dem Schlachtfeld aufblüht.

Der greise Vater ahnt den Konflikt und verbannt Bianca ins Kloster. Julius vernachlässigt seine Aufgaben als Thronfolger und gibt sich ganz der Liebe zu Bianca hin. Er besucht sie heimlich im Kloster und entschließt sich, als er erfährt, dass sein Vater ihn mit einer anderen Frau verheiraten will, zur Flucht mit Bianca. Guido, der mit aller Macht gegen die Bevorzugung des Erstgeborenen ankämpft, erfährt von dem Plan und erwartet seinen Bruder nachts vor dem Kloster. Als Julius mit Gefolge erscheint, tötet Guido ihn, ohne ihn allerdings in der Dunkelheit zu erkennen. Bianca verliert den Verstand. Entsetzt von seiner Tat bittet Guido seinen Vater, ihn zur Sühne zu töten. An der Bahre von Julius ersticht der Vater seinen Sohn eigenhändig. Darauf begibt er sich in ein Kloster.

Leidenschaft, Macht der Gefühle und das Recht des Erstgeborenen

Im Gegensatz zu Klinger stehen bei Leisewitz die Auflehnung gegen das Recht des Erstgeborenen sowie die Macht des Gefühls und der Leidenschaft im Vordergrund. Die Liebe tritt in Widerspruch zu den gesellschaftlichen Anforderungen, die an Julius als Thronfolger gestellt werden.

Schillers wesentliche Quelle: Schubarts Erzählung „Zur Geschichte des menschlichen Herzens" (1775)

Schubarts Kritik an den Deutschen

Die wichtigste Quelle für „Die Räuber" aber war Schubarts Erzählung „Zur Geschichte des menschlichen Herzens", die im „Schwäbischen Magazin" von 1775 veröffentlicht wurde. Unsicher ist dabei, ob diese Erzählung auf einem tatsächlichen Vorgang in Schwaben zurückgeht. Schubart führt sein „Geschichtgen" mit einer kurzen Einleitung ein, in der er ironisch anmerkt, dass es auch unter den Deutschen Menschen gebe, die zu Leidenschaften fähig seien. Es sei also falsch anzunehmen, dass die Deutschen sich „nur maschinenmäßig bewegen und daß Essen, Trinken, Dummarbeiten und Schlafen den ganzen Kreis eines Deutschen ausmachen, in welchem er so lange unsinnig herumläuft, bis er schwindlicht niederstürzt und stirbt." Allerdings meint Schubart sarkastisch, dass „wegen der Regierungsform der Zustand eines Teutschen bloß passiv ist." (Schubart, 1965, S. 241)

Inhalt der Erzählung „Zur Geschichte des menschlichen Herzens"

Ein Adliger hat zwei Söhne von völlig gegensätzlichen Charaktereigenschaften und Lebenseinstellungen: Wilhelm ist nach außen hin fromm, betet, wenn man es von ihm verlangt; er ist gehorsam, fleißig und streng gegen jede Art von Verfehlungen.
Carl hingegen ist das völlige Gegenteil. Er ist lebenszugewandt, lustig, lässt es von Zeit zu Zeit auch an Fleiß mangeln, begeht Streiche und bereitet daher sowohl Eltern als auch Lehrern Unannehmlichkeiten. Bei den Hausangestellten und allen Dorfbewohnern ist Carl außerordentlich beliebt.
Während der Gymnasialzeit und des Studiums bleiben Wilhelms Fleiß und Tugendhaftigkeit unverändert. Carl dagegen wird noch leichtfertiger als früher, er studiert nur nebenbei, widmet sich eher den Freuden des Lebens und gibt sich dem Wein und der Liebe hin.
Wilhelm duldet diese Einstellung nicht und teilt Carls Fehlverhalten nach Hause mit. Doch alle Drohungen und Mahnungen der Familie fruchten bei Carl nicht. Er verschuldet sich sogar noch und muss nach einem Duell die Universität verlassen. Er tritt in die preußische Armee ein und folgt dem Siegeszug von Friedrich II. im Siebenjährigen Krieg.
Nachdem Carl bei einer Schlacht verwundet worden ist, besinnt er sich im Lazarett angesichts der Sterbenden und Kranken um ihn herum seiner Fehler. Voller Reue schreibt er einen Brief an seinen Vater, in dem er seine Verfehlungen eingesteht und um väterliche Vergebung bittet. Der Brief erreicht den Vater jedoch nicht, da Wilhelm ihn abgefangen hat.
Als Frieden geschlossen und Carl entlassen wird und damit ohne Arbeit ist, verdingt er sich bei einem Bauern, der seinen Hof unweit des Rittersitzes seines Vaters hat. Carl bewährt sich – unter dem Decknamen Hans – in besonderer Weise und wird „das Muster eines fleißigen Arbeiters" (Schubart, 1965, S. 244). Er unterrichtet nebenbei sehr erfolgreich die Kinder des Bauern und erwirbt sich einen so guten Ruf, dass selbst sein Vater, der jedoch seinen Sohn nicht erkennt, ihm Beifall zollt.
Der junge Mann, der nun den Namen „der gute Hans" trägt, hört eines Tages beim Holzfällen im Wald Geräusche, schleicht sich zu dem Ort und sieht, wie vermummte Mörder die Kutsche seines Vaters überfallen. Die Verbrecher haben den Kutscher erstochen und den Vater aus der Kutsche gerissen. Mit seinem Holzfällerbeil erschlägt Carl drei Verbrecher, nimmt den vierten gefangen und fährt mit dem ohnmächtigen Vater in der Kutsche zu dessen Rittersitz.
Hier muss der Vater von dem vierten Mordgesellen erfahren, dass der Überfall von seinem Sohn Wilhelm geplant war, da dieser nicht länger auf das Erbe warten wollte. Als der Vater

verzweifelt schreit, dass er nun keinen Sohn mehr habe, offenbart sich Carl dem überraschten Vater als sein Sohn. Überschwänglich fallen sich Vater und Sohn in die Arme, und Carl berichtet von seinem bisherigen Leben. Tief berührt macht der Vater nun Carl zu seinem Erben und teilt diesem mit, dass er Wilhelm der Justiz ausliefern werde. Doch Carl bittet für seinen Bruder um Gnade. Der Vater verbannt Wilhelm aus seinem Gesichtskreis und legt allerdings dessen weiteres Schicksal in Carls Hände. Dieser übermittelt seinem Bruder den väterlichen Beschluss und macht mit seinem Bruder einen angemessenen Unterhalt aus. Ohne Reue zu zeigen, entfernt sich Wilhelm und bezieht eine Wohnung in einer angesehenen Stadt. Dort wird Wilhelm Kopf einer Sekte, die sich die Sekte der Zeloten [blinde Fanatiker] nennt.

Literatur als Ersatz für das reale Leben

Literatur ersetzt in der Zeit an der Militärakademie das reale Leben, und Schiller beklagt, dass er in der Schulzeit keine Gelegenheit gehabt habe, wirkliche Erfahrungen mit Menschen zu machen. Sein Drama sei daher „einer fehlgeleiteten Erziehung entsprungen: entstanden aus dem Antrieb eines unruhigen Geistes, der gegen die Zwangsordnung der Militärakademie protestiert habe. Von Erfahrungen im Umgang mit Menschen unberührt, mußte er, wie er selbstkritisch einräumt, ‚ein Ungeheuer hervorbringen, das zum Glück in der Welt nicht vorhanden war, dem ich nur darum Unsterblichkeit wünschen möchte, um das Beispiel einer Geburt zu verewigen, die der naturwidrige Beischlaf der Subordination und des Genius in die Welt setzte.'" (Alt, 2000, S. 276 f.)

Schillers mangelnde Lebenserfahrung produzierte „Ungeheuer"

Unterdrückung und genialer Einfallsreichtum haben demnach ein Wesen hervorgebracht, dessen Schwäche eben darin liegt, dass eine ausgedachte und von gelesener Literatur bestimmte Wirklichkeit vorherrscht. Und so wird man in keinem späteren Werk von Schiller ein so dichtes Netz von literarischen Anspielungen finden.

Der verlorene Sohn

Zunächst hatte Schiller geplant, sein Drama „Der verlorene Sohn" zu nennen. Er verzichtet darauf, behält jedoch den Topos des verlorenen Sohnes bei. Doch anstelle der Versöhnung (Lukas 15,11) kommt es bei Schiller zur tragischen Wende, und das zweite biblische Motiv wird zum Grundton: die aus dem alten Testament stammende Erzählung vom Brudermord. Zwar bleibt das Motiv

Kain und Abel

von Kain und Abel deutlich erkennbar, doch auch hier wandelt Schiller die Vorlage geschickt ab. Der Brudermord soll von fremder Hand ausgeführt werden, denn Karl und Franz begegnen sich kein einziges Mal auf der Bühne.

Das dritte biblische Motiv wird unmittelbar von Amalia vorgetragen. Sie liest dem alten Moor auf dessen Wunsch jenen Teil der Geschichte von Jakob und Joseph vor (51,6–19), in der Josephs Brüder dem Vater den blutgetränkte Rock als Beweis dafür zeigen, dass Joseph von einem wilden Tier getötet worden ist. Überdeutlich ist damit die Anspielung auf das blutige Schwert, das der angebliche Bote dem alten Moor zeigt, als Zeichen dafür, dass Karl gefallen ist (47,31).

Joseph
und seine Brüder

Klopstock
und Milton

Eng an die religiösen Quellen angelegt sind die Bezüge zu Klopstocks „Messias" und zu Miltons „Paradise Lost". Milton, der bei den Karlsschülern begeistert gelesen wurde, wird in Schillers Urfassung noch namentlich genannt; Karl Moor hält Miltons aufsässigen Teufel voller Bewunderung für „ein außerordentliches Genie" (Grawe, S. 76), weil er sich gegen Gott und die bestehende Weltordnung stellt.

Plutarchs „Brutus"

Darüber hinaus verwendet Schiller mehrfach Ereignisse aus Plutarchs Biographien; so erinnert die Episode, in der Schweizer Karl Moor Wasser in einem Hut bringt, an eine Schilderung aus Plutarchs „Brutus" (vgl. Grawe, S. 54). Auch die Anspielung auf Karthago gehört zu diesen Quellen.

Mit Sicherheit war Schiller die Gestalt Robin Hoods bekannt, möglicherweise sogar über seine Shakespeare-Lektüre. In dem Drama „Die beiden Veroneser", in dem Robin Hood erwähnt wird, verbirgt sich vielleicht auch ein Vorbild für die Figur des Kosinsky. Der Verweis auf Robin Hood (vgl. 83,23) könnte sogar als ironischer Kommentar zu Schillers eigener Lektüre verstanden werden, wenn er Karl Moor zu Kosinsky sagen lässt: „Hat dir dein Hofmeister die Geschichte des Robins in die Hände gespielt, – man sollte dergleichen unvorsichtige Kanaillen auf die Galeere schmieden – die deine kindische Phantasie erhitzte, und dich mit der tollen Sucht zum Mann ansteckte?" (83,23–27)

Ein Mitschüler Schillers erwähnte weiterhin, dass als Vorbild für Karl Moor die Gestalt des edelmütigen Räubers Roque aus Cervantes' Roman „Don Quixote" gedient habe (vgl. Grawe, S. 115 ff.) Diese Hinweise auf positive Räubergestalten sind umso wichtiger, als sie deutlich machen, dass Karl Moor als positive Figur angelegt ist.

Robin Hood
Cervantes, „Don Quixote"

Überaus deutlich sind aber auch die Anleihen an Shakespeares Dramen, etwa „King Lear". Peter von Matt notiert: „Dieser Franz Moor [...] ist die direkte Wiederkehr des Gloucester-Sohnes Edmund. Als Schiller seinen ungestalten Erstling zimmerte, hat er die Gloucester-Handlung des ‚Lear' in einer Weise geplündert, daß man bei jedem weniger Begabten von Diebstahl sprechen würde." (Von Matt, 1995, S. 145) Schon I,2 weist zahlreiche Übereinstimmungen auf, wenn etwa der uneheliche, eiskalt planende Edmund, der Schurke des Dramas, bezweifelt, dass sein Bruder Edgar einen größeren Anspruch auf das Erbe habe als er, nur weil er „rund zwölf Monate jünger" und ehelich ist. Mit einer Intrige, die mit einem angeblich von seinem Bruder stammenden Brief beginnt, verdrängt er seinen Bruder vom Erbe.

Anlehnung an die Gloucester-Handlung von Shakespeares „King Lear"

Entstehungsgeschichte und Varianten

Durch Berichte seiner Mitschüler kennt man Schillers literarische Vorlieben und weiß, dass er sich intensiv mit Shakespeares Dramen, mit Goethes Briefroman „Werther", mit poetischen Werken des „Sturm und Drang" beschäftigt hat, doch erstaunlich gering sind die Informationen über den Entstehungsprozess des Dramas „Die Räuber".

Fehlende Informationen zur Entstehungsgeschichte

Ein Grund mag die Abneigung des württembergischen Herzogs Karl Eugen gegenüber schöngeistiger Literatur gewesen sein. Schiller ließ es wohl – auch angesichts des Schicksals von Schubart – angebracht erscheinen, sein Drama ohne großes Aufsehen zu schreiben. Nach Aussagen seines Freundes Streicher hat Schiller schon 1776 begonnen, Szenen niederzuschreiben, Streicher kannte Schiller allerdings erst seit 1781, so dass auch diese Angabe zweifelhaft ist.

Erste Anfänge um 1776

Haupt-
entstehungszeit
des Dramas:
1779/80

Schiller selbst hat sich weder zur Entstehungszeit, den Umständen oder den Quellen geäußert, allerdings weiß man aus seinen Briefen, dass er sich zwischen 1777 und 1779 intensiv seinem medizinischen Studium gewidmet hat; so wird die Hauptentstehungszeit in den Jahren 1779 und 1780 gelegen haben. Schillers Schwester Christophine berichtet aus dieser Zeit: „Sein erstes Schauspiel ‚Die Räuber' entwarf er ebenfalls in den Nebenstunden und größtenteils im Krankenzimmer, das er oft Fieberanfälle wegen wochenlang hüten musste." (Zit. nach: Grawe, S. 124)

Entstehung
vieler Szenen im
Krankenzimmer

Wahrscheinlich im Mai 1780 trug Schiller seinen Mitschülern im Bopserwald das gesamte Drama vor. Die Szene ist durch eine Zeichnung seines Mitschülers Victor von Heideloff sehr bekannt, und über Heideloffs Vater kennen wir einige nähere Umstände:

> „Da […] ästhetische Besprechungen im Krankenzimmer bei der ängstlich-strengen Aufsicht zu beschränkt und kärglich waren, so beschloß Schiller mit seinen Cameraden, die Gelegenheit des nächsten Spaziergangs zu benützen, um an einem ruhigen und ungestörten Orte die ‚Räuber' zur Beurtheilung und zum Genuß, wie Schiller es gerne that, vorzutragen. […] Seine Declamation war anfänglich eine ruhige. Als er aber zur Stelle der fünften Szene des vierten Acts gelangte, […] steigerte er sich in dem Grade, dass seine Freunde, mit gespannter Aufmerksamkeit Aug' und Ohr ihm zugewandt, durch den Ausbruch seines Affects in Bestürzung geriethen, durch die Großartigkeit seiner Arbeit aber in Erstaunen, Bewunderung und in fast endlose Beifallsbezeugungen übergingen." (Zit. nach: Grawe, S. 124)

Der erste Vortrag
des Dramas
vor Mitschülern
im Bopserwald

Großer Beifall
der Mitschüler

Streichung
extremer Szenen

Schon hier zeigte sich also ein ähnlicher Erfolg wie später nach der Uraufführung. Allerdings waren einige Szenen selbst den sensationsgierigen Eleven der Karlsschule zu weitgehend. Schiller hatte geplant, Karl ein Nonnenkloster überfallen zu lassen, in dem Amalia Zuflucht gesucht hatte. Karl verlangte die Herausgabe von Amalia, ansonsten werde er das Kloster in ein Bordell verwandeln. Diese Szene wurde gestrichen, dann jedoch in eine Erzählung von Spiegelberg übernommen.

Häufige Über-
arbeitungen

Von Schillers Freund Petersen weiß man, dass Schiller sein Drama mehrfach umgeschrieben, Szenen hinzugefügt, gestrichen und verändert hat. Petersen spricht –

sicherlich etwas übertrieben - von zehn Fassungen des Textes. Ende 1780 ist das Theaterstück dann jedoch druckfertig.

Geheimhaltung der Entstehung und der Drucklegung

Im Dezember 1780 hatte Schiller zwar nach seiner Abschlussprüfung die Akademie des Herzogs verlassen, doch blieb er weiterhin in absoluter Abhängigkeit vom württembergischen Hof. So sah er sich gezwungen, das Drama anonym zu verlegen, wollte er nicht eine Abmahnung oder auch Ernsteres durch seinen Landesfürsten provozieren. In einem Brief an seinen Freund Petersen Ende 1780 erläutert Schiller: „Schrifften aus dem Felde der Poesie, Tragödien usw. würden mir in meinem Plane, Professor in der Physiologie und Medicin zu werden hinderlich seyn." (Zit. nach: Grawe, S. 127)

1781 – Erstdruck des Dramas als anonymer Text

Schiller entschloss sich im März 1781, die erste Fassung des Textes „Die Räuber. Ein Schauspiel" selbst zu verlegen. Seine Geheimhaltung ging so weit, dass er als Verlagsort „Frankfurt und Leipzig" angab, gedruckt wurde das Buch jedoch höchstwahrscheinlich in Stuttgart. Um die Druckkosten von 150 Gulden zahlen zu können, nahm er einen Kredit auf, dessen Rückzahlung und steigende Verzinsung ihn bis Ende der 80er-Jahre in eine finanzielle Notlage brachte. Von den 800 gedruckten Exemplaren wurden nur einige wenige verkauft, die restlichen verschenkt oder verramscht.

Hohe Verschuldung und geringer Verkaufserfolg

Noch während der Drucklegung zog Schiller Teile von I,1 und I,2 zurück, die zu drastisch waren, und ersetzte sie durch maßvollere. So tilgt er in der zweiten Fassung seine, für damalige Zeit höchst anstößige, Lästerung Spiegelbergs in der I,2: „Das Neue Testament wird hinausvotiert. Auf den Messias wird noch gewartet, oder du, oder ich, oder einer von beiden." (RK, S. 141) Der Originaltext wird als „unterdrückter Bogen B" bezeichnet, eine missverständliche Bezeichnung, da die Druckseiten von Schiller selbst zurückgezogen wurden. Keineswegs war es also ein Zwang der Obrigkeit am Werke. Auch die ursprüngliche Vorrede (vgl. Grawe, S. 145) ersetzte Schiller durch eine abgemilderte Form.

Der „unterdrückte Bogen B" und Schillers Abmilderungen des Dramas

Da der Verkauf nur sehr schleppend voranging, bot Schiller die gesamte Auflage dem Mannheimer Buchhändler Schwan an, die Verhandlungen mit Schwan scheiterten jedoch. Schwan empfahl es jedoch nachdrücklich – trotz einiger Bedenken gegenüber stilistischen Mängel und

Schiller als Theaterdichter in Mannheim

inhaltlichen Obszönitäten – dem Intendanten des Mannheimer Hoftheaters, Dahlberg. Schwan hatte offensichtlich ein sicheres Gespür für das Progressive des Dramas und seine Modernität.

Auch Dahlberg erfasste das Neue dieses Dramas und bot Schiller die Möglichkeit, sein Drama auf einer der angesehensten Bühnen in Deutschland aufzuführen. Dahlberg forderte den jungen Schiller auf, das Drama zu einer Bühnenfassung umzuarbeiten. Im Oktober 1781 schreibt Schiller an ihn, dass die Überarbeitung beendet sei, das neue Theaterstück heißt nun „Der verlorene Sohn oder die umgeschmolzenen Räuber". Schiller musste zahlreiche Zugeständnisse an den kurfürstlichen Hof machen und sein Stück einer strengen Selbstzensur unterwerfen:

„Der verlorene Sohn oder die umgeschmolzenen Räuber"

Schillers Selbstzensur

> „In der Theaterbearbeitung hatte er [Schiller] die Szenenfolge vereinfacht und mit Rücksicht auf den zu erwartenden ‚Unverstand der Galerie' vieles gestrichen; des katholischen Hofes wegen mußte der die Räuber zur Übergabe auffordernde Pater in eine Magistrationsperson verwandelt werden und Pastor Moser ganz fortfallen; in den Räuberszenen wurde vieles gekürzt und gemildert, besonders die „räsonnierenden" Monologe Karls; sogar das Räuberlied mußte fortbleiben. Die stärkste Umgestaltung hat der Schluß zu erleiden: Franz Moor erhängt sich nicht mehr an der bekannten Hutschnur, sondern wird von den Räubern gefangen; sie halten über ihn Gericht, werfen ihn in den Turm, in dem der alte Vater hat umkommen sollen." (Houben, [2]1925, S. 531 ff.)

Dahlbergs tiefgreifende Veränderungen

Ewiger Landfriede: 1495 in Worms beschlossenes Reichsgesetz, das das Fehderecht des Mittelalters abschaffte

Doch Schiller kann nicht verhindern, dass Dahlberg weitere tiefgreifende Änderungen ohne Rücksprache vornimmt. Der tiefgreifendste Eingriff Dahlbergs, der die politische Sprengkraft des Stückes entschärfen wollte, war die Zurückverlegung des Dramas um 300 Jahre. Die Handlung spielt nicht mehr in der Zeit des Siebenjährigen Krieges, sondern nach 1495 in der Zeit des Ewigen Landfriedens. Aus den „Räubern" wird ein „Ritterstück" – ein zu dieser Zeit besonders beliebtes Genre. Die historische Kostümierung unterband zudem Bezüge zur Gegenwart – statt Rokokokostümen kommen nun in Mannheim Ritterkostüme auf die Bühne. Außerdem lässt Dahlberg Amalias Tod zu einem rührseligen Selbstmord umwandeln und schließlich teilt er das Drama noch in 7 Handlungen (Akte) ein.

„Dahlbergs Änderungen:
- Amalias Selbstmord
- 7 Akte
- Ritterdrama
- neuer Titel

Den Titel „Der verlorene Sohn oder die umgeschmolzenen Räuber“ nahm Schiller zur Uraufführung am 13. Januar 1782 wieder zurück. Er entschied sich für den ersten Titel „Die Räuber“, nun aber mit dem Zusatz „Ein Trauerspiel“. Der handschriftliche Text der Uraufführung ist erhalten und ist als „Mannheimer Soufflierbuch“ veröffentlicht.

Nach dem grandiosen Erfolg der Premiere machte Schiller sich daran, die „Dahlbergsche“ Fassung zu überarbeiten. Die Fassung, die bei Schwan erscheint, erhält den Titel: „Die Räuber, ein Trauerspiel von Friedrich Schiller. Neue für die Mannheimer Bühne verbesserte Auflage.“

Änderungen Schillers nach der Uraufführung

Das Drama hat wieder fünf Akte, der Selbstmord Amalias wird zurückgenommen, vor allem aber wird der Schluss verändert: Karl und Franz stehen sich gegenüber, Franz wird in den Turm gestoßen, in den er seinen Vater verbannt hatte.

Parallel zu dieser Bühnenfassung bearbeitete Schiller noch eine Lesefassung mit dem Titel “Die Räuber. Ein Schauspiel in fünf Akten“. Berühmt geworden ist diese Ausgabe durch den Kupferstich auf dem Titelblatt. Er zeigt einen grimmig blickenden Löwen, zum Sprung bereit. Darunter steht die Inschrift „In Tirannos“. Dieses Titelblatt war ohne Zustimmung Schillers erschienen, es entsprach auch in keiner Weise der Idee von Schiller, vielmehr lehnte er diese Ausgabe vehement ab.

Schillers Ablehnung des Kupferstichs „In Tirannos“ auf dem Titelblatt

„Die Räuber" und die Epoche des „Sturm und Drang"

Die literarische Epoche des „Sturm und Drang" wird weitgehend bestimmt von jugendlichen Autoren: Goethe ist 24 Jahre alt, als sein Roman „Die Leiden des jungen Werthers" und sein Drama „Götz" (1773) erscheinen, gleichaltrig ist Klinger, als 1776 sein Drama „Sturm und Drang", das der Epoche den Namen gab, herauskommt. Mit 23 Jahren verfasst Lenz das Drama „Hofmeister" (1774).

„Sturm und Drang" als Protest der bürgerlichen Jugend

Auch Schiller gehört altersmäßig zu dieser aufbegehrenden Generation: Im Alter von 22 Jahren lässt er 1781 die „Räuber" erscheinen. Auch wenn er 1781 eher am Ende der literarischen Epoche auftritt, so verkörpert er doch in allen wesentlichen Merkmalen die Zeit des „Sturm und Drang". Es sind vor allem Söhne bürgerlicher, häufig auch kleinbürgerlicher Familien, die in den Dramen des Sturm und Drang gegen Familien- und Gesellschaftsordnung rebellieren.

Vater-Sohn-Konflikte als Merkmal der Epoche

> „Generationenkonflikte spielen denn auch häufig in die Handlungsszenerien hinein; aber es wäre zu simpel, den Gegensatz von jung und alt, mithin einen biologischen Sachverhalt als ihren ‚nervus rerum' zu diagnostizieren. Das biologische Thema zeigt sich vielmehr stets verknüpft mit rechtlichen, ökonomischen, soziologischen und politischen Themen. Der Vater-Sohn-Konflikt in den Dramen von Leisewitz, Klinger und Schiller ist eingelagert in andere – solche mit der Staatsräson, dem Recht der Erbnachfolge." (Glaser, 1980, S. 299 f.)

„Die Räuber" – ein genialer und widersprüchlicher Entwurf

Es ist das Unbehagen der bürgerlichen jüngeren Generation über die Ungleichheit und Ungerechtigkeit der Verteilung von Recht und Besitz in den absolutistischen Monarchien, die auch Lessing in seinem Drama „Emilia Galotti" kritisch beleuchtet. Insofern setzen sich Gedanken der Aufklärung konsequent in der Epoche des „Sturm und Drang" fort. Der Befreiungsversuch dieser Generation aus der gesellschaftlichen Umklammerung kann in Schillers Werk, seiner Entstehung und seiner Wirkung, aber auch seinem Mut deutlich nachvollzogen werden. Ein junger Mann saugt sich förmlich eine eigene Gedankenwelt aus literarischen Vorbildern und stemmt sich mit seiner literarischen Phantasie gegen die erdrückende und zermürbende Wirklichkeit einer militärisch organisierten Eliteschule. Er schafft in einer heute kaum vorstellbaren geistigen Eigenständigkeit ein rebellisches Drama, dabei ist er in seiner Position als Eleve der Karlsschule einem Herrscher ausgeliefert, dessen Macht er täglich spürt und der über ihn bestimmen kann, wie er will.

Der Karlsschüler Schiller weiß genau, welche Probleme sein literarisches Schaffen für ihn haben kann. Ein abschreckendes Beispiel ist für ihn der Schriftsteller Schubart (vgl. S. 72), dennoch gestaltet er in einer genialen Weise eine Welt, die aus den Fugen geraten ist. Er schafft ein Werk der Disharmonie, in der nicht nur der Adel in Gestalt der Hauptpersonen den Boden unter den Füßen verliert, sondern in dem auch die klassische Dramentechnik und ihre Konzeption von Konflikten und Figuren (vgl. Shakespeare) zeitweise außer Kraft gesetzt werden. Schiller gelingt damit ein geistreiches Werk, das unmittelbar mit seiner Person verbunden ist, das den Nerv der Zeit trifft und das schließlich die zeitgenössische Jugend so begeistert, dass Schillers erste Vorlesung als Professor für Geschichte überfüllt ist, weil alle Studenten den Autor der „Räuber“ erleben wollen.

Disharmonie als Konzept des Dramas

Zu leicht vergisst man heute, welcher Mut notwendig war, gegen den Willen des herrschenden Fürsten ein Drama zu schreiben, es zu veröffentlichen, auf die Bühne zu bringen, um es dann auch noch inkognito bei der Premiere zu besuchen. Schiller hat damit mehr gewagt als die meisten Autoren des „Sturm und Drang“, während – abgesehen von Schubart – diese Autoren mit ihren Werken wenig riskierten, begab sich Schiller in die Gefahr, wie Schubart zu enden. Dass er in seinem ersten Drama zurückhaltender war als später in „Kabale und Liebe“, ist mehr als verständlich, da seine Familie ja weiterhin abhängig war von Karl Eugen.

Schillers jugendlicher Mut als Merkmal des Sturm und Drang

Schiller verankert das Scheitern der Rebellion in seinem Drama selbst. Karl erkennt, dass Terrorismus das aussichtslose Mittel ist, um Tugend und Gerechtigkeit

Karl Moors Wiederherstellung der Gerechtigkeit

wieder in der Welt zu begründen. Doch Karl wird nicht durch das Gesetz des Staates in seine Schranken verwiesen. Er wird nicht gefasst und verurteilt, sondern stellt sich selbst (noch dazu mit einer guten Tat) der Justiz. Ein anderer Schluss widerspräche Karls anfänglich getroffener Aussage, dass das „Gesetz […] zum Schneckgang verdorben [habe], was Adlerflug geworden wäre. Das Gesetz hat noch keinen großen Mann gebildet." (18,5) Es ist letztlich Karls positiver Grundcharakter, der siegt.

Goethes Thesen zu Shakespeares Dramen und Figuren

Goethe hat in seiner Rede „Zum Shakespeare-Tag" (GW, Bd. 12, S. 224f.), die er 1771 für seine Straßburger Freunde verfasst hat, einige zentrale Ideen der Dramatik des „Sturm und Drang" formuliert, die auch für Schiller von zentraler Bedeutung waren: So betont er zunächst, unter dem Eindruck von Shakespeares Werk „dem regelmäßigen Theater zu entsagen" (ebd.), denn ihm erscheinen „die Einheit des Ortes […] kerkermäßig ängstlich, die Einheiten der Handlung der Zeit lästige Fesseln unserer Einbildungskraft" (ebd). Damit wendet Goethe sich vor allem gegen die Prinzipientreue der französischen Autoren, die die drei Einheiten von Aristoteles ‚sklavisch' beachten. Bewundernd hebt er Shakespeares Fähigkeit der Menschengestaltung hervor.

Leidenschaft und ‚große Gefühle' als Merkmale dramatischer Figuren

Während die Anhänger des klassischen Theaters sich „besonders an seinen Charakteren" stoßen, erkennt Goethe in Shakespeares Gestalten „Natur! Natur! Nichts so Natur als Shakespeares Menschen" (ebd.). Es ist die Leidenschaftlichkeit und es sind die ‚großen Gefühle', die mit Shakespeares Helden auf die Bühne gebracht werden.

Wenn Schillers Figuren gelegentlich wegen ihrer Unglaubwürdigkeit kritisiert werden, so liegt dies an einem Missverständnis. Wie Goethe unterstreicht, geht es im „Sturm und Drang" bei der Wiedergabe der menschlichen Natur gerade nicht um eine realistische Spiegelung,

Kolossalische Größe gegen verzärtelte Spießer

vielmehr werden gerade die „kolossalische Größe" (ebd.), die unbezähmbaren Emotionen, die Unvorhersehbarkeit der Handlungen bewundert. Es ist das Unvorhersehbare, das Geniale und Unvergleichbare des Handelnden, das in den Vordergrund tritt.

Irrationales Handeln als epochentypische Reaktion

Wenn Othello in seiner unbezähmbaren Eifersucht seine Frau Desdemona tötet, ohne dass er sich in irgendeiner Form versichert hat, ob sie ihn überhaupt betrogen hat, so ist dieses Handeln vergleichbar mit Karls Reaktion auf die Kränkung durch den Brief des Vaters. Nicht das aufgeklärte, rationale Handeln, die zweckgerichtete Reflexion auf das Geschehen stehen im Vordergrund. Die impulsive Emotion verhindert gerade das sachliche, vernünftige Überprüfen der Realität. Goethes Rede bietet damit eine gute Grundlage zur Deutung des Verhaltens der Hauptpersonen Franz und Karl.

Eine weitere interessante Äußerung findet sich in Goethes Rede, die im Hinblick auf das Epochenverständnis das dialektische Verhältnis der beiden Brüder widerspiegelt. Goethe weist darauf hin, dass bei Shakespeare gilt, „das, was wir bös nennen, [...] nur die andre Seite vom Guten [sei], die [...] notwendig zu seiner Existenz und in das Ganze gehört" (ebd.). Beide Brüder stehen damit im Spannungsverhältnis wie die zwei Seiten einer Medaille; die eine Seite ist ohne die andere nicht denkbar.

Das dialektische Spannungsverhältnis von Gut und Böse

Beide Brüder verkörpern in ihrem Verhalten die Idee des Genialen, wie Schiller sie durch seinen Lehrer Jacob Friedrich Abel kennen gelernt hat. Abels „Rede über das Genie" hat tiefen Eindruck bei Schiller hinterlassen, bis in die Metapher des „Adlers" hinein spiegelt sich Abels Rede in Schillers Drama: „Das Genie voll Gefühl seiner Kraft, voll edlen Stolzes, wirft die entehrenden Fesseln hinweg, höhnend den engen Kerker, in dem der gemeine Sterbliche schmachtet, reißt sich voll Heldenkühnheit los und fliegt gleich dem königlichen Adler weit über die kleine niedre Erde hinweg und wandelt in der Sonne. [...] Das Genie spielt mit kühnen, großen Gedanken wie Herkules mit Löwen." (Materialien, S. 169) Karls Kraft und Stolz stehen damit im Gegensatz zu dem jämmerlichen Verhalten seines Bruders, der nicht einmal mit seinem Selbstmord überzeugen kann, wenn er sich mit einer goldenen Hutschnur stranguliert.

Auch Karls zunächst unverständlicher Mord an seiner Geliebten gehört in das Repertoire des genialen Helden, der seiner Geliebten durch diese Tat die Schmach vor einem Weiterleben in Ungewissheit erspart. Er hat „einen Engel geschlachtet" (136,16), um sich mit diesem Opfer loszusagen vom Räuberdasein.

Schillers Dramentheorie

Ablehnung einer Regelpoetik

Der Geniegedanke

Shakespeare als Vorbild

Während in der Epoche der „Aufklärung" noch eine recht einheitliche Dramentheorie entstehen konnte, verhindert der entschiedene Protest der Autoren des „Sturm und Drang" gegen Normen und einengende Vorschriften eine gemeinsame Dramentheorie. Auch die Idee einer einmaligen schöpferischen Persönlichkeit, eines „Genies", das sich keinen gemeinsamen und allgemein akzeptierten Regeln und Prinzipien unterwirft, verhindert eine gemeinsame Regelpoetik.
Wie schon gezeigt, sind die meisten Autoren dieser Epoche von Shakespeare geprägt. Seine Dramen werden den traditionsverhafteten französischen Dramen vorgezogen, sein Abweichen von der starren Regelpoetik wird zum Ideal der Dramen des „Sturm und Drang".

Schillers frühe Schriften zum Drama

Schiller hat sich schon sehr früh theoretisch zum Drama, vor allem zur Funktion des Dramas, geäußert. 1782, also in unmittelbarer zeitlicher Nähe zu der Aufführung der „Räuber" erscheint Schillers Aufsatz „Über das gegenwärtige Teutsche Theater"; zwei Jahre später hält Schiller einen Vortrag vor der kurfürstlichen deutschen Gesellschaft in Mannheim „Was kann eine gute stehende Schaubühne eigentlich wirken?" Dieser Aufsatz ist bekannter unter dem Titel der überarbeiteten Fassung von 1802 „Die Schaubühne als moralische Anstalt betrachtet". Zu diesen beiden Texten geben auch Schillers Briefe sowie seine Selbstrezension zu den „Räubern" weiteren Aufschluss über seine Grundideen zu dieser Zeit.

„Die Schaubühne als moralische Anstalt betrachtet"

1781 bezieht Schiller in der sogenannten „unterdrückten Vorrede" zu der Buchveröffentlichung der „Räuber" deutlich Position gegen die französische „Regelpoetik", gegen die sich schon Lessing deutlich ausgesprochen hatte. Er vermisst im französischen Theater „Leidenschaften und [die] geheimsten Bewegungen des Herzens" (RK, 1965, S. 113), hingegen seien die „Menschen doch selten mehr als eiskalte Zuschauer ihrer Wut, oder altkluge Professoren ihrer Leidenschaft." (Ebd.)

„Die Räuber" als ‚dramatischer Roman'

Sein Drama „Die Räuber" dagegen stellt Schiller sogar außerhalb jeglicher theatralischer Konvention und bezeichnet es als „dramatischen Roman, und kein theatra-

Fürtrefflichen", diese Gaben aber gehen verloren, denn „zügelloses Feuer und schlechte Kameradschaft verdarben sein Herz, rissen ihn von Laster zu Laster, bis er zuletzt an der Spitze einer Mordbrennerbande stand, Gräuel auf Gräuel häufte, von Abgrund zu Abgrund stürzte." (Ebd.) Doch auch in allen Phasen der Verzweiflung bleibt Karl „erhaben und ehrwürdig, gros und majestätisch im Unglück, und durch Unglück gebessert, ruckgeführt zum Fürtrefflichen. – Einen solchen Mann wird man ihm Räuber Moor beweinen und hassen, verabscheuen und lieben." (Ebd.) Damit hat Schiller, noch ehe das Schauspiel beginnt, die Sympathien verteilt – und wieder verliert Franz.

Karls Charakteristik durch Franz

Bevor der Zuschauer Karl Moor auf der Bühne sieht, wird schon ein recht anschauliches Bild durch die boshafte Charakteristik von Franz entworfen. Auch wenn dieses von Hass und Neid verzerrt ist, erfährt der Zuschauer doch einige interessante Details über Karls Kindheit und Jugend.

Karl – das lebensfrohe Kind und der Liebling des Vaters

Als erstgeborener Sohn ist Karl Alleinerbe des regierenden Grafen von Moor und damit wirtschaftlich gut versorgt. Karls Lebensfreude, sein Mut und seine Selbstständigkeit machen ihn zum Liebling seines Vaters, der ihm seine ganze herzliche Zuwendung zukommen lässt. Der Vater gewährt seinem erstgeborenen Sohn großen Freiraum, den dieser im Gegensatz zu seinem Bruder nutzt. Er tollt zusammen mit Kindern des Dorfes herum, klettert in Bäume, springt über reißende Flüsse und steigt Mädchen nach. Bettlern gibt er großzügig Geld, jedoch nicht unbedingt aus christlicher Überzeugung, denn er meidet die Kirche und religiöse Literatur. Dagegen beschäftigt er sich mit Abenteuerbüchern und Werken berühmter Helden. Während Franz den Vater schon früh warnt, dass Karl „noch alle in Elend und Schande stürzen" (8,22) werde, erkennt der Vater in Karl nur positive Eigenschaften, die ihn „zu einem großen, großen Manne machen" (9,5) würden. Dem Vater gefällt der „feurige Geist" von Karl, seine „Weichheit des Gefühls" und „Offenheit" (9,8).

Karls positive Eigenschaften aus der Sicht des Vaters

Karl – der verwöhnte Erstgeborene

Karls ungezügeltes Studentenleben

Karl erfährt offensichtlich keinerlei Einschränkung, er wird von seinem Vater so uneingeschränkt vorgezogen, dass Franz sich berechtigterweise völlig zurückgesetzt fühlt. Offenbar ist er auch als Student recht ungezügelt. Schon sechs Jahre lang studiert er in Leipzig, trinkt unmäßig, macht Schulden, duelliert sich (vgl. 19,8) und sorgt für einen stadtweiten Aufstand. Die Vorwürfe, die Franz in seinem fingierten Brief vorträgt, haben zumindest, wie Karl später selbst zugibt, einen realen Hintergrund, auch wenn der Brief von Franz die Realität verzerrt. Zudem gilt zu bedenken, dass mit dem ausgelassenen Studentenleben auch ein Parallelmodell zu dem „Lotterleben" des verlorenen Sohnes in der Bibel entwickelt wird.

Karls Geliebte, Amalia, ist – wie der alte Moor – von Karl bezaubert und ihm völlig kritiklos zugetan. Aber auch der Zuschauer wird die hasserfüllte, von Eifersucht geprägte Charakteristik durch Franz nicht annehmen, denn im Verhalten von Karl zeigt sich eine natürliche und humane Lebenszugewandtheit. Nicht christliche Frömmelei wie bei Franz, sondern ein natürliches und humanistisch-aufgeklärtes Verhalten sind Kennzeichen von Karl, wenn er etwa Bettlern aus Mitmenschlichkeit Geld gibt, wenn er mit den Kindern des Dorfes ohne die Überheblichkeit des Adligen spielt.

Karls humanes und aufgeklärtes Handeln

Diese Natürlichkeit von Karl erinnert in vielerlei Hinsicht an Goethes „Werther", den Schiller besonders schätzte. Es wäre daher unzutreffend, Karl – wie manche Interpreten schreiben – als selbstgerecht, rücksichtslos und verwöhnt zu kennzeichnen. Schiller sieht in Karl einen positiven Helden, der im deutlichen Kontrast zu seinem äußerlich, aber auch innerlich hässlichen Bruder steht.

Der Körper als Spiegel der Seele

In seiner Dissertation vertritt Schiller die Ansicht, dass „die Bösartigkeit der Seele gar oft in kranken Körpern wohnt" (Werke, Bd. 5, S. 314), das Hässliche ist also Kennzeichen des Bösen.

Karls Rebellion gegen den eigenen Vater

Nachdem also zunächst ein durchaus positives Bild von Karl entworfen worden ist, stellt er sich dann in der 2. Szene mit einem eindringlichen Ausruf dem Zuschauer vor: „Mir ekelt vor diesem tintenklecksenden Säkulum, wenn ich in meinem Plutarch lese von großen Menschen." (16,4 f.) Das gesamte „schlappe Kastratenjahrhundert" (17,10), das zu nichts nütze sei, lehnt Karl wortreich und scharf ab. Er glaubt in seinem Jahrhundert keine Möglichkeiten zu haben, seine Werte, Ideen und politischen Vorstellungen durchzusetzen.

Karls Ekel vor der geistlosen und unfruchtbaren Wirklichkeit seiner Zeit

Doch der Zuschauer weiß in diesem Moment schon, dass Karls pessimistisches Weltbild von einer völlig anderen Seite bestätigt wird: Der gefälschte Brief seines Bruders ist unterwegs, und es wird sein „tintenklecksender" Bruder sein, vor dem es auch den Zuschauer ekelt, der ihn vernichten will.

Zynisch lehnt Karl die „abgeschmackten Konventionen", die Verlogenheit und Selbstgerechtigkeit seiner Zeitgenossen ab, die in die „Hände [klatschen], wenn ihr Nebenbuhler bankrott von der Börse geht" (17,28). Ihre Vorschriften und Regeln prangert er an, noch nie hätten die Gesetze einen „großen Mann gebildet" (18,5).

Ablehnung von Regeln und Vorschriften

Doch er ahnt nicht, wie Recht er hat, wenn er behauptet, dass die Freiheit „Kolosse und Extremitäten" ausbrütet. Es ist allerdings die Freiheit desjenigen, der sich – wie Franz – von allen Konventionen losgesagt hat, und nicht die Freiheit, die Karl vorschwebt. Denn Karl versteht diese Freiheit als Möglichkeit der Wiedergeburt eines republikanischen Helden, der im „Geist Hermanns" handelt.

Freiheit und ihre Missgeburten

In Karls Äußerungen klingt etwas an, was Schillers Lehrer auf der Karlsschule, Abel, in einer Rede über das Genie gesagt hat:

Karl – ein Genie im Sinne Abels?

> „Der Genielose, matt und kraftlos, kann nie ohne die Krücke der Regeln und der Gesetze gehen, kraftlos und elend nie über die vorgezeichnete Bahn wegspringen oder mit Heldenkühnheit sie durchbrechen, um sich selbst schöpferisch eine neue Bahn zu finden. [...] Nichts hebt das Genie höher als die Kühnheit seiner Gedanken. Alles ist bei ihm furchtbar groß, schaudernd schön. [...] Jeder kühner Gedanke ist eine Probe des großen oder des schwachen Geistes. [...] Das Genie spielt mit kühnen, großen Gedanken wie Herkules mit Löwen." (Zit. nach: Materialien, S. 169)

Gleichzeitig erinnert Karls Ablehnung von Regeln und „abgeschmackten Konventionen" an Werthers Ideen in

Goethes Briefroman, den Schiller mit Begeisterung gelesen hatte:

Werthers Ablehnung von Konventionen

> „[...] der Mensch ist Mensch, und das bisschen Verstand, das einer haben mag, kommt wenig oder nicht in Anschlag, wenn Leidenschaft wütet und die Grenzen der Menschheit einen drängen. [...]
> Man kann zum Vorteile der Regeln viel sagen, ungefähr was man zum Lobe der bürgerlichen Gesellschaft sagen kann." (Zit. nach: Materialien, S. 166)

Die überraschende Wende – Karls Bitte um Vergebung / Der verlorene Sohn

Nach diesem Gefühlsausbruch überrascht Karl sowohl seinen Gefährten Spiegelberg als auch den Zuschauer mit der Mitteilung, dass er sich reuevoll an seinen Vater gewandt und schriftlich um Vergebung gebeten hat. Die Sehnsucht nach Idylle der Jugend und das Wiedersehen mit seiner Geliebten bestimmen nun seine Gedanken, denn es zieht ihn in den „Schatten meiner väterlichen Haine", und „in den Armen meiner Amalia lockt mich ein edler Vergnügen" (22,22 f.). Sarkastisch bemerkt Spiegelberg, Karl wolle wohl „gar den verlorenen Sohn spielen" (19,7). Doch im Gegensatz zu dem verlorenen Sohn hegt Karl keinerlei Bedenken, dass der Vater ihm unverzüglich verzeihen und ihn nach Hause bitten werde.

Sehnsucht nach der heimatlichen Idylle

Als nehme er das biblische Gleichnis als Handlungsmaxime des Vaters, wartet Karl nur auf dessen Brief, um heimzukehren. Mit keinem Gedanken hat er in Erwägung gezogen, dass der Vater möglicherweise zögernd oder ablehnend reagieren könne. Dass sein Brief von Franz abgefangen worden ist und dass der Brief, der ihn erreicht, gefälscht ist, kann nicht als hinreichende oder gar vernünftige Begründung für Karls plötzliche Wendung zum Räuber herangezogen werden.

Rebellion aus verletztem Stolz

Damit aber wird zugleich deutlich, dass Karl keineswegs ein politischer Rebell wird. Verletzter Stolz treibt sein Handeln an, nicht etwa eine politische Idee. Was Karl Moor angreift, ist nicht die Ordnung, für die der Vater steht, sondern ihr Verrat. Hochmütig lehnt sich Karl gegen die natürlichen Bindungen der Familie auf und gleicht dabei der Haltung seines Bruders: „wenn Blutliebe zur Verräterin, wenn Vaterliebe zur Megäre wird, o so fange Feuer, männliche Gelassenheit, verwilde zum Tiger, sanftmütiges Lamm, und jede Faser recke sich auf zu Grimm und Verderben." (29,35–30,3)

Ähnlichkeit der beiden Brüder

Voller Selbstmitleid beklagt er sein Schicksal. Er sieht sich als Opfer, weil seine „rührende Bitte“ an den Vater, seine „lebendige Schilderung des Elends und der zerfließenden Reue“ (30,16) kein Gehör gefunden haben. Mit wilder Empörung über die Ungerechtigkeit seines Vaters sagt er der ganzen Menschheit den Kampf an: „Mein Geist dürstet nach Taten, mein Atem nach Freiheit“ (31,15 f.) und ruft pathetisch aus: „Ich habe keinen Vater mehr, ich habe keine Liebe mehr, und Blut und Tod soll mich vergessen lehren, dass mir jemals etwas teuer war!“ (31, 20–22)

Selbstmitleid und Empörung Karls

Bruch mit dem Vater

Karl versagt aus mangelnder Einschätzung seiner Mitmenschen. Würde er seinen Vater genauer kennen, ließe er sich nicht von dem ersten Brief hinreißen, die Verbrecherlaufbahn einzuschlagen. Vertraute er stärker auf Amalia, so würde er hier einen Ausweg suchen. Schätzte er seinen Bruder zutreffend ein, müsste er dessen Charakter genauer kennen und sich klar machen, dass dieser sechs Jahre Zeit hatte, ihn schlecht zu machen. Hätte er eine realistische Selbsteinschätzung, müsste er eingestehen, dass er sich selbst in eine problematische Lage hineinmanövriert hat. Aber Karl resigniert sofort, als er den vermeintlichen Brief des Vaters erhält, und reagiert zutiefst verletzt in seinem Stolz. Erst am Ende des Dramas wird er zur rationalen Einsicht gelangen, dass sein Handeln falsch war.

Fehlender Realitätssinn als Ursache des Fehlverhaltens

Schiller verdeutlicht, dass

> „die Überfülle familialer Liebe und die üppige Gunst der Natur zur Schwächung der Reflexionskraft und zu katastrophischem Erleben führen können. Die narzisstische, von keinem erhellenden Gedanken begleitete Kränkung des älteren Bruders gipfelt im Wunsch der Vatertötung, der Ausrottung dieser ‚Otterbrut‘: ‚wer mir sagte, wo ich das Herz ihres Lebens erzielen, zermalmen, zernichten – Er sei mein Freund, mein Engel, mein Gott, ich will ihn anbeten!‘ […] Im […] Familienleben war er, der sozial Privilegierte, zum anbetungswürdigen Mittelpunkt gediehen; ein pseudo-religiöser Kultus […] hatte überhitzte Herzensbindung gefördert, deren vermeintliches Erkalten den von Liebe verwöhnten in ein anders Fieber stürzt: das Höllenfieber der Vernichtung.“ (Sautermeister, 2005, S. 35)

Verlust der Herzensbindung und Wunsch nach Rache

„Höllenfieber der Vernichtung“

Karl – der gute Rebell

Die extrem lange 3. Szene des zweiten Aktes zeigt zunächst Spiegelberg als brutales, kriminelles Gegenbild von Karl Moor. Spiegelberg berichtet voller Geltungsdrang seinem Gefährten Razmann von seinen Verbrechen, die in einem Überfall auf ein Nonnenkloster gipfeln. (Diese Episode wurde in der Mannheimer Fassung gestrichen.)

Karl – der gute Räuber

Razmann konfrontiert daraufhin den Verbrecher Spiegelberg mit dem positiven Gegenbild des „guten Räubers“, indem er von Karl Moor berichtet. Dieser „mordet nicht um des Raubes willen“, er „verschenkt [die Beute] an Waisenkinder“, „lässt damit arme Jungen […] studieren“. Er bestraft hingegen „Landjunker“, die den Bauern das Vieh abnehmen, ermordet Adlige und Advokaten, die das Recht für sich ausnutzen (vgl. 58,5 ff.).

Karl – der Wohltäter und Rächer der Unterdrückten

Später wird Karl Moor dem Pater in einer sehr eigenen Form eine „Ringparabel“ zur Rechtfertigung seiner Verbrechen und Morde erzählen. Es sind Adlige, die sich Ämter erschleichen oder verkaufen, korrupte Minister oder verlogene Geistlichen, die Karl Moor mit ihren Verbrechen konfrontiert und sie eigenmächtig mit dem Tode bestraft (vgl. 69,70). Dann weitet er seine Klage aus und zählt dem Pater die Verbrechen im Namen des Christentums auf: Man hat „Peru um goldner Spangen willen entvölkert und die Heiden wie Zugvieh vor ihre Wagen gespannt“. Schließlich geißelt er die Verlogenheit der Geistlichkeit und nennt sie „Pharisäer [...] Falschmünzer der Wahrheit [...] Affen der Gottheit“ (70,30–71,2) und entlarvt ihre Heuchelei.

Parodierte „Ringparabel“

Verbrechen im Namen des Christentums

Hier spricht aus Karls Zorn über die herrschende Ungerechtigkeit und moralische Verlogenheit auch die Parteinahme des Karlsschülers Schiller. „Die Gerichtsbarkeit der Bühne fängt an, wo das Gebiet der weltlichen Gesetze sich endigt.“ (Werke, Bd. 5, S. 823) Karl hat gewissermaßen als Bühnenfigur das übernommen, was Schiller von der „Schaubühne“ erwartet, die Schaubühne „übernimmt […] Schwert und Waage und reißt die Laster vor einen schrecklichen Richterstuhl.“ (ebd.) So sieht Karl sich als richtende Instanz, wenn er dem Pater zornig erklärt: „Sag ihnen, mein Handwerk ist Wiedervergeltung – Rache ist mein Gewerbe.“ (71,20)

Gerichtsbarkeit der Bühne

Karls plötzliche Erkenntnis seiner Selbstüberschätzung

Am Ende von II,2 stürzt Karl sich mit seinen Banditen in die Schlacht, um Roller zu befreien. Mit dem freudigen Schlachtruf „Tod oder Freiheit!“ (73,25) verlässt Karl die Bühne, um sie sogleich im nächsten Akt seiner Geliebten zu überlassen, die in einem wehmütigen Lied ihrem Geliebten nachtrauert, den sie für gefallen hält. In scharfem Kontrast setzt Schiller hier den Aufbruch der Räuber zum Strafgericht und Amalias sehnsuchtsvolles Lied über den toten Geliebten:

Aufbruch in die Schlacht: „Tod oder Freiheit“ (Schlachtruf im amerikanischen Unabhängigkeitskrieg)

Er verknüpft an dieser Stelle zwei wesentliche Motive, die Karls Handeln bestimmen: seinen Drang nach Freiheit sowie Gerechtigkeit und Liebe. Diese Liebe ist es auch schließlich, die Karl die Augen öffnet. Sie wird – ebenso wie seine resignative Einsicht in das Verbrecherische seines Handelns – den dritten Akt bestimmen. In seiner anonymen Selbstrezension macht Schiller auf dieses Motiv aufmerksam und bemerkt, dass gerade diese Liebe den Verbrecher in den Augen des Zuschauers sympathisch macht. „Endlich hat der Verfasser vermittels einer einzigen Erfindung den fürchterlichen Verbrecher mit tausend Fäden an unser Herz geknüpft: – Der Mordbrenner liebt und wird geliebt.“ (Zit. nach: Grawe, S. 157)

Das Motiv der Liebe und des Ungeliebtseins

Franz bleibt ewig ungeliebt, Karl dagegen kann aus dieser Liebe die Kraft schöpfen, die ihn schließlich zu seinem Entschluss, sich endgültig von den Räubern zu trennen, führt. Doch noch weiß Karl nichts von dieser unzertrennlichen Liebe, die Amalia in ihrem Lied ausdrückt. Vielmehr überkommt ihn, als er erschöpft aus der Schlacht zurückkehrt, ein tiefes Gefühl der Verlassenheit.

Die Ambivalenz von Erfolg und Niederlage spiegelt sich in seiner resignativen Bemerkung über die Natur. Auch wenn der Zustand der Weinberge, Getreidefelder und Obstbäume eine ausgezeichnete Ernte verspricht, so „kann ja über Nacht ein Hagel fallen und alles zugrunde schlagen“ (78,16 f.) Der Anblick des Abendrots weckt in Karl ein tiefes Gefühl, das ihn daran erinnert, dass er in seiner Jugend als „Held“ (78,35) sterben wollte. Dieser Gedanke an das unschuldige Dasein in der Kindheit ebnet den Weg für Selbstzweifel und Hass auf seine Gefährten Er sieht sich „[u]mlagert von Mördern – von Nattern umzischt – angeschmiedet an das Laster mit eiser-

Resignation nach der gewonnenen Schlacht

Karls Selbstzweifel und Hass auf die Gefährten

Karl, der reumütige gefallene Engel (Abbadona)

nen Banden – […] mitten in den Blumen der glücklichen Welt ein heulender Abbadona!“ (79,37–80,4) (Abbadona ist in Kopstocks Werk „Messias“ ein gefallener Engel, der seine Vergehen weinend bereut.) Desillusioniert wünscht er sich wieder in seiner „Mutter Leib“ (80,7 f.) zurückkehren zu dürfen.

Verbindung der Vateridee mit dem Gottesgedanken

Im Gegensatz zu der destruktiven Haltung von Franz seinem Vater gegenüber beklagt Karl die Zurückweisung durch den Vater, erinnert sich an seine „Bubenjahre“ und vermischt das Bild seines Vaters mit dem Gottes: „die ganze Welt *eine* Familie und ein Vater dort oben – *Mein* Vater nicht – Ich allein der Verstoßene, ich allein ausgemustert aus den Reihen der Reinen – mir nicht der süße Namen Kind“ (79,32–35) Der innere Zusammenbruch Karls führt dem Zuschauer jene weichherzige Seite vor Augen, die anfangs von Franz zynisch kritisiert worden war. Umso stärker überrascht die Rückkehr in die Räuberbande, die allerdings durch die Erinnerung an Roller und die kameradschaftliche Geste Schweizers begründet ist.

Karls innerer Zusammenbruch und Rückkehr zur Bande

Doch die tragische Einsicht Karls in den Untergang wird nur unterdrückt. Dies wird deutlich, als er den um Aufnahme in die Bande bittenden Kosinsky warnt, diesen Schritt zu gehen: „Auf Banditensiege ist kein Triumph gesetzt – aber Fluch, Gefahr, Tod, Schande – siehst du auch das Hochgericht dort auf dem Hügel?“ (83,29–31)

Karls Warnung vor dem Räuberdasein

Karls (misslungene?) Läuterung

Kosinskys Erzählung müsste Karl nun zu einem weiteren Rachfeldzug gegen die Ungerechtigkeit der Herrschenden anstacheln, um Kosinskys Amalia zu befreien. Doch überraschend wendet Karl sich dem väterlichen Schloss zu. Vergessen ist der Racheschwur gegen seinen Vater, er „küsst die Erde“ (87,6) des heimatlichen Bodens und verliert sich in Erinnerungen an seine „Knabenzeit“.

Vergessen des Racheschwurs gegen den Vater

Karl, aber wohl auch der Zuschauer, haben in diesem Moment seine Schuld aus den Augen verloren. Karl wird sich bis zum Schluss des Racheschwurs gegen den eigenen Vater nicht stellen. „Der schauderhafte Anblick des dem Tode verfallenen Vaters (vgl. IV,5) ist dazu die stillschweigende Aufforderung: In diesem Augenblick tritt ihm seine alte Tötungsphantasie wie in einem Spiegel

Karls fehlende Einsicht in seine Schuld

entgegen. Anstatt sich ihrer selbstkritisch zu erinnern, ergießt Karl sie nun über den jüngeren Bruder. Das alte zerbrechlich-gewalttätige Ich, das die Kränkung der Eigenliebe im Handumdrehen in mörderische Aggressivität umpolte, lebt erschüttert, aber unverwandelt fort." (Sautermeister, 2005, S.38)

Karl als Richter seines Bruders

Trotz der inneren Zweifel, die Karl überkommen, sieht er sich nach wie vor berechtigt, als Richter aufzutreten, nun nicht mehr über seinen Vater oder die Ungerechtigkeit der Herrschenden, sondern über seinen Bruder. Ohne die Übereinstimmung seines Racheschwurs gegen den Vater und des Handelns von Franz zu erkennen, schwört er Franz Rache und unterstreicht seinen Fluch: „das Licht des Tages nicht mehr zu grüßen, bis des Vatermörders Blut, vor diesem Steine verschüttet, gegen die Sonne dampft." (115,24f.) In einer Art Gottesdienst lässt Karl die Banditen niederknien und wobei er sich „als Hohepriester des göttlichen Willens aufspielt, seine Schergen zu heiligen Todesengeln weiht und ihnen gleichzeitig bei der geringsten Verfehlung ein grausames Lebensende androht." (Sautermeister, 2005, S. 40). Wie Ironie klingt es dann, wenn Karl glücklich ist, dass Franz tot ist und er nicht den Richter spielen muss. Schweizers Tod ist somit tragisch-nutzlos gewesen.

Racheschwur gegen den Bruder

Die erfüllte Prophezeiung von Franz – Karl als Räuberhauptmann

Ein tragischer Höhepunkt ist erreicht, als der alte Moor erkennen muss, dass seine Retter Mörder und Räuber unter der Führung seines Sohnes sind. Die Prophezeiung von Franz bewahrheitet sich nun: „Vielleicht, Vater, erlebet Ihr noch die Freude, ihn an der Fronte eines Heeres zu erblicken, das in der heiligen Stille der Wälder residieret, und dem müden Wanderer seine Reise um die Hälfte der Bürde erleichtert" (9,19–22). Karl ist sich der Todesbotschaft bewusst, denn zunächst lässt er sich vom Vater, der ihn noch nicht erkannt hat, segnen, bevor er seinem Vater die Wahrheit gesteht: „Stirb Vater! Stirb durch mich zum dritten Mal! – Diese deine Retter sind Räuber und Mörder! Dein Karl ist ihr Hauptmann!" (133,17–19) Was Franz geplant hatte, den Tod durch psychische Gewalt herbeizuführen, ist nun Karl gelungen. Nicht der „von Franz ausgeklügelte ‚Furientrupp' der Affekte stürzt den Vater in den Tod, sondern das von Karl im Affekt vollzogene Außenseitertum wider Gesetz und Moral." (Sautermeister, 2005, S. 39)

Karl „erfüllt" den Plan von Franz – Tod des Vaters durch psychische Gewalt

Mord an Amalia aus Selbstüberschätzung

Der widersprüchliche Schluss des Dramas

Der überarbeitete Schluss – Karls „Testament"

Auch den Tod Amalias, mit der er noch kurz zuvor in tiefer Liebe verbunden schien, begründet Karl in Selbstüberschätzung und einem unangemessenen Besitzanspruch: „Moors Geliebte soll nur durch Moor sterben!" (136,8 f.) Wenn Karls Lebensweg dennoch als Läuterungsweg gesehen wird, so beruht dies auf der letzten Einsicht, mit der er sich von den Räubern lossagt: „O über mich Narren, der ich wähnete die Welt durch Gräuel zu verschönern, und die Gesetze durch Gesetzlosigkeit aufrecht zu halten. Ich nannte es Rache und Recht – [...] Gnade dem Knaben, der *Dir* vorgreifen wollte – *Dein* eigen allein ist die Rache." (137,5–14) Zwar hat Schiller in seiner Vorrede sehr deutlich davon gesprochen, dass die Tugend siege, doch wenn sich Karl durch seine Selbstauslieferung jenem Rechtssystem ausliefert, das er kritisiert und auch bekämpft hat, vermag der Schluss nicht recht zu überzeugen.

Sehr deutlich kritisiert Mayer diesen Schluss:

> „Schillers ‚Räuber' enden als völlige Verwirrung. Die moralische Individuallösung des Opfers [...] bildet keinen Abschluss, sondern eine empörende Wirrnis: eine schändliche Obrigkeit obsiegt über den, der auszog, mit unangemessenen Mitteln, fragwürdiger Anhängerschaft und wirren Absichten, sie zu bekämpfen. Das revolutionäre Stück eines echten Stürmers und Drängers endet als Apologetik schlechter und unwürdiger Zustände. Schiller hat das geahnt. Weshalb er in der überarbeiteten und leidlich veredelten zweiten Fassung, der sogenannten „Trauerspiel-Version", einen positiven Ausweg, gleichsam ein geistiges Vermächtnis des Karl Moor anfügt, das alles nur noch schlimmer macht. Schweizer und Kosinsky behält er bei sich, vor dem Opfergang. Den andern verkündet er sein Testament: ‚Ihr seid treu an mir gehangen. Treu ohne Beispiel – hätt euch die Tugend so fest verbrüdert als die Sünde – ihr wäret Helden geworden, und die Menschheit spräch eure Namen mit Wonne, gehet hin, und opfert eure Gaben dem Staate. Dienet einem Könige, der für die Rechte der Menschheit streitet. – Mit diesem Segen seid ihr entlassen.'
> Dies ist nun eine deutsche Mischung aus obrigkeitlicher Erziehungsdiktatur und politischer Utopie. Der aufgeklärte Monarch, der für die Rechte der Menschheit streitet." (Mayer, 1986, S. 185 f.)

Franz

(Siehe auch S. 55 ff. „Die radikalisierte Idee der Aufklärung: Franz Moor".)

> Franz Moor, „der ‚Philosoph' unter den Theaterschurken des achtzehnten Jahrhunderts" (Riedel, 1993, S. 198) hat es immerhin so weit gebracht, dass er im Volksmund bekannt ist mit dem Ausspruch von Schweizer: „Franz heißt die Kanaille?" (24,9 f.)

„Franz heißt die Kanaille"

In seiner Vorrede zur ersten Auflage verdeutlicht Schiller, dass er durch einen boshaften Menschen wie Franz „das Laster in seiner nackten Abscheulichkeit enthüllen und in seiner kolossalischen Größe vor das Auge der Menschheit stellen" (Materialien, S. 139,27 f.) will.

Franz – das Laster in seiner nackten Abscheulichkeit

> „Das Laster wird hier mitsamt seinem ganzen inneren Räderwerk entfaltet. […] Ich habe versucht, von einem Missmenschen dieser Art ein treffendes lebendiges Konterfei hinzuwerden, die vollständige Mechanik seines Lastersystems auseinander zu gliedern – und ihre Kraft an der Wahrheit zu prüfen." (140,1–12)

Franz und die Mechanik des Lasters

Zweifach verwendet Schiller das Bild eines mechanisch ablaufenden Prozesses: Das Laster läuft demnach wie ein aufgezogenes Räderwerk ab, einmal in Gang gesetzt scheint es nicht mehr beeinflussbar. Diesem automatischen Prozess steht allerdings ein reflektierter Entwicklungsgang gegenüber, den Schiller ironisch als Verfeinerung des Verstandes auf „Unkosten […] [des] Herzens" charakterisiert.

Das Räderwerk des Lasters – Die Mechanik der Lasterhaftigkeit

Damit werden damit zwei Steuerungsprozesse herausgestellt, die das Verhalten von Franz bestimmen, wobei die größte Provokation von Schillers Dramenfigur in dem skrupellosen und rücksichtslosen Gebrauch des eigenen Verstandes und der Unterdrückung des Gefühls besteht. Es gilt zunächst die „Mechanik" des Lastersystems, die Antriebsfeder zu suchen, die die Handlung in Gang setzt. Schon in der 1. Szene offenbart sich der über Jahrzehnte hinweg aufgestaute Hass von Franz: Er ist der Zweitgeborene, also nicht der Erbe des väterlichen Besitzes, er hat damit auch keine Aussicht, die Herrschaft zu übernehmen. Zudem hat die Natur ihn mit der „Bürde der Hässlichkeit" ausgestattet. Beide Gegebenheiten aber entziehen sich seinem Einfluss.

Verbittert hat Franz schon früh erkennen müssen, dass die Möglichkeiten, über die er selbst bestimmen konnte, nämlich Wohlverhalten und Anpassung, von niemandem angemessen gewürdigt wurden. Während Karl „den Mädels so nachschlenderte" (8,11 f.), saß Franz mit seinem Vater zu Hause und beschäftigte sich mit „frommen Gebeten und heiligen Predigtbüchern" (8,16 f.), während Franz kirchentreu die Legende von Tobias las, schmökerte Karl in den kriegerischen Abenteuern von Alexander dem Großen und von Cäsar. Was Franz verschlossen blieb, fiel Karl in den Schoß, was immer Karl anfing, fand Gefallen des Vaters. Schon in frühster Kindheit ist damit der Konflikt angelegt und die Aufzugsfeder wird von Tag zu Tag stärker gespannt. Für den Vater ist er der „trockene Alltagsmensch, der kalte, hölzerne Franz" (9,10), während Karl, das „Vatersöhnchen" (9,3), auf dem Schoß des Vaters sitzt und diesen in die „Backen zwickte" (10,4).

Die Fehler und Schwächen des Vaters als Antriebsfeder des Hasses

Der Vater bewundert Karls feurigen Geist, der in dem Buben lodert' (8,29), seine „Weichheit des Gefühls" sowie seinen sportlichen Mut. Schon früh glaubt der Vater in Karl „den großen, großen" Mann, den Helden, den feurigen Geist des trefflichen Bürgers zu erkennen. Franz dagegen erfährt nur Ablehnung; auch von Amalia, die er heimlich verehrt, erfährt er Zurückweisung. In dieser Atmosphäre der Ablehnung, der ungerechten Behandlung und Lieblosigkeit entwickelt sich die zentrale Komponente des Charakters von Franz: sein kalter Intellekt.

Karl – der „raisonierende Bösewicht"

In einem Brief an den Intendanten des Mannheimer Theaters, Heribert von Dahlberg, erklärt Schiller, Franz sei als „ein raisonirender [sic!] Bösewicht angelegt worden" (zit. nach: Grawe, S. 133), der den „denkenden Leser befriedigen wird", nicht aber unbedingt den Zuschauer, der doch vor allem an Handlung interessiert sei (vgl. ebd.). Tatsächlich fallen die ausgedehnten Monologe auf, in denen Franz sein Handeln rechtfertigt und sein Menschenbild vorträgt. Auffällig ist dabei, dass sein negatives Weltbild mit seiner hämischen Sprache korrespondiert.

Monologe im Gegensatz zu Handlungen als Merkmal von Franz

In seiner anonymen Selbstrezension geht Schiller auf die Fähigkeit von Franz ein, sich allen Situationen geschickt anzupassen: „seine untreue Seele schlüpft geschmeidig in alle Masken, schmiegt sich in alle Formen: beim Vater hört man ihn beten, schwärmen neben dem Mädchen, und neben dem Handlanger lästern. Kriechend, wo er zu bitten hat, Tyrann, wo er befehlen kann. [...] An Klugheit dem Räuber überlegen, aber hölzern und feig neben dem empfindsamen Helden. Vollgepfropft von schweren entsetzlichen Geheimnissen, dass er selbst seinen Wahnwitz für einen Verräter hält." (Zit. nach: Grawe, 2004, S. 162)

Schillers Charakteristik des anpassungsfähigen Franz

Seinem Verstand erschließt sich nicht, warum willkürliche Faktoren wie Erstgeburt, warum unbeeinflussbare Phänomene wie Aussehen und Charaktermerkmale bestimmende Kräfte für das Leben und die Zukunft eines Menschen sein sollen. Er ist bereit, die Natur, die ihn benachteiligt hat, und die gefühlsmäßigen Verbindungen und althergebrachten familiären Lebensanschauungen zu unterdrücken und sich von ihnen zu befreien. Die gefühlsmäßige Leere, die sich aus der Negation von traditionellem Fühlen und Handeln ergibt, versucht Franz durch rationalistische Argumentation auszufüllen und menschliche Beziehungen auf physiologische Vorgänge zu reduzieren.

Rückführung menschlicher Handlungen und Gefühle auf physiologische Vorgänge

Er ist nicht als Erster „aus Mutterleib gekrochen" (13,24), nun muss er diesen Makel wettmachen. Die Natur hat ihm zudem „die Bürde von Hässlichkeit" (13,25 f.) aufgeladen, „sie hat von allen Menschensorten das Scheußliche auf einen Haufen geworfen" und ihn „daraus gebacken" (13, 29–31) und damit zum zweiten Mal verhindert, dass ihm Gunst und Zuwendung zuteil werden.

Die körperlichen Makel

Um sein Ziel zu erreichen, „Herr" (15,29) zu sein, ist Franz bereit, „das mit Gewalt" zu ertrotzen, wozu ihm „die Liebenswürdigkeit gebricht." (15,30 f.) Er muss zunächst den Bruder als Erben ausschalten, dann auch den Vater. Die Schuld, die er sich mit dem Vatermord aufgeladen hätte, hält ihm der Pastor Moser vor Augen, als er die Frage nach der schwersten Sünde beantwortet: „Vatermord heißt die eine, Brudermord die andere." (126,18) (Das Verbrechen des Vatermordes müsste nun folgerichtig Karl zur Last gelegt werden.)

Herrschaftswillen und Mor

Freud erläutert die Ambivalenz der Gefühle zum Vater:

> „Der Vatermord ist nach bekannter Auffassung das Haupt- und Urverbrechen der Menschheit wie des einzelnen. Er ist jedenfalls die Hauptquelle des Schuldgefühls,

Freud: Das ambivalente Verhältnis zum Vater

wir wissen nicht, ob die einzige. [...] Das Verhältnis des Knaben zum Vater ist ein, wie wir sagen, ambivalentes. Außer dem Haß, der den Vater als Rivalen beseitigen möchte, ist regelmäßig ein Maß von Zärtlichkeit für ihn vorhanden." (Zit. nach: Grawe, S. 218)

Franz' Idee des radikalen Materialimus

Diese unterschwellig empfundene Zärtlichkeit sowie das Schuldgefühl versucht Franz durch seine Idee eines radikalen Materialismus auszumerzen. Er glaubt, dass die einzige Grenze, die ihm gesetzt sei, die physische Beschaffenheit seines Durchsetzungsvermögens sei. Wie der Schluss zeigt, irrt Franz, das Gewissen lässt sich nicht unterdrücken.

Vernichtung des Vaters ohne äußere Gewaltanwendung

Da dieses Gewissen ihn auch vor der direkten Tötung des Vaters zurückschrecken lässt, verfällt Franz auf eine Idee, die den Mediziner Schiller erkennen lässt. In Umkehrung des ärztlichen Bemühens um die Gesundung des Patienten überdenkt Franz die Möglichkeiten, seinen Vater ohne Blutvergießen zu töten: „Ich möchte ihn nicht gern getötet, aber abgelebt. Ich möcht es machen wie der gescheite Arzt, nur umgekehrt." (38,12 f.) Franz sucht nun den Vater, der ihm „zu lange" (38,1) lebt, zu vernichten, ohne dass man „Spuren von Wunden oder [...] Gift" (39,27 f.) findet. Es gilt „den Körper vom Geist aus zu verderben" (38,25). Wenn es den Ärzten gelingt, das Leben durch Mäßigung der Leidenschaften zu verlängern, so muss es umgekehrt gelingen, dass „Leidenschaften [...] die Lebenskraft [misshandeln]" (38,22).

Den Körper vom Geist her verderben

Der Furientrupp von Gefühlen gegen den Vater

Einen „Furientrupp" von Ängsten, Verzweiflung, Selbstvorwürfen, Reue und Gram will Franz gegen den „ärgerlichen zähen Klumpen Fleisch", gegen seinen Vater, aussenden, weil dieser „den Weg zu [... seinen] Schätzen verrammelt." (38,4 f.)

Psychologische Verfügungsgewalt über Menschen

„Schiller leuchtet in die Gedankenbewegung Moors hinein, der bei der Aufklärung in die Schule gegangen ist und ihre analytischen Methoden perfekt beherrscht. Sammeln, Zergliedern und Schlussfolgern sind ihre Charakteristik. So lässt denn Moor ein Panorama der Leidenschaften vor seinem Geist abrollen und mustert es kaltblütig auf seine Destruktionskraft hin. Schillers ‚Held' nimmt moderne faschistische Praktiken vorweg. Wie kann aus der Wissenschaft Kapital zu psychologischen Verfügungsgewalt über Menschen geschlagen werden." (Sautermeister, 2005, S. 40)

Aber nicht nur die Methode, die Franz entwickelt, sondern auch die Bilder, die er in diesem Zusammenhang entfaltet, zeigen seine Inhumanität und seinen sprachlichen Sarkasmus: „und du Reue, höllische Eumenide, grabende Schlange, die ihren Fraß wiederkäut und ihren eigenen Kot wiederfrisst“ (39,13f.). Letztlich wird aber sein Zynismus ihm nicht helfen, den Eumeniden, den Rachegöttinnen, zu entgehen. So sieht er in seiner Schreckensvision seinen Vater, „ein alter Mann, schwer gebeuget von Gram, angebissen den Arm von wütendem Hunger“ (121,32–122,1).

Schreckensvisionen

Doch zuvor bäumt Franz sich noch einmal auf gegen seinen Bruder. Er hat Daniel gezwungen zuzusagen, dass er Karl vergiften werde, und stellt in einem Monolog erneut jegliche Blutsverwandtschaft in Frage. Sarkastisch fragt er sich, ob das Dasein eines Menschen nicht meistens von einem „anziehenden Anblick eines Betttuchs, oder der waagerechten Lage einer schlafenden Küchengrazie, oder an einem ausgelöschten Licht“ (94,36f.) abhinge. Deutlich demonstriert Franz hier noch einmal seine materialistische Weltsicht und seine Unfähigkeit zur Liebe (vgl. S. 58f.).

Negation des Gewissens

Aber so sarkastisch sein Selbstgespräch klingt, schwingt doch schon etwas von jener Todesfurcht und Gewissensnot des letzten Aktes mit. Mit großem Aufwand an Rationalität versucht Franz sich freizumachen von der „Torheit unserer Ammen und Wärterinnen, die unsere Phantasie mit schröcklichen Märchen verderben, und grässliche Bilder von Strafgerichten in unser weiches Gehirnmark drücken“ (95,4–6). Letztlich bleibe vom Menschen nicht mehr als „Morast [...] an den Schuhsohlen seines Urenkels“ (95,19f.), ein Mord sei im Grunde nicht mehr als eine „Nicht-Geburt“.

Abwertung des menschlichen Daseins als „Morast“

Doch Franz überschätzt sich, wenn er zum Schluss glaubt, frei zu sein von Gewissen, von diesem missgelaunten, moralpredigendem Wesen, das „runzligte Weiber aus Bordellen jagen, und alte Wucherer auf dem Totenbett foltern“ (95,23f.) könne. Genau diese „Schauder“, die „frostige Angst“ und „abergläubische Finsternis“ (95,7–10) der Kindheit sind es, die Franz schließlich zu einem verzweifelten Wesen mit Ohnmachtsanfällen machen.

> „Schiller verleiht dadurch der Szene eine überraschende Tiefendimension. Er lässt den Traum als einen Geburtshelfer des in die Kindheit hinabreichenden, bisher verdrängten Unbewussten auftreten. [Ein] [...] Darstellungsmittel Schillers, das zugleich eine zentrale Einsicht der klassischen Psychoanalyse 130 Jahre später vorwegnimmt.“ (Sautermeister, 2005, S. 42)

Exkurs: Geist und Körper – Schillers Dissertation

Schillers Arbeit über die Wechselwirkung von Seele und Körper

Schiller hatte in seiner dritten Dissertation „Über den Zusammenhang der tierischen Natur des Menschen mit seiner geistigen“ die Wechselwirkung von Körper und Seele behandelt. Zentrales Ergebnis seiner Untersuchung war die Aussage, dass „der Mensch [...] nicht Seele und Körper [ist], der Mensch ist die innigste Vermischung dieser beiden Substanzen.“ (Werke, Bd. 5, S. 289 ff.) Er führt das Beispiel „der Kranken [an], die die Freude kuriert hat. Man bringe einen, den das fürchterliche Heimweh bis zum Skelett verdorren gemacht hat, in sein Vaterland zurück, er wird sich in blühender Gesundheit verjüngen.“ (Ebd., S. 307) Damit spielt Schiller unmittelbar auf den Fall eines Mitschülers an, den Schiller betreuen und zugleich täglich Berichte erstatten musste. Dieser Mitschüler litt so unter der Situation in der Karlsschule, dass er selbstmordgefährdet war.

„Life of Moor by Krake“ – das verschleierte Selbstzitat Schillers

In seiner Dissertation zitiert Schiller sich selbst, indem er einen Auszug aus seinem Drama „Die Räuber“ einfügt. Jedoch vorsichtig, da er weiß, dass Karl Eugen schöngeistiger Literatur ablehnend gegenübersteht, verschleiert Schiller den Text „Life of Moor. Tragedy by Krake. Act V. Sc. I.“ Nach einer Einleitung fügt Schiller das Gespräch zwischen Daniel und Franz Moor ein, in dem Franz seinen wüsten Traum und seine Gewissensangst vorträgt, zugleich aber auch körperlich zusammenbricht. Die Einleitung soll belegen, dass Franz Moors körperlicher Zusammenbruch hervorgerufen wird durch Angst und Schuldgefühle, die das Gewissen nicht zu unterdrücken vermag:

Körperliche Reaktionen auf die Schuldgefühle

> „Der von Freveln schwer gedrückte Moor, der sonst spitzfindig genug war, die Empfindungen der Menschlichkeit durch Skelettierung der Begriffe in nichts aufzulösen, springt eben itzt bleich, atemlos, den kalten

> Schweiß auf seiner Stirne, aus einem schrecklichen Traum auf. All die Bilder zukünftiger Strafgerichte, die er vielleicht in den Jahren der Kindheit eingesaugt und als Mann obsorpiert hatte, haben den umnebelten Verstand unter dem Traum überrumpelt. Die Sensationen sind allzu verworren, als das der langsamere Gang der Vernunft sie einholen und noch einmal zerfasern könnte. Noch kämpfet sie mit der Phantasie, der Geist mit den Schrecken des Mechanismus." (Werke, Bd. 5, S. 310; vgl. dazu 119,16–38)

Der Verstand vermag die seelischen Verstörungen nicht zu bewältigen

Erst ein positives Gleichgewicht zwischen seelischen und körperlichen Kräften führt zu einer Harmonie des Menschen, die auch im Äußeren ihren Spiegel findet, denn „überhaupt beobachtet man, dass die Bösartigkeit der Seele gar oft in kranken Körpern wohnt." (Ebd., S. 314) Dabei ist es wiederum der Verlust der inneren Harmonie, die den Körper zerrüttet. So schreibt Schiller: „Zerrüttungen im Körper können auch das ganze System der moralischen Empfindungen in Unordnung bringen und den schlimmsten Leidenschaften den Weg bahnen. Ein durch Wolllüste ruinierter Mensch wird leichter zu Extremis gebracht werden können als der, der seinen Körper gesund erhält. Dies eben ist ein abscheulicher Kunstgriff derer, die die Jugend verderben, und jener Banditenwerber muß den Menschen genau gekannt haben, wenn er sagt: „man muß Leib und Seele verderben." (Ebd., S. 313f.) Ein deutlicher Hinweis auf Spiegelberg.

Ein kranker Körper spiegelt die Bösartigkeit der Seele

Verlust der inneren Harmonie und Krankheit des Körpers

So wenig es Franz gelingt, sein Gewissen zu unterdrücken, so wenig gelingt ihm die fanatisch vorgetragene Gottesleugnung. Von Angstschauer geschüttelt, von seinen Visionen des Jüngsten Gerichts entsetzt und unfähig, klare Gedanken zu fassen, lässt Franz den Pastor Moser holen. Zweifel haben ihn gepackt, ob nicht doch einer Rache übt „droben über den Sternen" (122,21). Seine Zwiespalt zeigt sich in der Antwort auf die selbst gestellte Frage: „Nein, nein! – Ja, ja!" (ebd.). Franz muss erkennen, dass er nicht mehr Herr seines Körpers ist, wenn er fragt: „Warum schaudert mir's so durch die Knochen? Sterben! Warum packt mich das Wort so?" (122,28f.)

Gedanken an göttliche Rache und Gerechtigkeit

Panik und Angst

Aber er ist auch nicht mehr Herr der eigenen Gedanken, denn ungewollt setzt er sich mit dem Gedanken an eine höhere Gerechtigkeit auseinander, die er noch

Verlust der Selbstkontrolle

kurz zuvor in Frage gestellt hatte: „Rechenschaft geben dem Rächer droben über den Sternen – und wenn er gerecht ist, Waisen und Witwen, Unterdrückte, Geplagte heulen zu ihm auf, und wenn er gerecht ist? – warum haben sie gelitten, warum hast du über sie triumphieret?“ (122,31–34)

Rechenschaft für die Verbrechen an Waisen und Witwen

Diese Frage überrascht zunächst, da sie doch wohl eher von Karl als von Franz gestellt werden müsste. Doch offensichtlich hat Franz auch das umgesetzt, was er in seinem jubelnden Monolog nach dem scheinbaren Tod seines Vaters seinen Untertanen angedroht hatte: „Ich will euch die zackigte Sporen ins Fleisch hauen, und die scharfe Geißel versuchen. […] und wehe dem, der mir mit vollen, feurigen Backen unter die Augen tritt! Blässe der Armut und sklavische Furcht sind meine Leibfarbe“ (52,11–16).

Streitgespräch mit Pastor Moser

In seinem Streitgespräch mit dem Pfarrer Moser überwindet Franz kurze Zeit sein Entsetzen und versucht „noch einmal die Kraft seiner skeptischen Vernunft zu demonstrieren und seinen angeschlagenen Atheismus wiederherzustellen. Doch schon die Dringlichkeit des von Moor einberufenen Gesprächs verrät dem Pastor die innere Erschütterung des Leugners Gottes und der Ewigkeit.“ (Sautermeister, 2005, S. 43) Moser widerlegt die Anschauungen von Franz, ohne einen rationalen Anspruch zu erheben nur dadurch, dass er das Widersprüchliche in dessen Verhalten aufzeigt: „Euer eigenes Herz, das bei diesen Beweisen ängstlich bebend wider Eure Rippen schlägt, straft Euch Lügen.“ (124,9 f.) Als er Franz verlässt, hält er Franz noch einmal einen Spiegel vor Augen: „Kann das Pfaffengewäsche so einen Philosophen in Harnisch jagen? Blase es doch weg mit dem Hauch Eures Mundes.“ (126,37 f.)

In seiner vernichtenden Abrechnung stellt Pastor Moser einen Zusammenhang her zwischen Franz und absolutistischer Willkürherrschaft. Auch wenn sich die Aussage zunächst nur auf Franz bezieht, enthält sie einen allgemeinen Unterton: „ich möchte so gar gern einen Tyrannen sehen dahinfahren“ (124,22 f.). Dieser Satz erhält seine vertiefende Bedeutung, wenn Moser fortfährt: „Nun, glaubt Ihr wohl, Gott werde es zugeben, dass ein einziger Mensch in seiner Welt wie ein Wütrich hause, und das Oberste zuunterst kehre?“ (125,12–14) So wie

Mosers Hoffnung auf die Höllenfahrt eines Tyrannen

diese Aussage zunächst auf Franz gerichtet ist, gilt sie in gleicher Weise auch für Karl, aber sie enthält auch eine allgemeine politische Aussage:

> „So formuliert, ist Mosers soziale Anklage zugleich eine allgemein politische, die den absolutistischen Despotismus der Epoche überhaupt verurteilt. Als dessen höchster Ankläger wird Gott reklamiert – jener soziale und politische Gott, den die bürgerliche Moral als ‚Richter' der feudalen Missbräuche aufbietet. Präsent ist dieser richtende Gott im Gewissen, das Schiller in jedem Menschen, auch im despotisch regierenden, fest verankert sehen möchte, auf dass es zum Schutzwall gegen die gewissenlose Politik des Absolutismus werde." (Sautermeister, 2005, S. 43)

Amalia

Hart geht Schiller zunächst mit seiner weiblichen Hauptfigur, Amalia von Edelreich, in seiner Selbstrezension ins Gericht. Er bezeichnet sie zunächst als das „sanfte, schmachtende, empfindsame Ding", das „im ganzen Stück durchaus zu wenig [handelt]":

Schillers Kritik an seiner Bühnenfigur Amalia

> „Ihr Roman [Auftreten und Handlung] bleibt durch die drei ersten Akte immer auf eben derselben Stelle stehen. […] Sie kann sehr artig über ihren Ritter [in der Erstaufführung wurden die ‚Räuber' als Ritterdrama gegeben; Anm. des Verf.] weinen, um den man sie geprellt hat, sie kann auch den Betrüger aus vollem Halse heruntermachen. […]. [Ich] weiß nicht, was das Mädchen will, ahnde auch nicht, was der Dichter mit dem Mädchen gewollt hat, ahnde auch nicht, was etwa mit ihr geschehen könnte, kein zukünftiges Schicksal ist angekündigt oder vorbereitet, und zudem lässt ihr Geliebter bis zur letzten Zeile des – dritten Akts kein halbes Wörtchen von ihr fallen." (Zit. nach: Grawe, S. 163)

Dann aber geht Schiller sehr wohlwollend auf Karls Geliebte ein und widmet ihr ein Drittel der Selbstrezension:

> „Aber vom vierten Akt an […] mit der Gegenwart ihres Geliebten fängt die interessante Epoche des Mädchens an. Sie glänzt in seinem Strahle, erwärmt sich an seinem Feuer, schmachtet neben dem Starken, und ist Weib

neben dem Mann. Die Szene im Garten ist ein wahres Gemälde der weiblichen Natur und ungemein treffend." (Ebd.)

Tatsächlich spielt Amalia am Anfang des Dramas auf den ersten Blick keine nennenswerte Rolle. Berücksichtigt man jedoch den hohen Stellenwert, den Schiller dem Motiv der Liebe zuspricht, so gewinnt Amalia schon früh eine gewichtigere Rolle.

Franz, der sich als liebesunfähig erweist und auch selbst so kennzeichnet, begehrt Amalia vor allem, um seinen Bruder im Innersten zu treffen und um Amalia zu erniedrigen. Amalias leidenschaftliche Liebe zu Karl und ihre Treue sind der dramaturgische Gegenpol zu Franz. Für Karl bedeutet Amalia zudem Erinnerung an die Jugend und erweckt in ihm Sehnsucht nach der Heimat.

Amalias entlarvende Funktion

Amalia ist überdies eine wichtige Figur in der Figurenkonstellation des Dramas. Sie entlarvt die Verkommenheit und Bosheit von Franz, und Franz demaskiert sich selbst als gewalttätiger Lüstling. Weiterhin vertritt Amalia das Prinzip der absoluten, hingebungsvollen und reinen Liebe. Die tiefen Gefühle, die sie für den unbekannten Besucher empfindet, unterdrückt sie und gesteht dem Fremden ihre unverbrüchliche Liebe zu Karl, nicht ahnend, dass sie in diesem Moment Karl ihre Liebe offenbart.

Amalias bedingungslose Liebe zu Karl

Amalia ist auch der Spiegel, in dem sich die positiven Eigenschaften von Karl zeigen. Ihre Liebe zu ihm unterstreicht das grundsätzlich Liebenswerte von Karl. Damit baut sich gleichzeitig immer wieder eine mögliche Abneigung des Zuschauers gegen den Räuber und Mörder Karl ab.

Amalias Bühnenwirksamkeit: die überraschenden Wenden

Mehrfach nutzt Schiller seine ‚Heldin', um überraschende dramaturgische Wenden herbeizuführen. So eilt Amalia mit „fliegenden Haaren" (132,21) auf die Bühne, von der johlenden Bande Karls verfolgt, und stürzt sich atemlos in die Arme des alten Moor, ihres Onkels. Dieser aber erfährt im gleichen Moment durch Amalia, wer ihn gerettet hat: sein Sohn, ein Mörder, Räuber und Anführer einer Räuberbande.

Nach dem plötzlichen Tod des alten Moor kommt es erneut zu einer überraschenden Wende: Amalia „fällt ihm [Karl] in die Arme" (134,3) und gesteht ihrem Geliebten erneut ihre unbedingte Liebe, obgleich er „Mörder! Teufel!“ ist, ist er doch auch ihr „Engel“ (ebd.). Aber auch diese Wende verkehrt sich und geht übergangslos in die Katastrophe über: Die Räuber verlangen „Amalia für die Bande“, und Amalia erfleht von Karl ihren Tod, da sie ohne ihn nicht leben kann und will.

Das Wechselbad der Gefühle

Amalia als Opfer ihrer Liebe

Noch einmal versetzt Schiller den Zuschauer in höchste Erregung. Als Amalia geht, offenbar um Selbstmord zu begehen, zielt ein Räuber auf sie. Nun glaubt Karl, Amalia töten zu müssen, da nur er die Berechtigung habe, sie zu ermorden. Karl glaubt, durch dieses Blutopfer von seinem Schwur befreit zu sein, die Räuberbande niemals zu verlassen. Mit starrem Blick auf Amalias Leichnam fragt er die Banditen: „Habt ihr noch was zu fordern? Ihr opfertet mir ein Leben auf, ein Leben, das schon nicht mehr euer war, ein Leben voll Abscheulichkeit und Schande – ich hab euch einen Engel geschlachtet. Wie, seht doch recht her! Seid ihr nunmehr zufrieden?“ (136,13–17) Nur der Räuber Grimm vermag dieses Opfer zutreffend einzuschätzen: „Du hast deine Schuld mit Wucher bezahlt. Du hast getan, was kein Mann würde für seine Ehre tun.“ Doch auch er verkennt Karls Konsequenz aus diesem Opfer, wenn er ihn sogleich auffordert „Komm itzt weiter!“ (136,18 f.)

Amalia als Karls Blutopfer an die Bande

Schiller verteidigt den Mord an Amalia sehr differenziert, dabei kritisiert er indirekt die Umarbeitung der Erstaufführung, in der Amalia Selbstmord begeht:

> „Noch wär ein Wort über die zweideutige Katastrophe der ganzen Liebesgeschichte zu sagen. Man frägt, war es tragisch, dass der Liebhaber sein Mädchen ermordet? War es in dem gegebenen Fall natürlich? War es notwendig? War kein minder schrecklicher Ausweg mehr übrig? – Ich will nur auf das letzte zuerst antworten: Nein! – Möglich war keine Vereinigung mehr, unnatürlich und höchst undramatisch wär eine Resignation gewesen. Zwar vielleicht diese letzte möglich und schön auf Seiten des männlichen Räubers – aber wie äußerst widrig auf Seiten des Mädchens. Soll sie heimgehen und sich trösten über das, was sie nicht ändern kann? Dann hätte sie nie geliebt. Soll sie sich selbst erstechen? Mir ekelt vor diesem alltäglichen Behulf der schlechten Dramatiker, die ihre Helden über Hals über Kopf abschlachten, damit dem hungrigen Zuschauer die Suppe nicht kalt werde.“ (Zit. nach: Grawe, S. 166)

Schillers Begründung für den Mord an Amalia

Der alte Moor

Schillers Charakteristik das alten Moor

> Schillers eigene Charakteristik des alten Moor auf dem Theaterzettel der Uraufführung erlaubt eine erste Einschätzung des Vaters. Demnach ist „der alte Moor, ein allzu schwacher nachgebender Vater, Verzärtler und Stifter von Verderben und Elend seiner Kinder". Mit dieser Charakteristik macht Schiller sofort deutlich, dass der alte Moor gerade nicht als Vaterfigur aufzufassen ist, gegen den die typische Revolte des Sturm und Drang, der Aufstand gegen den ungerechten, tyrannischen Vater, gerichtet sein kann.
> Allerdings verführt Schillers These dazu, die Vaterfigur nur im privat-familiären Bereich zu sehen, damit aber werden wichtige Aspekte der Vaterfigur vernachlässigt. Es ist eine Schwäche vieler Interpreten, Schillers kritischer Einschätzung zu stark gefolgt zu sein und bedeutungsvolle Facetten der Rolle des alten Moor übersehen zu haben.

Die unheilvolle Erziehung

Der alte Moor bleibt als handelnde Person tatsächlich schwach. Es gelingt ihm zu keinem Zeitpunkt, von sich aus Einfluss auf die Geschehnisse zu nehmen. Zudem hat er schon zuvor als Vater versagt, als er einseitig Karl bevorzugt und Franz in jeder Weise die Zuwendung verweigert hat. Offensichtlich ist es ihm auch nicht gelungen, seinen Söhnen konkrete und realistische Verhaltensmuster beizubringen. Karl ist ungebunden und ohne Strenge aufgewachsen; als Lieblingssohn des Vaters wurde ihm alles verziehen; nun nutzt er als Student seine Freiräume noch stärker, lebt zügellos, macht Schulden und scheint seine Studien nicht ernst zu nehmen, denn er studiert schon sechs Jahre lang. Der Vater wartet vergeblich auf Nachrichten seines Sohnes.

Franz dagegen verschanzt sich zunächst hinter religiösen Büchern und wartet auf die Anerkennung durch den Vater. Doch – wie im Gleichnis vom verlorenen Sohn – gilt der daheim Gebliebene wenig, ja der Vater demütigt sogar den hässlichen und ungeliebten Zweitgeborenen. Er vergleicht ihn mit Karl und betont dessen positiven Eigenschaften.

Der wankelmütige Vater

So wie der Vater zwischen seinen Söhnen keine Harmonie herzustellen vermag, ist auch er unfähig, seine eigenen Gefühle und Gedanken in Übereinstimmung zu bringen. Mit einer eigentümlichen Beeinflussbarkeit glaubt er den Anschuldigungen, die in dem von Franz gefälschten Brief stehen. Ohne Widerrede, als habe er ein schlechtes Gewissen gegenüber Franz, hört er sich dessen Kritik an seiner Erziehung an. Fast widerspruchslos willigt er ein, sich von Karl loszusagen. Kraftlos überlässt er es dann Franz, einen entsprechenden Brief in seinem Namen an Karl zu schreiben. So sehr der alte Moor sich auch nach seinem Sohn Karl sehnt, so wenig bemüht er sich, die Situation zu ändern.

Der Vater als herrschender Graf

Doch in ihm verkörpert sich mehr als nur der schwache Vater. Der „regierende Graf von Moor" mag zwar schwächlich sein, aber man darf nicht vergessen, dass er einen Rechtsstatus hat, der dem eines souveränen Fürsten gleicht: „Er verfügt über individuelles Stimmrecht im Reichstag, Grundfreiheit, damit verbunden wirtschaftlichen Einfluß und eine nicht geringe Zahl an Erbuntertänigen" (Alt, 2000, S. 291). Franz schildert zynisch, wie der Vater sein Herrschaftsgebiet verwaltet hat: „Mein Vater überzuckerte seine Forderungen, schuf sein Gebiet zu einem Familienzirkel um, saß liebreich lächelnd am Tor, und grüßte sie Brüder und Kinder". (52,3 f.)

Das Gegenbild zum Vater: Franz als Herrscher

Wie anders eine derartige Herrschaft ausgeführt werden kann, offenbart Franz in seinem Gegenmodell, das er offensichtlich später auch verwirklicht (vgl. auch die Hinweise Mosers 125,9 f.): „Weg […] mit dieser lästigen Larve von Sanftmut und Tugend! Nun sollt ihr den nackten Franz sehen, und euch entsetzen. […] Ich will euch die zackigte Sporen ins Fleisch hauen, und die scharfe Geißel versuchen. – In meinem Gebiet soll's so wie kommen dass Kartoffeln und Dünnbier ein Traktament [gutes Essen] für Festtage werden […]. Blässe der Armut und sklavische Furcht sind meine Leibfarbe" (52,1–16). In seinem Machtrausch will er nur eines: „Herr muss ich sein." (15,29) Ausbeutung, Plünderung, Gewalt und brutale Unterdrückung wären die Kennzeichen des Machtgebrauchs durch Franz.

Schillers unterschwellige Kritik am Absolutismus

Durch die gegensätzlichen Ideen der Anwendung von Macht deutet Schiller sehr geschickt und verschlüsselt an, wie unterschiedlich Macht ausgeübt werden kann. Deutlicher darf Schillers Kritik an absolutistischer Machtausübung nicht ausfallen, denn selbst nach seiner Flucht bleibt sein eigener Vater im Machtbereich des Herzogs von Württemberg. Zudem hat Schiller sehr klar das Schicksal von Schubart vor Augen, und er weiß,

dass Karl Eugen seine Untertanen auch über die Landesgrenzen hinweg verfolgen kann.
Mit Blick auf die Funktion des alten Moor im Dramenzusammenhang muss man ihm – wie auch Amalia – einen hohen Stellenwert zuordnen. Sein Leidensweg stachelt immer wieder die Emotionen des Publikums an. Dramaturgisch gekonnt setzt Schiller ihn in das Zentrum des Mitleidens, das in dem Moment am stärksten wirkt, als Karl durch sein Geständnis den Vater tötet.
Der sicherlich überzogene Selbstkritik Schillers, der in dem Vater den Stifter des Elends seiner Kinder sieht, muss man gegenüberstellen, dass gerade die Passivität des Vaters ihn zur tragischen Figur, zum ungewollten Spielball seiner Söhne macht, dass zudem Amalia in ihrer Liebe zu ihrem Onkel noch einmal ihre tiefen Empfindungen demonstrieren kann.

Moritz Spiegelberg

Neben den beiden Hauptfiguren ist Spiegelberg die interessanteste Person in dem Drama. Er hebt sich ab von den anderen Bandenmitgliedern durch seine Individualität sowohl in seiner Sprache als auch im Handeln.
In seiner Beziehung zu Karl unterscheidet er sich gleichfalls deutlich von den übrigen Räubern. Am Anfang zeigt er noch eine gewisse Übereinstimmung mit Karl, doch im Verlauf des Dramas entwickelt sich Spiegelberg immer deutlicher zu dessen Gegenspieler. Ähnlich wie Franz wird auch Spiegelbergs Verhalten bestimmt durch Demütigung. Er fühlt sich gedemütigt und zurückgesetzt gegenüber Karl, weil seine Kumpanen ihn nicht zum Hauptmann gewählt haben. Seine Eifersucht steigert sich schließlich zu Hass, und er wird immer deutlicher zum Spiegelbild von Franz.

Spiegelberg – ein außerordentlicher Mensch?

Schiller spricht in seiner Vorrede zur ersten Ausgabe zweimal von „drei außerordentlichen Menschen“ in seinem Drama (139, 7 und 10). Allerdings geht er dann nur auf Franz und Karl ein, ohne den dritten zu benennen. Doch weder der alte Moor noch Amalia können hier gemeint sein, vielmehr kommt nur Moritz Spiegelberg in Frage. Er ist zudem der Einzige der Räuberbande, der auch einen Vornamen besitzt.
Spiegelberg wirkt beim ersten Auftritt in der Theater-

fassung mit seinen Bemerkungen und Antworten eher als skurrile Kontrastfigur zu Karl; ganz anders aber stellt Schiller ihn in der gedruckten Erstfassung neben Karl Moor. Hier dominiert er zunächst das Gespräch und die Handlung. Schon bei seinem ersten Auftreten wird außerdem Spiegelbergs krimineller Hintergrund erkennbar, denn er versetzt zunächst eine gestohlene Uhr, um dann mit dem Geld zu Wein und Schinken einzuladen. Als Karl seine Idee von einer deutschen Republik äußert, trägt Spiegelberg seinen phantastischen Plan des Aufbaus eines jüdischen Königreichs vor (vgl. RK, S. 148 f.).

Spiegelberg in der gedruckten Erstfassung

Es ist eine merkwürdige, schiefe Welt, die sich die beiden Studenten und Saufkumpanen zusammenträumen, der Sohn eines Grafen und ein junger Mann, der „wunderweis schon voraus beschnitten" (ebd.) ist. Während Karl sich auf Plutarchs Helden und auf große Männer der Antike beruft, an Hannibal und Scipio erinnert und bedauert, dass seine Gegenwart nur Krämerseelen und schwindsüchtige Bübchen hervorbringt, sind auch die Gedanken von Spiegelberg eher rückwärtsgerichtet. In seinen phantastischen Träumereien will er die biblischen Königreiche Juda und Israel wieder errichten und überheblich sieht er sich sogar in der möglichen Rolle eines Messias.

Spiegelberg – ein Jude?

Schiller hat Spiegelberg mit zahlreichen jüdischen Merkmalen ausgestattet, die bis in das Sprachliche hineinreichen. Auch der Vorname Moritz verweist in diese Richtung, denn er gilt als typischer Assimilationsname von Juden, da er an Moses bzw. Mosche erinnert. Auch dass Spiegelberg beschnitten ist, was er verschämt eingesteht, deutet auf ein wichtiges Merkmal hin. Dennoch wird – zumindest in der Bühnenfassung – das Jüdische an Spiegelberg nicht übertrieben herausgestellt.

Historische Räuberbanden

Dass es gerade Spiegelberg ist, der darauf drängt, eine Räuberbande unter seiner Führung zu gründen, deutet auf einen Hintergrund hin, der Schiller sehr gut bekannt war: Mehrfach hatten sich verarmte Juden, denen nur sehr eingeschränkte Verdienstmöglichkeiten offenstanden, zu Räuberbanden zusammengeschlossen. In Schillers Kindheit war die Löw-Bande mit mehr als 100 Mitgliedern im Raum Württemberg und Bayern berüchtigt. Zu ihr zählte auch der seinerzeit bekannteste Verbrecher, Friedrich Schwan. Diesen kannte Schiller aus den Erzählungen seines Lehrers Abel; sowohl Abel als auch Schiller haben Friedrich Schwans Lebenslauf porträtiert (vgl. Schiller, „Der Verbrecher aus verlorener Ehre“, 1786, und Jacob Friedrich Abel, „Lebensgeschichte Friedrich Schwans“, 1787).

Spiegelbergs Enttäuschung

Die hochfliegenden Ideen, die Spiegelberg anfangs gegenüber Karl formuliert, seine Aufforderungen an die Mitstudenten, eine Räuberbande zu gründen, lassen zunächst nichts vom Hass auf Karl Moor verspüren. Erst als man ihn nicht als Anführer akzeptiert, sondern die Gründung der Räuberbande von Karls Zusage als Hauptmann abhängig macht, reagiert Spiegelberg mit Wut und Empörung.

Sein ungeheures rhetorisches Geschick beweist er, als er seine Zuhörer überredet, die bürgerlichen Vorstellungen zu verwerfen und Räuber zu werden. Anerkennend sagt Razmann: „Du hast, wie ein anderer Orpheus, die heulende Bestie, mein Gewissen in den Schlaf gesungen. Nimm mich ganz, wie ich bin!“ (28,17 f.) Roller bietet Spiegelberg sogar seine Seele an: „*Gibt Spiegelberg die rechte Hand*. Also verpfänd ich meine Seele dem Teufel.“ (28,24 f.) Spiegelberg nimmt diese Äußerung von Roller auf und vertieft sie, indem er ihr die Vision der Hölle hinzufügt. In Vorfreude sieht er, „dass sich die Satane festtäglich herausputzen“, wenn ihre Seelen kommen. „Myriaden gehörnter Köpfe“ werden aus „der rauchenden Mündung ihrer Schwefelkamine hervorwachsen, unsern Einzug zu sehen“. (28,29 f.) „Die Ästhetisierung der Hölle macht Spiegelberg zu einem Spielgesellen des Teufels. Sein ‚erleuchteter politischer Kopf‘ und seine Verführungskunst verleihen der Gestalt einen neuen zwiespältigen Reiz – den eines Anwalts Luzifers auf Erden. Spiegelberg hat in einem eloquenten Handstreich die Kommilitonen zum Kern einer Bande zusammengeschweißt.“ (Sautermeister, 2005, S. 33)

Spiegelberg – Spießgeselle des Teufels

Zunächst bewahrt sich Spiegelberg offensichtlich dadurch seinen Freiraum, dass er neue Rekruten für die Räuberbande wirbt und selbstständig auf Raubzüge geht. Blasphemisch äußert er gegenüber Razmann, dass bei seinen Verbrechen „Gottes sichtbarer Segen [...] bei“ (52,19) ihm sei. Während er Razmann von seinen Heldentaten erzählt, entlarvt sich Spiegelberg selbst, denn seine Heldentaten richten sich gegen Unschuldige und Schwache (vgl. 53,10 ff. und 54,5 f.).

Spiegelbergs feige Heldentaten

Ungewollt vertieft Razmann Spiegelbergs Abneigung und Eifersucht gegenüber Karl. Voller Stolz auf seinen Hauptmann berichtet Razmann, dass Karl keinerlei besondere Tricks benötigt, um neue Rekruten anzuwerben. Vielmehr kämen sie freiwillig und ungezwungen zu Karl. Außerdem handle Karl aus Gerechtigkeitsgefühl und nicht aus Mordlust oder Geldgier; er verzichte sogar auf seinen Anteil an Beute zugunsten von Waisenkindern und Armen. Mit schlechtem Gewissen fordert daraufhin Spiegelberg Razmann auf, von seinen Erzählungen nichts weiterzutragen.

Karl als Gegensatz von Spiegelberg

Wie Franz plant auch Spiegelberg, den verhassten Rivalen zu ermorden. Er zieht Razmann in seinen Anschlag auf Karl mit hinein. Schweizer, der den Plan durchschaut hat, ersticht den „Meuchelmörder" (106,8), nicht ohne noch einmal höhnisch auf dessen Feigheit angespielt zu haben: „Warst du nicht die Memmen, die anhub zu schnadern, als sie riefen: Der Feind kommt?" (106,6 f.) Merkwürdig und dem Kontext widersprechend, singt unmittelbar darauf Karl das Lied von Brutus und Cäsar, so als habe Karl in Spiegelberg einen engen Vertrauten gesehen, dessen mörderischer Anschlag ihn überrascht habe. Einige Interpreten sehen darin ein Zeichen dafür, dass in dieser Figur eine frühere Schicht des Dramas zu erkennen sei, in der das Räuberwesen positiver gewertet worden sei.

Gestaltung der Figur des Spiegelberg

Spiegelberg ist – im Gegensatz zu den andern Räuberbandenmitgliedern – sehr detailliert herausgearbeitet, auch dies spricht für die besondere Bedeutung dieser Figur. Während die übrigen Bandenmitglieder sich in ihrer Sprache nur unwesentlich voneinander unterscheiden, ist Spiegelbergs Sprache sehr individuell gestaltet. Zunächst stellt er in überschwänglicher Weise seine Zukunftspläne vor, um dann plötzlich in anschaulicher und wortgewandter Erzählweise an Karls Studentenstreiche zu erinnern (vgl. 19,7 f.). Als Karl abwesend ist, vermag Spiegelberg rhetorisch geschickt seine Kameraden vom Dasein als Räuber zu überzeugen. Verschlagen und scharfsinnig stellt er ihnen die Misere ihres gegenwärtigen Lebens vor Augen. Seine Entschlossenheit und Skrupellosigkeit überzeugen die Kameraden. Dabei fällt allerdings auf, dass diese Gruppe offensichtlich schon angekränkelt ist von verbrecherischen Ideen, denn nur allzu rasch stimmen sie Spiegelberg zu. Immer deutlicher stellt sich im Verlauf des Dramas die brutale und gewissenlose Haltung von Spiegelberg heraus, die gepaart ist mit Feigheit. Mit bösartiger Freude und Häme erzählt er von seinen Verbrechen, etwa dem Überfall auf ein Nonnenkloster. Dabei verkörpert Spiegelberg den kriminellen Einzelgänger, der zugleich „der gerissene Intrigant, aber auch der arme Schlucker" ist (Storz, 1965, S. 239).

Die Räuber

Libertiner: Freigeist; unabhängig denkender Mensch oder Wüstling; liederlicher, verkommener Mensch

Zunächst treten dem Zuschauer sieben namentlich aufgeführte Personen entgegen, die als „Libertiner, nachher Banditen", bezeichnet werden. Der Begriff ‚Libertiner' hat eine erhebliche Spannweite: Es können damit freie, unabhängig denkende Menschen bezeichnet werden oder moralisch verkommene Personen, die sich nicht an Normen oder Sittlichkeit gebunden fühlen. Offensichtlich tritt uns in Karl ein freidenkender Student entgegen, der seine Professoren höhnisch charakterisiert: „Ein französischer Abbé doziert, Alexander sei ein Hasenfuß gewesen, ein schwindsüchtiger Professor hält sich bei jedem Wort ein Fläschchen Salmiakgeist vor die Nase und liest ein Kollegium über Kraft." (16,14 f.) Spiegelberg hingegen wirkt in der „unterdrückten Fassung" eher wie ein junger Mann mit wachsender krimineller Energie.
Schiller selbst charakterisiert die ‚Libertiner' als „einen Zirkel lüderlicher Brüder" (RK, S. 120), in den Karl hineingerät, bis er schließlich „mit einem Trupp seiner Spießgesellen aus Leipzig entfliehen" (ebd.) muss. Die übrigen ‚Libertiner' haben sich offenbar dem Zugriff der Justiz entzogen haben. Sie halten sich im Grenzbereich von Sachsen auf, wohl um rascher einer möglichen Verfolgung zu entgehen, und sehen ihre Zukunft in düsteren Farben. So hat Schufterle beispielsweise nur noch „auf Pump" gekaufte Kleidung. Nur Roller macht den ironischen Vorschlag, Bücher ‚zusammenzusudeln', um an Geld zu gelangen. Deshalb kann auch Spiegelbergs Aufruf, eine Räuberbande zu gründen, die gewünschte Wirkung hervorrufen.

Soziales Elend, Perspektivlosigkeit und Abenteuerlust, aber auch Spiegelbergs rhetorische Fähigkeit bereiten dann den Boden für eine verschworene Bande, die allerdings nicht Spiegelberg, sondern Karl wählt. Schon diese Wahl lässt das Lager der Räuber in zwei unterschiedliche Parteien zerfallen. Vor allem Roller, Schweizer, Grimm und später Kosinsky gehören zu den eher positiv gezeichneten Mitgliedern der Bande, die Karl nahe stehen, dagegen zählt Schufterle zu jenen Räubern, die in Spiegelberg ihr Vorbild sehen. In der Schlacht in den böhmischen Wäldern steht Karl souverän an der Spitze einer schlagkräftigen, gefürchteten Bande, die sich gegen eine reguläre Truppe durchsetzen kann.

Gruppenbildung der Räuber

Durch verschiedene Berichte erhält der Zuschauer Einblick in das Sozialgefüge der Bande und erfährt von ihren mörderischen Verbrechen. Spiegelbergs Erzählung seiner Untaten steht im Gegensatz zu Razmanns Bericht von Karls Morden und deren Begründung. Auch Schweizers und Rollers Bericht von der Befreiung Rollers kontrastiert zu Schufterles Wiedergabe seiner Verbrechen.

Details der Verbrechen und das soziale Gefüge der Bande

Zu Spiegelberg gesellen sich zum Schluss hin auch jene Banditen, die namenlos bleiben. Sie sind offensichtlich auch von Spiegelberg rekrutiert und verweigern Karl letztlich die Gefolgschaft. Mit dem Tod Rollers und Schweizers verliert Karl den zentralen Rückhalt in seiner Bande, die schließlich von ihm sogar seine Geliebte als ‚Lohn' fordert.

Die Fraktionierung der Räuber wird aus sozialistischer Perspektive politisch gedeutet:

> „Wohl vertritt Moor die nationalen und sozialen Interessen der antifeudalen Schichten im Ringen [um] die Verwirklichung einer gesellschaftlichen Utopie – doch die meisten Räuber, insbesondere die Vertrauten und Freunde Spiegelbergs vergreifen sich an den Unterdrückten statt an den Unterdrückern und sind keine wahren Revolutionäre, keine wirklichen Vertreter der Bürger, Bauern, der Volksmassen, sondern noch geistig und moralisch rückständige Angehörige der antifeudalen Schichten." (Thalheim, 1959, S. 13)

Deutung der „Räuber" aus sozialistischer Sicht

Die Darstellung der Räuberbande entspringt durchaus zeitgenössischen Vorbildern, von denen Schiller durch seinen Lehrer Abel unterrichtet war. Abels Vater war

Bandenwesen zu Schillers Zeit:
- Der Sonnenwirt
- Hiesel u.a.

an der Verhaftung und Hinrichtung des berüchtigten „Sonnenwirt[s] oder Friedrich Schwan" beteiligt. Hier liegt auch die Quelle für Schillers Erzählung „Der Verbrecher aus verlorener Ehre" (1786) (vgl. Materialien, S. 160), der ein Jahr später Abels Bericht „Lebensgeschichte Friedrich Schwans" (1787) folgt. Gleichfalls dürfte Schiller die Bande des Balthasar Krummfinger bekannt gewesen sein sowie die Lebensbeschreibung des berühmten bayerischen Hiesel:

> „Das ganze Jahrhundert existierten Banden, die z.T. aus 1000 und mehr Mitgliedern bestanden und sich in einigen Fällen mehrere Jahrzehnte halten konnten. Berühmte Bandenführer waren etwa der bayrische Hiesel oder der rheinische Schinderhannes [vgl. Materialien, S. 163ff.]. Solche Banden rekrutierten sich hauptsächlich aus enteigneten landlosen Bauern, Tagelöhnern, entlassenen oder desertierten Soldaten. [...] Die Mitgliedschaft reichte jedoch bis in die Reihen bürgerlicher Intelligenz, hier vor allem in das akademische Proletariat, theologische Freidenker, sogenannte Libertiner – und sogar bis in die bürgerlichen Ränge von Magistraten und Verwaltungen. Die Räuberbanden unternahmen [...] Aktionen gegen blutsaugerische Feudalbeamten wie Förster, Jagdhüter, Überfälle auf Milizposten, Gefängnisse (meist zur Befreiung gefangener Kameraden)." (Das Räuberbuch, 1974, S. 53)

Pater und Pastor

Kontrastierende Figurenkonzeption

Schiller hat nicht nur die Hauptfiguren kontrastiv angelegt, sondern auch die Nebenfiguren einander entgegengesetzt: dem niederträchtigen, später jedoch reuevollen Hermann steht der ehrbare und treue Daniel gegenüber; dem skrupellosen Räuber Schufterle ist der zuverlässige Schweizer gegenübergestellt. In gleicher Weise hat Schiller die beiden Vertreter der Kirche gegensätzlich ausgestaltet.

Der Pater als Vertreter der Obrigkeit

Als Karls Bande von „siebenzehnhundert" Bewaffneten umstellt ist, tritt ein Pater auf, der schon mit den ersten Worten deutlich macht, dass er sich nicht nur Vertreter der Kirche versteht, sondern vor allem als Abgesandter der „hohen Obrigkeit, die über Leben und Tod spricht" (68,1f.). Zunächst verflucht er die Banditen: „ihr Diebe –

ihr Mordbrenner – ihr Schelmen – giftige Otterbrut [...]. – Aussatz der Menschheit – Höllenbrut – köstliches Mahl für Raben und Ungeziefer – Kolonie für Galgen und Rad" (68,2–5). Mit dieser rhetorischen Steigerung will er die Räuber aufschrecken und ihnen ihr unchristliches Schicksal vor Augen führen, um sie für die kommenden Angebote gefügig zu machen.

Verdammung der Räuber durch den Pater

Dann wendet er sich Karl zu. Ihn, der ja auch kirchliche Würdenträger gestraft hat, sieht er als Satan, „der tausend Legionen schuldloser Engel in rebellisches Feuer fachte, und mit sich hinab in den tiefen Pfuhl der Verdammnis zog" (68,13 f.). Offensichtlich beabsichtigt er, einen Keil in die Räuberbande zu treiben, damit die Bande Karl als Anführer ausliefert. Der Pater beschwört (was Franz später in seinen Visionen erlebt) das Jüngste Gericht, vor dem sich Karl für seine gräulichen „Frevel" (68,31) wird rechtfertigen müssen.

Karl als Verdammter

Erneut macht der Pater sich zum Sprecher der feudalen Macht, wenn er Karl als Strafmilderung anbietet, dass er – sollte er sich selbst stellen –‚nur' gerädert werde. Das Angebot ist ein zynischer Vorschlag, denn diese Strafe zählt zu den schwersten Bestrafungen von Verbrechern. Auch der Versuch des katholischen Fanatikers, die Räuber zu bewegen, Karl auszuliefern, misslingt kläglich. Der Pater, als Vertreter der staatlichen Macht, scheitert an der Treue der Räuber, ein Kontrast zur Schlussszene, in der Karl an der Untreue der Räuber scheitert.

Drohungen und Versprechen des Paters

Dem katholischen Eiferer wird der evangelische Pastor Moser entgegengesetzt. Wortgewaltig führt dieser Prediger Franz vor Augen, dass ihm sein Zynismus und seine Ablehnung christlicher Werte nicht davor schützen, von Gott gerichtet zu werden. Er könne doch nicht ernsthaft annehmen, dass „Gott es zugeben [werde]; dass ein einziger Mensch in seiner Welt wie ein Wütrich hause, und das Oberste zuunterst kehre?" (125,12 f.) Unterdrückung, Unmenschlichkeit im Namen des Christentums und fanatischer Ausrottungswillen vereinigt sich für Moser in dem Eroberer von Peru, Pizarro (125,12), dessen Grundeinstellung er auch in Franz wiedererkennt.

Moser als protestantischer Prediger mit ungeheurer Eloquenz

Exkurs: Pastor Moser und Schillers Jugend

Mit der Gestalt des Theologen Moser setzt Schiller dem vom ihm verehrten Pfarrer Moser ein literarisches Denkmal. In seiner Kindheit war Schiller mit den Sohn des Pfarrers Philipp Ulrich Moser eng befreundet. Tief bewunderte er dessen Vater und seine Sonntagspredigten, die ihn so tief beeindruckten, dass er fortan den Wunsch hatte, Theologie zu studieren. Seine Schwester schildert, wie Schiller die Predigten des Pfarrers nachahmte:

> „Er fing auch selbst oft an zu predigen, stieg auf einen Stuhl und ließ sich von seiner Schwester ihre schwarze Schürze statt dem Kirchenrock umhängen. Dann musste sich alles um ihn herum still und andächtig verhalten und ihm zuhören. [...] So jugendlich diese Vorträge auch waren, so hatten sie doch immer richtigen Sinn, er reihte einige Sprüche recht schicklich zusammen und trug sie nach seiner Weise mit Nachdruck vor. Auch machte er eine Abteilung [Gliederung], die er sich vom Herrn Pfarrer gemerkt hatte." (Zit. nach: Safranski, 2004, S. 22)

Pfarrer Moser galt als aufgeklärter Theologe, der sich gegen jede Art von Frömmelei wandte. Sein besonderes Interesse galt dem Bibelunterricht für die Dorfkinder, den auch Schiller genossen hat.

Einzelelemente

Karls Schwur

Karls verhängnisvoller Schwur

Wie ein Schicksalsband wirkt der Schwur, den Karl zu Beginn des Dramas gegenüber seiner Bande ablegt. Nicht nur, dass sein Schwur, „treu und standhaft [...] Hauptmann zu bleiben bis in den Tod!“ (31,31f.), keine zeitliche Begrenzung beinhaltet, er gesteht auch zu, dass man ihn töten dürfe, wenn er den Schwur verletze. Auch wenn Karl in dieser Situation emotional stark aufgewühlt ist, so ist der Schwur doch die Verpflichtung eines frei entscheidenden Menschen. Der Schwur wird ihn bis zu dem tragischen Ende begleiten.

Die Unauflösbarkeit des Schwurs

> „Der Schwur bindet den Schwörenden, und er kann sein Versprechen nicht aufgeben, ohne seine Person zu verraten und Schuld aus sich zu laden. Er muss seinen Eid erfüllen und koste es sein Leben. Diese Unbedingtheit fixiert die Zukunft in einem hohen Maße.“ (Pütz, 1970, S. 71)

Die Tragik des Schwurs, den Karl zu Beginn leistet, liegt darin, dass nicht nur er diesen Eid unbedingt erfüllen muss, sondern dass in diesen Schwur Amalias Zukunft eingeschlossen ist. Erst ihr Tod entbindet Karl von seiner Verpflichtung.

Der erneuerte Treueschwur

Zwar spielt Karl mehrfach mit dem Gedanken, die Räuber zu verlassen, doch jedes Mal bindet er sich neu an die Räuber, indem er seinen Schwur bekräftigt. Nicht einmal Schweizers Einwand: „Schwöre nicht! du weißt nicht, ob du nicht noch glücklich werden, und bereuen wirst“ (81,14f.) vermag ihn davon abzuhalten, seinen Treueschwur zu erneuern. Auch den Gedanken an Selbstmord verwirft Karl, da der Selbstmord seine Schuld nicht sühnen, sondern als Todsünde verschärfen würde.

Karls Racheschwur gegen Franz

Den Racheschwur, den Karl gegen Franz ausstößt, erhöht zum Schluss des Dramas noch einmal die Spannung, da der Zuschauer diesen Schwur als vorweggenommene Handlung versteht und auf die Konfrontation der beiden Brüder gespannt ist. Überrascht nimmt er dann zur

Kenntnis, dass Karl Moor sogar erfreut ist, nicht Rache an Franz nehmen zu müssen. Sein Gesinnungswandel wird hier zum ersten Mal offensichtlich umgesetzt.
Eng verknüpft mit diesen Ideen des Schwures sind die Anspielungen im Drama auf die Figur des Brutus. Auf seine Beteiligung an der Verschwörung gegen Cäsar wird in Karls Lied angespielt. Allerdings verzichtet in Shakespeares Drama „Julius Cäsar", das Schiller gut kannte, Brutus gerade auf einen gemeinsamen Schwur, denn „Den Schwur lasst Priestern, Feiglingen und Feilschern / [...] zweifelhaftes Pack schwört" (Shakespeare, 1995, S. 335). Im Falle der Verschwörung gegen Cäsar ist der Schwur nicht nötig, weil der Entschluss im Herzen aller verankert ist und das gegebene Wort ausreicht.

Die Intrige

Schiller als Dramatiker der Intrige

Schon sein erstes Drama lässt erkennen, dass Schiller Intrigen besonders faszinieren. Peter von Matt behauptet sogar: „Der konsequenteste [und] in der Überlagerung und Verdichtung konspirativer Netze unheimlichste Dramatiker der Intrige in der deutschen Literatur ist Friedrich Schiller." (Von Matt, 2006, S. 211)

Brief als geeigneter Auslöser von Intrigen

Der erste Satz von Franz: „Aber ist Euch auch wohl, Vater?" (6,3) macht den Zuschauer sogleich misstrauisch und gespannt auf den Grund für die Erkundigung. Rasch durchschaut er, dass der Brief, den Franz vorliest, der Beginn seiner Intrige gegen Karl ist, und wird auch durch Franz nicht im Unklaren gelassen, wie der Brief an Karl lauten wird.
Der Brief als Auslöser einer Intrige ist ein häufig gewähltes dramaturgisches Mittel. Da der Brief keine unmittelbare Konfrontation der Personen notwendig macht, kann er die verräterischen Elemente des Dialogs (Klang der Stimme, Mimik, Gestik usw.) umgehen. Der Brief erlaubt zudem mehrfache Fälschung. Franz hat den Brief des Bruders abgefangen und durch einen eigenen ersetzt, den er durch die Wahl des Absenders, den der alte Moor kennt, absichert. Den Brief, den er im Namen des Vaters schreibt, fälscht er insofern, als er zwar die Grundgedanken des Vaters wiedergibt, diese aber radikalisiert.

Allerdings weiß der Zuschauer nicht – auch nach dem Monolog von Franz, in dem die Hintergründe der Intrige aufgedeckt werden –, wie Karl auf diese Intrige reagieren wird, zumal Karl noch nicht aufgetreten ist, der Zuschauer ihn also nur aus den Erzählungen von Franz kennt.

Zeitliche Dimensionen der Intrige in den „Räubern"

> „Die Intrige kann gelingen oder fehlschlagen – das ist die trivialste Alternative. Die Kabale [Intrige] kann Reaktionen der Gegenseite hervorrufen, droht durchschaut zu werden, muß durch neue Intrigen gestützt werden usw. […] Die dramenzeitliche Bedeutung liegt darin, dass die Intrige – wie kaum ein anderes Vorkommnis – zwei zeitliche Dimensionen in sich vereint. Sie läuft immer in die Zukunft voraus und zeigt dem Zuschauer, dass schon etwas im Gange ist und dass Weichen gestellt wurden; zugleich aber weckt sie eine unbegrenzte Zahl von möglichen Gegenhandlungen, die alle Pläne durchkreuzen können." (Pütz, 1970, S. 79)

Das Schwert als Intrigenrequisit

Dass die Intrige sich voll entfalten kann, liegt an der unbeherrschten und überstürzten Reaktion von Karl, als er den gefälschten Brief erhält. Franz steigert seine Intrige gegen Karl und den Vater noch, indem er Hermann als Helfer anwirbt und das blutige Schwert von Karl als Intrigenrequisite nutzt, um die Glaubwürdigkeit zu erhöhen. Obgleich Amalia zunächst misstrauisch ist, fällt sie doch auf die Intrige herein.
Aber nicht nur als Handlungsmotor dient die intrigante Handlung von Franz, sie muss auch als Steuerungselement des Publikums gesehen werden. Das Publikum ist ja in die Intrige eingeweiht und wartet im Verlauf der Handlung darauf, wann und wie die Intrige aufgedeckt wird und wie diejenigen reagieren werden, die Opfer dieser Intrige waren. Zugleich lenkt der Autor aber auch die Publikumszuwendung durch die Intrige:

Berühmte Intriganten: Jago in Shakespeares „Othello", Marinelli in Lessings „Emilia Galotti" und Wurm in Schillers „Kabale und Liebe"

> „Stärker als bei sonstigen Vorkommnissen wird durch die Intrige das moralische Empfinden mobilisiert. Das Publikum entrüstet sich niemals so einhellig wie bei den schlimmen Kabalen kalt berechnender Bösewichter. Die Jagos, Marinellis und Wurms gelten als Abschaum der Menschheit. Mit derselben Ungeduld, mit der die Zuschauer ihre Erkenntnis-Spannung gelöst haben möchten, wollen sie die Scheusale ihre gerechte Strafe erleben sehen." (Pütz, 1970, S. 80)

Monologe

Schiller verwendet den Monolog in seinem Drama „Die Räuber“ sehr ausgiebig. Mag der Monolog nicht das eleganteste dramentechnischne Mittel sein, so erfüllt er doch vielfältige Funktionen. Die komplizierte Grundstruktur des Dramas, seine Zweigliedrigkeit und die Radikalität der Gedanken von Karl und Franz begünstigen den Monolog. In jedem Fall „kann sich die Dramenfigur dem Zuschauer völlig frei erklären, ohne von anderen Personen auf der Bühne durchschaut zu werden. Das ist besonders wichtig bei geplanten Intrigen, in die das Publikum wenigstens teilweise Einblicke erhalten soll.“ (Pütz, 1970, S. 85)

Freie Entfaltung der Gedanken im Monolog

Der erste Monolog von Franz (I,1) ermöglicht einen tiefen Einblick in seine Seele und verrät die geheimsten Beweggründe für sein Handeln. Dem Zuschauer wird das materialistische, radikale und skrupellose Weltbild von Franz vor Augen geführt.

Monologe von Franz

Im zweiten Monolog (II,1) reflektiert Franz den perfekten Mord und steigert so die Spannung auf die zukünftigen Ereignisse. Nachdem der mörderische Plan gelungen zu sein scheint, entwirft Franz das Bild seiner künftigen Gewaltherrschaft (II,2).

Im vierten Monolog (IV,2) plant Franz den Mord an seinem Bruder Karl, um schließlich in seinem letzten Monolog (IV,2) das Thema des ersten Monologs wieder aufzugreifen. Noch einmal wiederholt er, dass die Zeugung nur „das Werk einer viehischen Anwandlung“ (95,1) sei, der Tod dem Vergären im Morast gleiche. Doch erkennt der Zuschauer, dass hier schon die Furcht vor dem eigenen Gewissen zu spüren ist, die später im Gespräch mit Daniel und dem Moser dominiert.

Karls Monologe

Karls erster Monolog (II,3) führt uns einen nachdenklichen, resignierenden Menschen vor Augen, der erkennen muss, dass er als Rächer und Menschheitsverbesserer sein Ziel verfehlt hat, weil bei der Sprengung eines Pulverturms Schwangere, Alte und Kinder umgekommen sind. In den folgenden beiden Monologen (III,2 und IV,1) trauert er der verlorenen Kindheit nach. Im vierten Monolog (IV,3) wird ihm klar, dass es nur eines ‚Fußfalls‘ vor seinem Vater bedurft hätte, um seinem Schicksal einen anderen Verlauf zu geben. Schließlich denkt er

in seinem letzten Monolog (IV,5) über den Selbstmord nach, da eine Zukunft mit Amalia, der er sich kurz zuvor zu erkennen gegeben hat, unmöglich scheint. Doch hier, wie auch am Schluss, stellt er sich seiner Schuld. „Nein! ich will's dulden! [...] Die Qual erlahme an meinem Stolz. Ich will's vollenden." (111,10–12) Im Gegensatz zu den Monologen von Franz sind die Monologe von Karl darauf ausgerichtet, die positiven Grundzüge seiner Person zu vermitteln.
Während Karl und Franz jeweils fünf Monologe zugestanden werden, kommt Amalia nur einer zu (IV,4). Sie versucht sich Rechenschaft abzulegen über ihre Gefühle gegenüber dem fremden Grafen, entscheidet sich aber – trotz des Eindrucks, den der Fremde auf sie gemacht hat – für Karl. Ihr Treuebekenntnis ist damit die Vorwegnahme des folgenden Gesprächs.

Lieder

Funktion der Lieder:
- Einblick in die Empfindungen der Sänger
- Schaffung von Atmosphäre
- Widerspiegelung von Handlungselementen

Ähnlich wie die Monologe dienen die Lieder dazu, die seelischen Empfindungen der Personen widerzuspiegeln, zugleich kennzeichnen sie aber auch die Stimmung der jeweiligen Situation und verdichten die Atmosphäre. Fünf Lieder durchziehen das Drama, dabei wird das Abschiedslied Andromaches und Hektors, das Amalia im zweiten Akt singt, als Wiedererkennungszeichen von Amalia und Karl im vierten Akt wieder aufgenommen.

Abschiedslied von Hektor und Andromache

Der Wechselgesang von Andromache und Hektor eröffnet die lyrischen Intermezzi. Amalia, die vom angeblichen Heldentod Karls erfahren hat, singt ihrem Onkel dieses entsagungsvolle Lied vor, das sie zugleich an Karl erinnert. Mit ihm hat sie dieses Lied oft zusammen zur Laute gesungen (vgl. 45,10). In der ersten Strophe will Andromache ihren Mann Hektor zurückhalten, in den Kampf mit Achill zu ziehen. Sie ahnt, dass Achill den Tod seines Freundes Patroklus, den Hektor erschlagen hat, blutig rächen wird, und mahnt Hektor, an seinen Sohn zu denken, der begierig darauf wartet, von seinem Vater in moralischen und sportlichen Dingen erzogen zu werden („Speere werfen", „die Götter ehren", 45,5).

Hektors Heldentod und der angebliche Heldentod von Karl

Doch Hektor, der sich dessen bewusst ist, dass er im Kampf fallen wird, will die Erziehung seines Sohnes den

Göttern überlassen. Er glaubt es dem Vaterland schuldig zu sein, in den aussichtslosen Kampf zu ziehen.
Damit nimmt dieses Lied die Erzählung von Hermann vorweg, der den angeblichen Heldentod von Karl schildert. Auch Andromaches Klage, dass Hektor seine Liebe vergessen werde, weil er aus dem Fluss der Unterwelt, Lethe, trinken werde, kann Hektor nicht umstimmen. Fast überheblich glaubt er, seine Liebe über den Trank des Vergessens retten zu können. Tatsächlich aber ist er erregt, weil er das Rasen der Feinde an der Mauer wahrnimmt. Todesmutig will er sich in den Kampf stürzen, noch einmal aber versichert er: „Hektors Liebe stirbt im Lethe nicht!" (46, 6)
In diesem Augenblick, noch klingt der Satz der über den Tod hinausgehenden Liebe nach, erscheint Hermann, um vom angeblichen Heldentod Karls zu berichten. Der Zuschauer kennt die wahren Hintergründe und daher müssen ihm dieses Lied und die anschließende Erzählung vom heldenhaften Tod Karls als eine zynische Erweiterung der Intrige von Franz erscheinen.

Amalias indirektes Liebesgeständnis

Einen neuen Klang nimmt dieses Lied an, als Amalia die erste Strophe dem unbekannten Grafen vorsingt. Überraschend nimmt der Unbekannte die Laute, um den Anfang der Gegenstrophe zu singen und damit sein Inkognito zu lüften. Doch er gibt Amalia keine Gelegenheit zu reagieren. Er glaubt aufgrund des vorhergehenden Gesprächs zu wissen, dass Amalia ihn als „Totschläger" (102,30) verachten wird.

Amalias Vision von Karl im germanischen Totenreich

Auch Amalias zweites Lied ist im Dramenkontext verankert. Amalia ist dem Fest, das Franz im Moor'schen Schloss gibt, entflohen und hat sich in den Schossgarten begeben. Sie glaubt nun zu wissen, dass Karl eines heldenhaften Todes gestorben ist, und sieht ihn im Totenreich der germanischen Helden. Nicht mehr das Vergessen der Liebe spielt hier eine Rolle, sondern die Erinnerung an irdische Liebe tritt in den Vordergrund. Der Tod ist unüberwindbar („Er ist hin – und alle Lust des Lebens / Wimmert hin in ein verlornes Ach!", 74,20 f.), aber er lässt Erinnerungen an vergangene Liebe zu: „Lippen, Wangen brannten, zitterten, – / Seele rann in Seele – Erd und Himmel schwammen / Wie zerronnen, um die Liebenden." (74,15–17) Amalias Leidenschaftlichkeit ist durch Karls Tod nun ohne Ziel, umso erbärmlicher wirkt

Erinnerung an die verlorene diesseitige Liebe

das Auftreten des wollüstigen Franz, der Amalia besitzen und mit Gewalt zwingen will.

Kontrast von Liebe und Lüsternheit

Kontrapunktisch wird dem Erkennungslied von Amalia und Karl das Räuberlied (IV,5) entgegengesetzt. Die Räuber besingen ihr sittlich-moralisch verkommenes Leben und brüsten sich lautstark ihrer Verbrechen. Der Zuschauer weiß, dass Karl, ohne Amalia seine Liebe gestanden zu haben, zurückkehren wird, an die Bande gebunden durch seinen Schwur. Zwar singen die Räuber ihr Lied in Abwesenheit ihres Hauptmanns, doch Karl kann sich von den besungenen Verbrechen nicht freisprechen.

Das Lied verdeutlich aber auch, dass offensichtlich Karls Anspruch, in Namen der Gerechtigkeit gegen politische, kirchliche und wirtschaftliche Missstände anzugehen, nichts mehr wert ist: man überfällt „Pfaffen“ und „Pächter“, um sich selbst zu bereichern. So weit ist die Bande gesunken, dass sie der Tod am Galgen nicht beirrt. Während man zuvor eine ganze Stadt überfallen hatte, nur um ein Bandenmitglied, Roller, zu befreien, will man jetzt nur „lustig sein“, bevor man am Galgen hängt.

Das Räuberlied als Zeichen der Verrohung der Bande

Jetzt geben offensichtlich Spiegelberg und jene „Spitzbuben“ (55,11) den Ton an, die Spiegelberg in ‚Kaffeehäusern, Bordellen, Wirtshäusern‘ (vgl. 55,32) angeworben hat. Daher verwundert es auch nicht, dass diese Verbrecher keinerlei Hochachtung mehr zeigen, als Karl in der letzten Szene die Räuber auffordert, seine tiefe Empfindung zu teilen, als Amalia ihm ihre Liebe gesteht. Es sind nicht mehr die alten Gefährten (Roller und Schweizer sind tot), die ihn „grimmig“ (134,22) an sein Versprechen erinnern und die Amalia für sich haben wollen, sondern skrupellose Banditen.

Exkurs: Das Räuberlied als Flugblatt

Um 1800 waren viele Gedichte deutschsprachiger Autoren auf Flugblättern verbreitet. Meist waren es achtseitige Liederheftchen ohne Angaben der Verfasser, des Druckortes oder der Herausgeber usw. Schillers Räuberlied erfreute sich besonderer Beliebtheit: „Es steht mit seinen Typen und Varianten neben denen des Schubartschen Kapliedes ohne Zweifel an der Spitze aller Editionen auf Flugblättern.“ (Tarnoi, 1987, S. 411)

Die Brutalität des Räuberliedes

„Die Verben der ersten Strophe (stehlen, morden huren, balgen), welche die Schandtaten der Räuber veranschaulichen sollten, die Synonyme des Ausdrucks der physischen und psychischen Schmerzen ihrer Opfer in der fünften Strophe (Wehgeheul, Klanggezeter, Winseln), der jeden ehrlichen Menschen empörende Kreis der unschuldig Getroffenen (Väter, Mütter, Bräute) und schließlich die Bilder der entsetzlichen Freude der verkommnen Unmenschen über die von ihnen verursachten Leiden am Ende der fünften und in der ganzen sechsten Strophe waren mit Unterhaltungsansprüchen überhaupt nicht zu vereinbaren." (Ebd., S. 414)

Entsprechend wurden diese Verse und Strophen gestrichen. Damit blieben nur Spiegelbergs zweite, die dritte von Razmann gesungene, Schweizers vierte Strophe sowie die von allen angestimmte siebte Strophe übrig, die jedoch sprachlich und rhythmisch aneinander angeglichen wurden.

Vom Lied der Räuber zum Lied der Studenten

Die abschreckende Funktion, die das Lied im Drama übernimmt, wurde nun zu einer Idealisierung des freien Lebens. Losgelöst vom Dramenkontext wandelte das Lied sich allmählich zu einem Studenten- und Trinklied, aus dem die Räuberromantik weitgehend verschwunden war.

Karls Lied von Cäsar und Brutus

Während Amalias Lieder und das Räuberlied durchaus mit Thematik und Handlung des Dramas korrespondieren, fällt das Lied, das Karl als ritterliches Intermezzo singt, zunächst aus dem Kontext heraus. Allerdings stellt es einen krassen Gegensatz zu dem Räuberlied dar und nimmt erneut heroisches Personal auf.

Das Lied spielt auf eine Szene aus Plutarch an: Als Brutus nach Griechenland übersetzt, um mit seinem Heer gegen Octavian und Antonius zu kämpfen, erscheint ein Gespenst als böser Geist und kündigt an, auf dem Schlachtfeld von Philippi wieder zu erscheinen. Tatsächlich sieht Brutus auf dem Schlachtfeld das Gespenst, das ihn schweigend, wie ein schlechtes Gewissen, betrachtet.

In Karls Lied begegnen sich Brutus und Cäsar. Brutus klagt, dass es „keine Welt [...] mehr" (108,10) für ihn gebe. Die Verlassenheit, die auch Karl in diesem Mo-

ment spürt, spiegelt sich in dieser Strophe von Brutus wider. Auch Cäsar, der einen Römer zu erkennen glaubt und ihn nach dem Schicksal Roms fragt, drückt Verlassenheit und Trauer aus. In dem folgenden Zwiegespräch steht vor allem das Verhältnis der beiden zueinander im Vordergrund. Cäsar klagt Brutus an, ihn sinnlos getötet zu haben, da er ihn als Sohn betrachtet habe. Sein Erbe wäre demnach ihm zugefallen. Brutus setzt dagegen, dass es nur für einen von ihnen Platz gegeben habe: „Wo ein Brutus lebt, muss Cäsar sterben" (109,25).
Das Todesmotiv ist an dieser Stelle durchaus passend. Zuvor hat Schweizer den revoltierenden Spiegelberg erstochen, und Karl spielt mit dem Gedanken an Selbstmord, doch unklar bleibt, mit wem Karl sich in diesem Lied identifiziert.

> „Karl wertet Spiegelbergs Tod als den ‚unbegreiflichen Finger der rachkundigen Nemesis', und es überfallen ihn Todesahnung. Er entlässt wie Christus im Garten von Gethsemane seine Räuber-Jünger und nimmt Zuflucht zu dem ‚Römergesang'. Doch dieser spielt wiederum nur mit Rollentexten, die sich gerade nach den Vorwürfen Spiegelbergs auf Moor beziehen lassen. Die letzten beiden Zeilen des Wechselgesangs scheinen auf eine innere Entscheidung Karls hinzudeuten: ‚Wo ein Brutus lebt, muß Cäsar sterben, / Geh du linkswärts, laß mich rechtswärts gehen'. Er meint hier einerseits seinen cäsarischen Bruder [Franz], den er schonen will, und andererseits auch Spiegelberg, der in Karl den Cäsar sah." (Hinderer, 1992, S. 59)

Auffällig ist in diesem Zusammenhang allerdings auch, dass Karl nach dem Tod Amalias seine Bande auffordert: "Gehet hin zur Rechten und zur Linken – Wir wollen ewig niemals gemeine Sache machen." (136,35–137,2) Die endgültige Trennung von seinen Bandenmitgliedern ist zugleich die endgültige Trennung von seinem vorherigen Leben. Es überrascht daher nicht, wenn sich am Schluss der Druckfassung des Dramas ein Stich befindet, auf dem zwei römische Offiziere, augenscheinlich Cäsar und Brutus, abgebildet sind. Cäsar steht schon im Boot, das der Fährmann Charon über den Fluss Acheron in das Totenreich rudern wird. Nicht ganz erkennbar ist, ob Brutus im Begriff ist, ebenfalls das Boot zu besteigen; wahrscheinlich nimmt er von Cäsar Abschied.

Erzählungen

„Die Räuber" als dramatischer Roman

Schiller selbst spricht in seiner „Unterdrückten Vorrede" von einem „dramatischen Roman", den er geschrieben habe, und tatsächlich findet sich eine bemerkenswerte Verknüpfung von dramatischen und epischen Elementen; hinzu kommt, wie noch zu zeigen sein wird, das Lyrische. In allen fünf Akten finden sich epische Teile, in denen berichtet und erzählt wird. Allerdings sind die erzählten Passagen in das Zeitgefüge des Dramas integriert. Sie wirken damit – wie Schiller in der „Unterdrückten Vorrede" sagt – intensiver auf den Zuschauer/Hörer als in einem Roman:

> „Wahr also ist […] dass […] der wahre Geist des Schauspiels tiefer in die Seele gräbt, schärfer ins Herz schneidt und lebendiger belehrt als Roman und Epopöe. […] Ich kann demnach eine Geschichte dramatisch abhandeln, ohne darum ein Drama schreiben zu wollen. Das heißt: Ich schreibe einen dramatischen Roman, und kein theatralisches Drama." (RK, S. 113)

Erzähltechnik und das Dramatische

Schiller entwickelt mit seiner Technik, Erzähltes in das Drama zu integrieren, etwas für seine Zeit völlig Neues. Dabei bekommt die Erzähltechnik einen dramentechnischen Akzent, denn das Erzählte muss sich dem Dramatischen unterordnen. Auf einige typische Merkmale des Erzählens im Roman oder in Erzählungen muss der Dramatiker somit verzichten, es gibt keine Zeitdehnungen, Raffungen oder Zeitsprünge. „Die Unmittelbarkeit der Aufführung lässt im Drama keine zeitliche Distanz zwischen Darstellung und Dargestelltem aufkommen, wie sie ein Erzähler notwendig schafft." (Pütz, 1970, S. 52) Der Fluss des Erzählens muss sich dem Bühnengeschehen in seiner unmittelbaren Gegenwart anpassen.

Unterordnung des Erzählens unter das Dramatische

An einem Beispiel hat G. Storz Schillers besondere Fähigkeit, die Erzählung in das Bühnengeschehen zu integrieren, sehr anschaulich dargestellt:

Synthese aus Epischem und Dramatischem – Schweizers Erzählung von Rollers Befreiung

> „Das glänzendste Beispiel dafür (Synthese von Epischem und Dramatischem) begegnet bei der Rückkehr Karls von der Befreiung Rollers (II,3): Aus der stürmischen Begrüßung, aus dem aufgeregten Hin und Her der Fragen an den erschöpften Roller springt die Erzählung Schweizers hervor. Ihr Höhepunkt ist die Explosion des

> Pulverturms inmitten der brennenden Stadt. Hier setzt […] Roller ein und unmittelbar fort bis zu seiner Ankunft bei der Schar des Hauptmanns. Nach einer Atempause fährt er fort, weniger erzählend als rückfühlend, das Erlebnis der Todesangst wiederholend, dann stößt er wiederum auf die ablenkende, rettende Explosion. […]. Wenn diese erzählenden Reden mitreißen, wenn sich stärker und stärker Gegenwärtigkeit des Erzählten herstellt, so wird das nicht zum geringsten Teil durch die […] sich übereinander türmenden Sätze bewirkt. […]
> Roller und Schweizer geben ja nicht Bericht, sie erzählen weniger, als dass sie ein zweites Mal erleben. […] Verzweifelte […] Tat wird sichtbar, Freundestreue und Männlichkeit triumphieren über den schon gewissen Tod. Karl schweigt, aber eben deshalb stellen sich sein Werk, seine Welt um so glaubhafter dar in dem, was Schweizer und Roller noch einmal vollziehen. Dieses Ziel ist es, dem ihre Erzählung gilt. Jetzt wird der Umschwung erst möglich, zugleich aber auch szenische Wirklichkeit: Schufterles Enthüllung […] genügt jetzt, damit neben den Glanz und die Höhe alsbald die Niederung und die Scheußlichkeit treten.“ (Storz, 1965, S. 220 ff.)

Spiegelbergs Erzählungen als Entlarvung des Bösen

Mehrere Erzählungen stammen von Spiegelberg. Durch seinen Zynismus, mit dem er Geschehnisse wiedergibt, entlarvt er sich selbst: etwa die Begebenheit mit Karls Dogge (I,2), die Verwechslung des Wurmdoktors mit Spiegelberg, die mit dem Tod des Wurmdoktors am Galgen endet (II,3), der Bericht vom Überfall auf das Nonnenkloster (II,3) und schließlich die Darstellung, wie Spiegelberg skrupellos Rekruten anwirbt. Allerdings sind gerade die Erzählungen von Spiegelberg eher retardierende Elemente, die zur Fortsetzung des Geschehens wenig beitragen. Dagegen ist Kosinskys Schilderung seiner Leidensgeschichte und seiner Geliebten (III,2), die zufälligerweise auch Amalia heißt, Ausgangsimpuls für den Aufbruch von Karl, seine Geliebte wiederzutreffen.
Die erzählerische Wiedergabe seiner Träume und Visionen lässt Franz noch einmal in seiner ganzen Verkommenheit und Niedertracht, aber auch in seiner tief verwurzelten Furcht und uneingestandener Gewissensnot erscheinen.

Ausdrucksmittel

Gestik und Mimik

Expressive Funktion von Gesten

Neben der impulsiven Sprache wird schon beim Lesen des Dramas der Eindruck besonderer Emotionalität durch eine Vielzahl von Bühnenanweisungen hervorgerufen, die Gebärden schildern. Während sich kaum Anweisungen finden lassen, die eine reine Orts- oder neutrale Bewegungen beschreiben, lassen sich umso mehr Gebärden finden, die eine dramatisch expressive Funktion übernehmen. Als Beispiele seien die Bühnenanweisungen in II,2 sowie in der letzten Szene (V,2) genannt: „auffahrend" (46,17); „verhüllt sein Haupt in das Kissen" (46,35); „grässlich schreiend, sich die Haare ausraufend" (47,27); „heftig auf Hermann losgehend" (47,36); „schreiend, sein Gesicht zerfleischend" (48,6); „Hin und her taumelnd, bis sie umsinkt" (48,20 f.); Räuber Moor „in der fürchterlichsten Beklemmung gen Himmel sehend" (131,4); „weichmütig, aufstehend" (131,22); „aufspringend" (132,14); „froh emporhüpfend" (132,16); „wider eine Eiche rennend" (133,21).
Peter Michelsen hat in einer ausführlichen Studie nachgewiesen, dass zunächst das Vorurteil auszuräumen sei, die Dramen des „Sturm und Drang" tendierten zu derartig übertriebener Gestik:

> „Die außergewöhnliche Hektik dieser Gesten in Verbindung mit ihrer ungewöhnlichen Anhäufung […] hat – in der ausdrücklichen Form von Bühnenanweisungen – in der Sturm und Drang-Dramatik nicht ihresgleichen. Der Empfindungswille der Stürmer und Dränger sucht zwar einen starken, aber möglichst individuellen – und das heißt in ihrem Sinne: ‚natürlichen' Ausdruck; die Bewegungen in den *Räubern* dagegen sind wohl von ganz unerhörter Heftigkeit, aber in ihrer Grundstruktur sind sie deutlich nicht individueller, sondern konventioneller Natur." (Michelsen, 1964, S. 68)

Pathos und die Sprache des Gefühls

Die extrem gesteigerte Gestik korrespondiert mit einer stellenweise ins Pathos intensivierten Sprache. Michelsen verweist in diesem Zusammenhang auf die Gestikulations-Regeln der antiken Rhetorik. So empfiehlt der

Rhetoriker Quintilian extreme Gesten, beispielsweise das Stampfen des Fußes oder des Schlagens an die Brust, um eine Rede zu unterstreichen. Die Gestik betont damit die Wortsprache, sie ist allerdings eher auf die Empfindungen des Zuschauers ausgerichtet:

Gestik und antike Rhetorik

> „Deutlich ist zu erkennen, welche Gebärde welcher Leidenschaft zugeordnet ist; und sollte eine Person von mehreren Leidenschaften heimgesucht werden, so geschieht das nicht (in Nachahmung der ‚Natur') in einer schwer scheidbaren Mischung [...], sondern in einem klar fassbaren und unterscheidbaren Nacheinander." (Michelsen, 1964, S. 86)

Michelsen weist sehr detailreich nach, dass die Gebärden in den „Räubern" „weder die der Aufklärer noch die der Stürmer und Dränger [sind]; sie erwecken vielmehr in Anlehnung an den Darstellungsstil der Oper und des Ballett am württembergischen Hof die nicht verhaltene, den Affekt geradezu posierende Gestik des Barock auf der Schauspielbühne zu neuem Leben." (Ebd.)

Gestik und Oper

Eine weitere Quelle der übersteigerten Gestik in dem Drama sieht Michelsen in der Theaterausbildung der Karlsschüler. Schillers Französischlehrer, der zugleich Lehrer für ‚Deklamation und Mimik' am Musik- und Mimikinstitut der Karlsschule war, trug gelegentlich „mit der lebhaften Charakteristik, welche den ehemaligen Acteur [Schauspieler] verriet, ganze Scenen aus Molière, Racine, Voltaire usw." vor (Minor, „Schiller und sein Leben 1890", zit. nach: Michelsen, 1964, S. 76).

Gestik in Schillers Drama und die Ausbildung der Karlsschüler

> „Der Weimarer Schauspieler Genast führt in seinem Tagebuch (13./14. Mai 1800) Schillers Rezitationsweise ausdrücklich auf die ‚Unnatur' zurück, die bei den ‚dramatischen Übungen' der Karlsschule als Norm gegolten habe." (Michelsen, 1964, S. 77; vgl. in diesem Zusammenhang auch die Inszenierung in Bochum, Programmbuch Nr. 59, S. 69 f.).

Neben den Bühnenanweisungen, die die Gestik der Personen vorschreiben, findet man zahlreiche Anweisungen, die Gemütsbewegungen („nachdenkend", 38,1, „schwärmend", 44,31, „sehr ernst", 64,19, „äußerst erstaunt", 73,3) beschreiben. Schiller war der Überzeugung, dass sich der körperliche Ausdruck, also Gestik und Mimik, aus der seelischen Stimmung wie von selbst ergebe. Dies bedeutet für die Anweisungen, dass es ausreicht, die seelische Situation zu benennen. Der Schauspieler, der sich in die Gemütsbewegungen hineinversetzt, bringt dann ohne weitere Hinweise den körperlichen Ausdruck hervor.

Edle und niederträchtige Affekte und Gesten

Mit Blick auf die Charakteristik der beiden Hauptpersonen gilt zudem zu bedenken, dass Schiller davon ausging, dass es ein „bewundernswürdiges Gesetz der Weisheit [ist], daß jeder edle und wohlwollende [Affekt] den Körper verschönert, den der niederträchtige und gehässige in viehische Formen zerreißt." (SNA, Bd. 20, S. 68) Franz muss demnach hässlich sein, Karl hingegen anziehend, der Zuschauer soll unmittelbar – aufgrund der Gestik, Mimik und des Äußeren – wissen, wer der Held und wer der Widersacher ist.

Die Sprache

Kontrapunktischer Beginn des Dramas

Der erste Satz des Dramas entlarvt sogleich die grundlegende Heimtücke von Franz. Seine einfühlsame Frage (die übrigens ein vorhergehendes Gespräch nahe legt): „Aber ist Euch auch wohl, Vater.? Ihr seht so blass" scheint menschliche Anteilnahme und Sorge auszudrücken; ein liebender Sohn befragt seinen Vater nach seinem Wohlbefinden. Warum? Offensichtlich gibt es etwas, das die ganze Kraft des Vaters erfordert. Der zunächst rätselhafte Satz erweist sich später als die geheuchelte Anteilnahme und der hinterlistiger Beginn einer boshaften Falle für den alten Moor. Damit eröffnet der erste Satz ein verlogenes Spiel der Intrige, und ein Grundmotiv des Dramas klingt an: Sprache als fragwürdiges Mittel der Verständigung.

Franz: Sprache und Lüge

Dagegen scheinen Karls erste Äußerungen – sozusagen kontrapunktisch zur „liebevollen Frage" von Franz Moor – seine verächtliche Weltsicht zu enthüllen. Die ungewöhnlichen Metaphern („tintenklecksendes Säkulum", „Kastratenjahrhundert") deuten auf ein revolutionäres Pathos hin. Zugleich aber wirkt Karl in diesem Augenblick eingebildet und prahlerisch.

Karl: Pathos und die Sprache des Gefühls

Doch die andere Seele in Karls Brust wird in dem gleichen Moment verdeutlicht. Dem Pathos des Weltschmerzes steht – und damit ist eine weitere Grundstruktur des gesamten Dramas erkennbar – Karls Harmoniebedürfnis entgegen, wenn er kurze Zeit nach seinem emotionalen Ausbruch davon schwärmt, dass er seine Zukunft: „Im Schatten [...] [seiner] väterlichen Haine“ sieht, denn „in den Armen [...] [seiner] Amalia lockt [...] ein edler Vergnügen.“ (22,22 f.)

Bildhaftigkeit der Sprache

Die Bildhaftigkeit von Karls Sprache

Die ersten Äußerungen Karls überraschen den Zuschauer mit ihrer Kraft, Radikalität und mit ihrer Originalität der Bilder. Karl bedauert, dass „der hohe Lichtfunke Prometheus'“ (16,9), der den Menschen das lebensspendende Feuer gebracht hat, einem „Theaterfeuer“ aus „Bärlappenmehl“ gewichen ist. Kraftlos ist das Jahrhundert geworden, und nur noch die Illusion von Wärme und Kraft wird erzeugt. Zudem ist die Wissenschaft zum kraftlosen Spiegel eines kindischen „tintenklecksenden“ Jahrhunderts heruntergekommen. Die Wissenschaftler „krabbeln [...] wie die Ratten auf der Keule des Herkules“ herum und machen sich sinnlose Gedanken drüber, „was das für ein Ding sei, das er [Herkules] in seinen Hoden geführt hat?“ (16,13 f.)

Antithetische Bilder

Immer wieder werden antithetische Bilder gewählt, um die Erbärmlichkeit der Realität mit den heroischen Ideen Karls zu konfrontieren. Die Menschen „verrammeln [...] sich die gesunde Natur mit abgeschmackten Konventionen“ (17,16 f.). Schlimmer noch ist, dass das „Gesetz [...] zum Schneckengang verdorben [hat], was Adlerflug geworden wäre.“ (18,4 f.) Mehrfach wird diese Antithese Schneckengang und Adlerflug wiederholt.

Tiermetaphern

Karl neigt dazu, seine Metaphern der Tierwelt zu entnehmen, auch hier werden die Metaphern nicht selten antithetisch angelegt. Der Mensch, der sich wehrt, rächt und die Ungerechtigkeit bestraft, wird häufig mit einer Raubtiermetapher in Zusammenhang gebracht, während der ungerechte und zu bestrafende Mensch mit abwertenden Tiermetaphern belegt wird.

Auf- und abwertende Tiermetaphern

In dem Moment, in dem Karl seinen Vater verflucht, greift er erstmals zur abwertenden Tiermetapher, indem er alle Menschen als „falsche, heuchlerische Krokodilbrut" (29,29) charakterisiert. (Hier spielt die abergläubische Vorstellung eine Rolle, dass Krokodile [durch Krokodilstränen] Mitleid erzeugen, um Menschen anzulocken und um sie dann zu zerreißen und zu fressen.) Sarkastisch weist Karl darauf hin, dass Raubtiere ihre Jungen fürsorglich versorgten, denn „Löwen und Leoparden füttern ihre Jungen" (29,32), dagegen beklagt er, dass Menschen ein ungleich härteres Herz zeigten, denn bei ihnen werde „Blutliebe zur Verräterin" (29,35).

Karls Raubtiermetaphorik

Karl ruft sich selbst dazu auf, zum „Tiger" zu verwildern, „der sein wütendes Gebiss in Menschenfleisch haut" (30,2–8). Und schließlich wünscht er sich, „ein Bär [zu] sein" (30,9), er würde dann „die Bären des Nordlands wider dies mörderische Geschlecht anhetzen" (ebd).

Seine Reue und die Schilderung seines Elends hätten selbst eine „wilde Bestie" (30,18) vor Rührung schmelzen lassen, hingegen bleibt das „Hyänengezücht" (30,22) des Menschengeschlechts unberührt.

Dem „Adlerflug" des freiheitsliebenden Geistes steht das klägliche Leben des Menschen mit seinen kleinlichen „Bienensorgen" und „Mäusegeschäfte[n]" (78,25 f.) gegenüber.

Auch die Räuber greifen zur Tiermetapher, allerdings in der Rolle der Schlachttiere: In ihrem Räuberlied vergleichen sie ihre Opfer mit ausbrüllenden Kälbern (vgl. 104,15), die unter dem Beil zucken. Später wird Karl diesen Opfervergleich aufgreifen und umkehren, indem er – nach dem Mord an Amalia – den Räubern einredet, dass er für sie in Amalia, „einen Engel geschlachtet" (136,16) habe.

Die Tiermetaphern von Franz

Auch Franz benutzt Tiermetaphern. So greift er zum Bild des Spatzen, um zynisch das menschliche Gewissen als eine Art Vogelscheuche der Herrschenden zu entlarven, mit dem man „Sperlinge von Kirschbäumen wegzuschröcken" (14,11) sucht. Das Gewissen, das den Menschen davon abhält, zu betrügen, falsches Zeugnis abzulegen und zu morden, scheint also für Franz nur ein leblose Gestalt zu sein, die von den Herrschenden geschaffen ist, um ihre Macht und ihre Pfründe zu erhalten.

Diesen Gedanken vertieft Karl noch, wenn er anschließend das Bild des Hasen verwendet, der durch Hecken (als Bild für das menschliche Gewissen) daran gehindert wird, in die Felder der Bauern zu gelangen. Jedoch halten diese Hecken nur den Hasen zurück, hingegen gibt „der gnädige Herr […] seinem Rappen den Sporen und galoppiert weich über der […] Ernte“ (14,19–21). Die Mächtigen kümmern sich nicht um das Gewissen ihrer Untertanen, sie setzten sich darüber hinweg. Doch sie benötigen ihre Untertanen, die wie die Hasen ihre Begrenzungen einhalten. Sarkastisch beendet Franz diese Metapher: „Armer Hase! Es ist doch eine jämmerliche Rolle, der Hase sein zu müssen auf dieser Welt – Aber der gnädige Herr braucht Hasen!“ (14,22f.)

Der Hase und die Hecken der Bauern

Den Höhepunkt seiner verächtlichen Metaphorik erreicht Franz, wenn er über Liebe, Zeugung und Geburt spricht. Diese sind für ihn nicht mehr als ein „viehischer Prozess zur Stillung viehischer Begierden“ (15,17) bzw. „das Werk einer viehischen Anwandlung“ (95,1)

Obszöne und vulgäre Sprache

Allgemein fallen sowohl Franz als auch Spiegelberg durch ihre obszöne und vulgäre Sprache auf, mit der sie einerseits ihre Gefühllosigkeit und ihre Schamlosigkeit beweisen, zugleich aber auch ihre Menschenverachtung demonstrieren. So reduziert Franz die Verwandtschaft mit seinem Bruder auf die ordinäre Aussage: „Er ist aus eben dem Ofen geschossen worden, aus dem du geschossen bist“ (14,33f.). Und seinen Vater, der nicht rasch genug sterben will, bezeichnet Franz gefühllos als einen „ärgerlichen zähen Klumpen Fleisch“ (38,4). Später wird er seinen Plan, Karl zu ermorden, damit rechtfertigen, dass dies nicht mehr sei, als habe die Natur vergessen, „einen Mann mehr zu machen“ (95,11) oder als habe „der Vater […] in der Hochzeitsnacht glatten Leib bekommen“ (95,12), sei also wegen seines Durchfalls nicht in der Lage gewesen, ein Kind zu zeugen.

Menschenverachtung und Schamlosigkeit von Franz

Ekelerregend wird die Sprache von Franz, als er Amalia das angebliche Schicksal von Karl plastisch schildert: „da, da spritzt es den eitrigten, fressenden Schaum aus Stirn und Wangen und Mund und der ganzen Fläche des Leibes zum scheußlichen Aussatz hervor“ (34,14f.). Es

Ekelerregende Beschreibung von Karls angeblicher Krankheit

gelingt Franz sogar diese widerliche Schilderung noch durch seinen Zynismus zu steigern, wenn er zunächst in scheinbarer Ironie Amalia auffordert: „Geh, gaff ihn selbst an, deinen schönen, englischen [engelsgleichen] göttlichen Karl! Geh, sauge seinen balsamischen Atem ein und lass dich von den Ambrosiadüften [süß duftender Balsam] begraben, die aus seinem Rachen dampfen! Der bloße Hauch seines Mundes wird dich in jenen schwarzen todähnlichen Schwindel hauchen, der den Geruch eines berstenden Aases […] begleitet." (34,26–32)
Auch Spiegelberg fällt durch seine anstößige und ordinäre Sprache auf. Als er beispielsweise Razmann vom Überfall der Räuber auf ein Nonnenkloster erzählt, steigert er sich hinein in die schamlose Darstellung der Angst der Nonnen, etwa wenn er schildert, wie sie „in der Angst ihres Herzens die Stube so bespenzten, dass du hättest das Schwimmen drin lernen können." (54,15 f.)

Spiegelbergs obszöne Schilderung des Überfalls auf ein Kloster

Noch widerlicher und menschenverachtender schildert er seine Begegnung mit der Äbtissin: „und endlich gar die alte Schnurre, die Äbtissin, angezogen wie Eva vor dem Fall – du weißt, Bruder, dass mir auf diesem weiten Erdenrund kein Geschöpf zuwider ist als eine Spinne und ein altes Weib, und nun denk dir einmal die schwarzbraune, runzligte, zottigte Vettel vor mir herumtanzen" (54,18–22). Die derbe Sprache, die Schiller hier verwendet, deutet einerseits auf seine Freude an drastischer Darstellung hin, zugleich aber spiegelt sie wohl auch den pubertierenden Sprachgebrauch der kasernierten Karlsschüler.

Sprache des Gefühls

Nur kurz blitzt Karls gefühlsbestimmte Sprache bei seinem ersten Auftritt auf, wenn er sich an die „Schatten […] [seiner] väterlichen Haine" (22,22) erinnert und sich in Amalias Arme träumt, bevor er tief verletzt Abschied von Liebe und väterlicher Heimat nimmt. Amalia dagegen vermag ihre Liebe zu Karl auch sprachlich durchzuhalten gegen alle Widerstände, die Franz vor ihr aufbaut.

Nachahmung der Sprache des Gefühls durch Franz

Geschickt versucht Franz sogar, Amalias gefühlvolle Sprache zu imitieren, um sie für sich gefügig zu machen. So erzählt er scheinbar innerlich tief bewegt und empfindungsvoll vom Abschied von Karl: „Es war ein stiller heiterer Abend, der letzte, eh er nach Leipzig abreiste, da er mich mit sich in jene Laube nahm, wo ihr so oft zusammensaßet in Träumen der Liebe – stumm blieben wir lang – zuletzt ergriff er meine Hand und sprach leise in Tränen: Ich verlasse Amalia, ich weiß nicht – mir ahndet's, als hieß' es auf ewig" (36,13–18). Die gefühlshaften Wörter „Laube", „Träume", „leise", „Tränen" stehen in krassem Widerspruch zu der sonstigen Ausdrucksweise von Franz und ahmen die Sprache von Amalia nach.

Nachdem Amalia Franz in dieser Szene zurückgewiesen hat, sieht sie in ihrer Phantasie Karl als Bettler vor sich und äußert tief ergriffen: „Ich möchte die Lumpen, die er anhat, nicht mit dem Purpur der Gesalbten vertauschen – der Blick, mit dem er bettelt, das muss ein großer, ein königlicher Blick sein" (37,3–6).

Amalias empfindsames Liebeslied

Noch deutlicher wird Amalias Sprache der Empfindsamkeit erkennbar in dem Liebeslied, das sie im Garten singt (vgl. 74,2–21). Karl ist für sie „schön wie ein Engel", sein Blick „himmlisch mild, wie Maiensonne, / Rückgestrahlt vom blauen Spiegelmeer". „Seine Küsse" werden als „paradiesisch Fühlen" empfunden. Und die Liebe zu Karl ist für Amalia „wie zwo Flammen" und „wie Harfentöne", die „zu der himmelvollen Harmonie" spielen. Die Sprache des Gefühls verbindet sich hier – wie auch an anderen Stellen – mit einem religiösen Gefühl der Harmonie.

Als Karl zu seinem Elternhaus zurückkehrt, ergreift auch ihn eine tiefe, romantische Erinnerung an die Kindheit. „wie so köstlich wehet die Luft von meinen Heimatgebürgen! wie strömt balsamische Wonne aus euch dem armen Flüchtling entgegen! Elysium! dichterische Welt! […]. Die goldnen Maienjahre der Knabenzeit leben wieder auf" (87,8–19). In Erinnerung versunken, versucht Karl sich von seiner räuberischen Gegenwart für kurze Zeit zu befreien, um seinen Vater und Amalia aufzusuchen. In diesem Moment verfällt er wieder in die pathetische Wortwahl des überheblichen Räubers: „weg mit dir, Schwarzes, rauchendes Blut! Weg hohler, […] zuckender Todesblick" (88,12).

Karls schwärmerische Erinnerung an die Jugendzeit

In der Schlussszene gelingt es Amalia und Karl noch einmal für einen kurzen Augenblick, ihre Liebe auszusprechen, und auch hier verknüpft sich die Sprache der Liebe mit religiösem Inhalt. Amalia fällt Karl in die Arme und gesteht: „Ich kann dich Engel nicht lassen." (134,3) Zunächst ungläubig, dann schwärmerisch erregt antwortet Karl darauf: „Sie vergibt mir, sie liebt mich! Rein bin ich wie der Äther des Himmels, sie liebt mich. – Weinenden Dank dir, Erbarmer im Himmel!" (134,13–15)

Sprache der Bibel

Den Kontrast zu der menschenverachtenden Sprache, die sich auch bei den Räubern, etwa bei Schufterle, wiederfinden lässt, bildet die Verwendung der Bibelsprache, die sich mit Motiven aus der Bibel verbindet. So unterstellt Spiegelberg Karl in I,2, er wolle „doch nicht gar den verlorenen Sohn spielen" (19,7). Damit wird ein Grundmotiv des Dramas angesprochen, das auch sprachlich immer wiederkehrt.

Karls Reaktion auf die scheinbare Zurückweisung durch den Vater leitet er ein mit dem Anklang an die Bibel: „Siehe, da fällt's wie der Star von meinen Augen!", um in Umkehrung der biblischen Vorlage zu beklagen: „Ich habe keinen Vater mehr" (31,20).

Karl als Christusgestalt

Bevor Karl seinen alten Vater aus dem Turm befreit, wird Karl in die Nähe des leidenden Christus überhöht. Kurz vor Mitternacht, nachdem Schweizer den ungetreuen Spiegelberg erstochen hat, bittet Karl die Räuber ihn allein zu lassen und äußert: „Bald – bald ist alles erfüllet" (107,18). Anschließend wird dieses Bild erweitert, wenn Karl – wie Jesus am Ölberg – allein wach bleibt, während seine Räuber/Jünger einschlafen.

Das Gleichnis vom verlorenen Sohn und seine Umkehrung

Der alte Moor greift, nachdem er aus dem Turm befreit worden ist, noch einmal das Motiv des verlorenen Sohnes auf, wenn er in Umkehrung des Gleichnisses sagt: „Aber ich will ihm entgegen mit meinen Tränen [...] seine Knie will ich umfassen – rufen – laut rufen: Ich hab gesündigt im Himmel und vor dir. Ich bin nicht wert, dass du mich Vater nennst." (130,7–11) (Vgl. Lukas 15,19 f.: „Vater, ich habe mich gegen den Himmel und gegen dich versündigt. Ich bin nicht mehr wert, dein Sohn zu sein.") Dann allerdings drängt sich das Motiv von Joseph und seinem Vater stärker in den Vordergrund.

Der hervorragende Schillerkenner Koopmann geht in

diesem Zusammenhang auf die Umkehrung dieser Erzählung ein. Die Wiedererkennungsszene von Vater und Sohn führt, anders als in der biblischen Geschichte, zur Katastrophe, sie ist:

> „die stärkste Abweichung vom alttestamentarischen Vorbild, die sich denken lässt: die eigentliche Erkennungsszene tötet den alten Moor, und der Sohn wird mit dem Eingeständnis seines Räuberdaseins endgültig zum Mörder am Vater – wiederum in Verkehrung des Anfangs, als der alte Moor nur scheinbar, beim Vorlesen der Josephsgeschichte aufs höchste ergriffen, den Tod findet: auch das ein Hinweis auf die außerordentlich beziehungsreiche und wohldurchdachte Tektonik des Dramas." (Koopmann, 1976, S. 160)

Zudem weist Koopmann auf die besondere Bedeutung des Wechsels von dem Gleichnis vom verlorenen Sohn zur alttestamentarischen Erzählung von Jakob und Joseph hin:

Vom Neuen Testament zum Alten

> „Dass Schiller sich mit der Abwendung vom Gleichnis vom verlorenen Sohn und der Wendung zur Josephsgeschichte vom Neuen zum Alten Testament bewegte, will ebenfalls nicht zufällig erscheinen. Es ging [...] darum, einen religiösen Hintergrund zu finden, der nicht von der Verzeihenstheologie des Neuen Testaments geprägt war, sondern von der Härte der Unabänderlichkeit, der ehernen Folgerichtigkeit und Nachdrücklichkeit des Alten Testaments." (Ebd., S. 164)

Rhetorische Figuren

Zunächst fallen vor allem Wörter auf, die dazu dienen, die Darstellung von Gefühlen zu verstärken, Gedanken und Ereignisse eindringlicher darzustellen und die Intensität der Bühnendarstellung zu untermauern.

Wortfiguren

Mit **Emphase** verdeutlicht Karl seinen Hass auf Menschen, wenn er ausruft: „Menschen – Menschen! Falsche, heuchlerische Krokodilbrut!" (29,29) Unterstrichen wird die emphatische Ausdrucksweise durch **Worthäufung**, die antithetisch aufgebaut sind und im zweiten Teil in unvollständige Sätze (**Ellipsen**) übergehen, um die gesteigerte Erregung widerzuspiegeln: „Ihre Augen sind Wasser! Ihre Herzen sind Erzt! Küsse auf den Lippen! Schwerter im Busen!" (29,30 f.)

Emphase und Hyperbel als Ausdruck von Gefühl und Pathos

Auch Franz greift in seiner Angst und inneren Erregung zu emphatischen Formulierungen, wenn er etwa blasphemisch dem Pastor Moser gegenüber sagt: „ich hab's dir oft mit Hohnlachen beim Burgunder zugesoffen: es ist kein Gott!" (123,9 f.)
In gleicher Weise dienen **Hyperbeln** (Übertreibungen) dazu, das Pathos der handelnden und leidenden Figuren auszudrücken: „Oh ich möchte den Ozean vergiften, dass sie den Tod aus allen Quellen saufen!" (30,11 f.) ruft Karl in tiefer Enttäuschung über die Zurückweisung durch seinen Vater aus. In einer weiteren übertriebenen Aussage glaubt er, dass beim Lesen seines Briefes sogar „die wilde Bestie [...] in Mitleid zerschmolzen [wäre]. Steine hätten Tränen vergossen" (30,17 f.).

Satzfiguren

Karls tiefe seelische Verletzung wird immer wieder in rhetorischen Figuren verdeutlicht. Nicht selten wird die Form der Steigerungen (**Klimax**) verwendet, die mit dem Mittel der Worthäufung (**Akkumulation**) oder Reihung verknüpft wird: „wer mir sagte, wo ich das Herz ihres Lebens erzielen, zermalmen, zernichten – er sei mein Freund, mein Engel, mein Gott" (30,31 f.).

Worthäufung und Reihung mit Steigerung

In gleicher Weise drückt auch Spiegelberg seine Emotionen aus, wenn er beispielsweise versucht, seine Kumpanen davon zu überzeugen, mit ihm eine Räuberbande zu gründen: „Zu Helden, sag ich dir, zu Freiherrn, zu Fürsten, zu Göttern wird's euch machen!" (24,25 f.) Und: „Hasen, Krüppel, lahme Hunde seid ihr alle, wenn ihr das Herz nicht habt, etwas Großes zu wagen." (24,16 f.) Um die Wirkung dieser Steigerungen noch zu vergrößern, setzt Schiller häufig die Äußerungen unverbunden nebeneinander (**Asyndeton**) und nutzt dabei sehr häufig eine dreifache Steigerung.

Expressive Darstellung

Besonders expressiv klingen die Monologe von Franz. Hauptsächlich sind es die Ellipsen, die Erregung, Hass und Angst widerspiegeln sollen, die diesen Eindruck von expressiver Dynamik erzeugen. In tiefen Gedanken verharrt Franz beispielsweise vor dem Bild seines Bruders und plötzlich erkennt er, wer der fremde Graf ist: „Sein langer Gänsehals – seine schwarzen, feuerwerfenden Augen, hm! hm! – sein finsteres, überhangendes, buschigtes Augenbraun – [...] schadenfrohe Hölle!" (90,15 f.)
Aber auch kurze, atemlose, abgehackte Sätze verdeutlichen die Erregung der Personen. Kurz vor seinem

Selbstmord muss Franz erkennen, dass es für ihn keine Rettung mehr gibt: „In die Hölle, wolltest du sagen? – Wirklich! Ich wittere so etwas – wahnsinnig. Sind das ihre hellen Triller? Hör ich euch zischen, ihr Nattern des Abgrunds? – Sie dringen herauf – belagern die Türe“ (128,27–30).

Elliptischer Satzbau: Typisches Stilmittel des „Sturm und Drang“

Auch in den Erzählungen der Räuber fallen immer wieder hektische und expressive Passagen auf. In ihrer Beschreibung des Überfalls auf die Stadt steigern sich Schweizer und Roller in ihrer aufgeregten, atemlosen Darstellung: Schweizer versucht das Chaos in der Stadt einzufangen, indem er elliptische Sätze, Ausrufe, abgebrochene Gedanken vorträgt: „Wir indes Gasse auf, Gasse nieder, wie Furien – Feuerjo! Feuerjo! Durch die ganze Stadt – Geheul – Geschrei – Gepolter – fangen an die Brandglocken zu brummen, knallt der Pulverturm in die Luft“ (62,13–16).

Auch Roller ist bemüht, den Überfall aus seiner Sicht plastisch darzustellen, doch greift er zu Satzreihen, die so komponiert sind, dass auch die zeitliche Abfolge der Geschehnisse erkennbar ist: „da lag die Stadt wie Gomorrha und Sodom, der ganze Horizont war Feuer, Schwefel und Rauch, vierzig Gebürge brüllen den infernalischen Schwank in die Rund herum nach, ein panischer Schreck schmeißt alle zu Boden – itzt nutz ich den Zeitpunkt, und risch, wie der Wind! – ich war losgebunden“ (62,19–24).

Die Rezeptionsgeschichte

Erste Rezensionen

Die erste zeitgenössische Rezension des Dramas „Die Räuber“ dürfte von Schillers Mitschüler und späterem Schwager Wilhelm von Wolzogen stammen, der am 28. April 1781 (also offensichtlich nach der Auslieferung des Erstdrucks) in seinem Tagebuch vermerkte:

Die erste „Rezension“ von Schillers Mitschüler W. von Wolzogen vom 28. 4.1781

„Es ist einer [Schiller] von der medicinischen Abteilung den letzten JahresTag aus der Akademie kommen und als Regiments Doktor bey dem Regiment Oge vorsorgt worden, von dem hab ich heute ein Schauspiel gelesen. Man sieht sein junges, feuriges, ungebildetes Genie ganz und gar darinn; er kann noch einer von den schönen Geistern Deutschlands werden, wenn er es nicht schon ist. Sie haben gewiß noch kein Stük von einem Deutschen gelesen, daß so nach der Art des vergötterten Scheakspears [sic!] ist als dieses, nur schade, daß einiges unanständige Zeug in einigen Scenen komt, allemal gut angebracht zwar, aber doch immer unanständig.“ (Zit. nach: Grawe, S. 128)

Wie sensibel Wilhelm von Wolzogen auf Schillers Drama reagiert hat, zeigt die erste offizielle Rezension, die gleichfalls die Nähe zu Shakespeare anspricht. Sie wurde zur 1. Auflage des Buches „Die Räuber. Ein Schauspiel“ am 24. Juli 1781 in der „Erfurtischen Gelehrten Zeitung“ veröffentlicht. Der Verfasser, C. F. Thimme, äußert sich zunächst positiv über die jugendliche Dynamik des Autors, macht allerdings schon im Hinblick auf die Sprache einige Einschränkungen:

Thimme: Schiller – ein neuer Shakespeare?

„Volle blühende Sprache, Feuer im Ausdruck und Wortfügung, rascher Ideengang, küne fortreisende Fantasie, einige hingeworfene, nicht genug überdachte Ausdrüke, poetische Deklamazionen, und eine Neigung nicht gern einen glänzenden Gedanken zu unterdrücken, [...]. Alles das karakterisirt den Verfasser als einen jungen Mann, der bei raschem Kreislauf des Bluts und einer fortreisenden Einbildungskraft, ein warmes Herz voll Gefül

> und Drang für eine gute Sache hat. Haben wir je einen teutschen Shakespeare zu erwarten, so ist es dieser."
> (Zit. nach: Grawe, S. 174)

Doch das Lob, ein deutscher Shakespeare werden zu können, wird sofort wieder eingeschränkt, indem Thimme darauf hinweist, dass Schiller die Einheiten des Aristoteles missachtet. Hier wird ein Widerspruch deutlich, der beweist, dass zwar die Dynamik der Dramen von Shakespeare und die Kraft seiner Sprache bewundert werden, dass aber das Abweichen von der traditionellen Grundstruktur (Einheit des Ortes, der Zeit und der Handlung) eher kritisch gesehen wird:

Kritik an der Missachtung der aristotelischen Einheiten

> „Die Regeln des Arist. [Aristoteles] sind keine Grillen eines müsigen Kunstrichters, sie sind von den besten Stüken des Altertums abgezogen, und in der Natur der Sache, in der Natur unserer Empfindungen gegründet. […] Allein die Zumutung, in drey Stunden mit meinem Helden einen Zeitraum von Jahren zu durchlaufen, […] Städte zu durchwandern, und auf dem Zaubermantel der Fantasie im Hui über Länder zu fliegen […] Ich weis es wol, daß es zum beliebten Scheniewesen gehört, auf Regeln aus Schulgeschwätz zu schimpfen." (Zit. nach: Grawe, S. 175)

Jedoch hofft der Rezensent, dass Schiller sich noch mit „Aristoteles [...] aussönen, und […] Meisterwerke der Kunst liefern wird." (Ebd.) Besonders würdigt der Thimme die Bearbeitung der Charaktere, die „meisterhaft geschildert, kün angelegt, und treu ausgeführt" (ebd.) sind. Allerdings kritisiert er die Darstellung Amalias; zwar sei sie „sehr schön" getroffen, doch sollte „eine solche Hauptperson […] mehr ausgezeichnet, mehr in das hellste Licht gestellt, von mehreren Seiten gezeigt werden" (ebd., S. 176). Dabei sei es nicht schwer, sie deutlicher in den Vordergrund zu stellen, denn man könne zugunsten Amalias auf die meisten Räuber verzichten. „Wozu die ganze Rotte? Zu nichts, als das ganze Stük hier und da langweilig zu machen, und einige sehr widrige Szenen aufzuführen. […] Spiegelbergs Erzählungen sind nicht nur überflüssig und langweilig, sondern auch ekelhaft." (Ebd.) Überhaupt kritisiert der Rezensent die vielen Erzählpassagen des Dramas, das „Räubergeschwäz [ist] ekelhaft. Spiegelbergs Erzälung hat keine Verbindung

Vorschlag des Verzichts auf die Räuberbande zugunsten von Amalia

Kritik an den Erzählpassagen des Dramas

mit dem Stük, und die Geschichte mit dem Kloster ist zu schändlich. [...] Das Räuberlied in der fünften Szene [...] und ein Teil ihrer Unterhaltung hätte wol wegbleiben können." (Ebd., S. 178) Dafür begeistert sich der Rezensent für den Monolog von Franz (IV,2; vgl. 94,24–95,25). Er ist für ihn so „schön, wo nicht schöner noch als, Hamlets berühmter Monolog vom Sein und Nichtsein." (Ebd).

Vergleich des Monologs von Franz in IV,2 mit dem berühmtesten Monolog von Hamlet

Thimmes Rezension blieb allerdings die einzige umfangreichere Besprechung der 1. Auflage des Buches – ein Hinweis darauf, dass die Buchausgabe auf wenig Interesse stieß. Im Gegensatz dazu war die Wirksamkeit auf der Bühne deutlich höher, die Uraufführung war, wenn man den Augenzeugen trauen darf, sogar eine Theatersensation.

Geringer Widerhall der Buchausgabe

Die Uraufführung

Zur Erstaufführung am 13. Januar 1782 in Mannheim wandte Schiller sich mit einem Theaterzettel an das Publikum. In einer Art Selbstrezension suchte er das Drama, vor allem aber seine Hauptperson Karl vor negativer Beurteilung zu bewahren. Karl sei mit allen positiven Eigenschaften ausgestattet, doch seine Emotionalität und der Umgang mit schlechter Gesellschaft seien Ursache seiner negativen Entwicklung:

Schillers eigener „Theaterzettel" zur Uraufführung

> „Die Räuber – das Gemählde einer verirrten grosen Sele, ausgerüstet mit allen Gaben zum Fürtrefflichen, und mit allen Gaben – verloren – zügelloses Feuer und schlechte Kameradschaft verdarben sein Herz, rissen ihn von Laster zu Laster, bis er zuletzt an der Spitze einer Mordbrennerbande stand, [...] von Abgrund zu Abgrund stürzte, in alle Tiefen der Verzweiflung – doch erhaben und ehrwürdig, gros und majestätisch im Unglück und durch Unglück gebessert, rückgeführt zum Fürtrefflichen [...] einen solchen Mann wird man im Räuber Moor beweinen und hassen, verabscheuen und lieben." (Zit. nach: Grawe, S. 149 f.)

Abschließend geht Schiller auf die beabsichtigte Wirkung seines Theaterstücks ein:

> „Der Jüngling sehe mit Schrecken dem Ende der zügellosen Ausschweifung nach, und der Mann gehe nicht ohne den Unterricht [d. h. ohne die Erkenntnis; Anm. des Verf.] von dem Schauspiel, daß die unsichtbare Hand der Vorsicht [Vorsehung], auch den Bösewicht zu Werkzeugen ihrer Absicht und Gerichte brauche, und den verworrensten Knoten des Geschicks zum Erstaunen auflösen könne.“ (Ebd., S. 150)

Schillers Hinweis auf die Zielsetzung des Dramas

Schiller besuchte die Uraufführung ohne die Genehmigung des Herzogs. Er war sich darüber im Klaren, dass dieser Besuch als Ungehorsam geahndet werden konnte. Zwar hatte Schwan Schiller eingeladen, aber hinzugefügt, „wenn er irgend abkommen könne, [solle er] der Vorstellung persönlich beywohnen.“ (Ebd., S. 141) Tatsächlich kam Schiller in Begleitung seines Freundes Petersen, „heimlich, ohne Erlaubniß des Herzogs abgereiset, in der Hoffnung, daß seine Abwesenheit durch die Vorkehrung, die er getroffen, verschwiegen bleiben werde. Man räumte ihm eine eigene Loge ein, wo er unbemerkt und unerkannt sehen und fühlen könne, was sein Stück auf der Bühne für Wirkung thue. Da er aber die Unvorsichtigkeit begangen, bey seiner Ankunft seinen Namen am Thore anzugeben, so ward es gleich in der ganzen Stadt bekannt, Schiller, der Verfasser der Räuber sey selbst da.“ (Schwan, zit. nach: Grawe, S. 141 f.)

Schillers heimliche Teilnahme an der Uraufführung

Es muss für den jungen Autor ein überwältigender Erfolg gewesen sein. Fünf Stunden hatte die Uraufführung gedauert und ein Augenzeuge berichtet von der Reaktion des Publikums:

> „Das Theater glich einem Irrenhaus, rollende Augen, geballte Fäuste, stampfende Füße, heisere Aufschreie im Zuschauerraum! Fremde Menschen fielen einander schluchzend in die Arme, Frauen wankten, einer Ohnmacht nahe, zur Thüre. Es war eine Auflösung wie im Chaos, aus deßen Nebeln eine neue Schöpfung hervorbricht.“ (Anton Pichler, *Chronik des Großherzoglichen Hof- und National-Theaters in Mannheim*, Mannheim 1879, S. 67 f.; zit. nach: Grawe, S. 144)

Sensationeller Erfolg der Uraufführung

Diese sensationelle Wirkung seines ersten Theaterstücks mag Schiller bestärkt haben, seinen Lebensweg nicht darin zu sehen, als abhängiger und drittklassiger Regimentsarzt zu arbeiten. Selbstbewusst schrieb er an den

Theaterdirektor Dahlberg: „Ich glaube, wenn Deutschland einst einen dramatischen Dichter in mir findet, so muß ich die Epochen [d. h. den Zeitpunkt] von der vorigen Woche [an] zählen." (Zit. nach: Safranski, 2004, S. 134) Am 15. Januar schrieb Schiller anonym eine Besprechung der Uraufführung seines eigenen Dramas „Die Räuber". Zunächst geht er auf die Umformung des Dramas durch Dahlberg ein und äußert sich dann zu den Schauspielern. Besonders Iffland, der den Franz spielte, gefiel Schiller ausgezeichnet. „Sie hätten ihn sollen sehn auf den Knieen liegen und beten, als um ihn schon die Gemächer des Schosses brannten –." (Zit. nach: Grawe, S. 171) Abschließend geht Schiller mit seinem Drama streng ins Gericht. Er kritisiert den Aufbau, den Handlungsablauf und die Stofffülle: „Dieses Stück ist [...] kein Theaterstück. Nehme ich das Schießen, Sengen, Brennen, Stechen und dergleichen hinweg, so ist es für die Bühne ermüdend und schwer. Ich hätte dem Verfasser [...] gewünscht, er würde viel ausgestrichen haben [...] Man hätte drei Theaterstücke daraus machen können, und jedes hätte mehr Wirkung getan." (Ebd.) Trotz dieser Selbstkritik fühlt Schiller sich berufen, als Dramatiker zu wirken.

Schillers anonyme Selbstkritik: „ein überfrachtetes Drama"

Umso enttäuschender muss ihn die Mitteilung getroffen haben, dass der Herzog von ihm verlangte, noch eine weitere Dissertation anzufertigen, damit ihm ein Doktorrang verliehen werden könnte, der auch von anderen Universitäten anerkannt würde. Schiller sah seine schriftstellerische Zukunft gefährdet. Der Briefwechsel mit dem Theaterdirektor Dahlberg beweist, dass Schiller hoffte, dass Dahlberg sich für ihn beim Herzog verwenden werde, doch Dahlberg blieb zögerlich.

Gefährdung der schriftstellerischen Laufbahn durch den Herzog

Hoffnung auf die Unterstützung des Theaterdirektors Dahlberg

Noch einmal wagte Schiller es, zu einer weiteren Aufführung nach Mannheim zu fahren, doch die Aufführung fiel ins Wasser, da einige Schauspieler in Urlaub waren. Dennoch glaubte Schiller, dass sein Besuch ein Erfolg gewesen sei, denn er kehrte mit der mündlichen Zusage Dahlbergs zurück, eine Anstellung am Mannheimer Theater zu erhalten. Durch Indiskretion erfuhr diesmal der Herzog von Schillers Ungehorsam. Die unerlaubte Entfernung von seinem Arbeitsplatz war schon ein erhebliches Dienstvergehen, doch dass Schiller ins „Ausland" gereist war, erfüllte fast den Strafbestand der

Desertation. Schiller erhielt 14 Tage Haft und das Verbot, ins „Ausland" zu reisen. Noch ärgerlicher waren dann für den Herzog Beschwerden aus dem Ausland über die diffamierende Äußerung in Schillers Drama „Die Räuber" über Graubünden: „[…] zu einem Spitzbuben will's Grütz – auch gehört darzu ein eigenes Nationalgenie, ein gewisses, dass ich so sage, Spitzbubenklima, und da rat ich dir, reis du ins Graubünder Land, das ist das Athen der heutigen Gauner." (55,11–14) Schiller hatte mit diesem Ausspruch jedoch keineswegs die Region, sondern einen Aufseher an der Karlsschule, der aus Graubünden stammte, treffen wollen.

Politische Verwicklungen wegen Schillers Äußerungen über Graubünden in II,3

Verärgert über die politischen Verwicklungen verbot der Herzog nun Schiller jegliche nicht-medizinische Schriftstellerei, einen Brief Schillers nahm er nicht an. Diese Situation ließ in Schiller den Gedanken an Flucht reifen, am 23. September 1782 verlässt er mit seinem Freund Streicher die Heimat, um nach Mannheim zu fliehen (vgl. Materialien, S. 158 – Burschell, „Schillers Flucht").

Schreibverbot für Schiller

Schillers Flucht 1782

Im Spätherbst 1784 kommt Schiller noch einmal auf sein Drama „Die Räuber" zurück, indem er leidenschaftlich ausführt: „Ich schreibe als Weltbürger, der keinem Fürsten dient. Frühe verlor ich mein Vaterland, um es gegen die große Welt auszutauschen, die ich nur eben durch die Fernröhre kannte." Und Schiller beklagt, dass ihn „die Räuber […] Familie und Vaterland" (Werke, Bd. 5, S. 856) gekostet hätten.

Der Uraufführung in Mannheim folgten in rascher Folge sehr erfolgreiche Aufführungen in Hamburg, Mainz und Frankfurt. In Berlin erschien eine völlig verunstaltete Fassung, die auch in Stuttgart 1784 vom Herzog erlaubte wurde. Der Theaterdichter Plümicke machte aus Franz Moor den Halbbruder von Karl. Ein Verbrecher wie Franz durfte auf keinen Fall der rechtmäßige Grafenerbe sein. Dabei war es gleichgültig, dass die verstorbene Gräfin Ehebruch begangen haben musste.

Verunstaltete und zensierte Fassungen der „Räuber"

Begeistert wurde das Drama während der Revolutionszeit in Frankreich gefeiert – sehr zum Ärgernis Schillers, der die Französische Revolution ablehnte. Schiller erhielt sogar 1792, nicht zuletzt wegen des Dramas „Die Räuber", das französische Bürgerrecht. Da dieses Dokument ihn allerdings erst 1798 erreichte, war es nicht mehr notwendig, das Bürgerrecht zurückzuweisen.

Zuerkennung des französischen Bürgerrechts aufgrund des Dramas „Die Räuber" im Jahr 1792

„Die Räuber" im 20. Jahrhundert

Piscators Inszenierung als Drama einer Revolution (1926)

Nur wenige Dramen des 20. Jahrhunderts haben namhafte Regisseure und Schauspieler so gereizt wie Schillers „Räuber", das Theaterstück zu interpretieren und zu aktualisieren. 1926 fand eine der bedeutendsten Aufführung des Dramas in Berlin unter der Regie von Erwin Piscator (1893–1966, bedeutender Regisseur, bekannt vor allem durch seine expressionistischen Inszenierungen in Berlin) statt. Piscator inszenierte das Drama als revolutionäres Theaterstück. Zunächst wurde es aktualisiert und in die Zeit nach dem Ersten Weltkrieg projiziert. Spiegelberg wurde zum Revolutionär aus Überzeugung und trat als kommunistischer Agitator in der Maske Trotzkis auf, mit Spitzbärtchen, Nickelbrille und der kommunistischen Zeitung „Rote Fahne". Karl Moor, in Reitstiefeln und Sakko, wurde in den ersten beiden Akten zurückgedrängt. Die Räuber verkörperten das Proletariat der zwanziger Jahre, sie trugen alte Uniformteile und die Kleidung des Proletariats dieser Zeit: Schiebermützen, offene Hemden, z.T. Lederjacken. Um seine revolutionäre Deutung des Dramas umsetzen zu können, nahm Piscator erhebliche Textveränderungen in Kauf.
Sarkastisch endet entsprechend ein Veriss dieser Inszenierung durch den damals sehr bekannten Schriftsteller Karl Kraus: *„An den „Räubern", zu deren Schutz immerhin kulturelle Pietät dem Gelüste zu wehren hätte, ist eine Arbeit verrichtet worden, die dem Erneuerer weniger den Vorwurf einträgt, daß er Schiller verkürzt, als daß er dessen Namen stehen gelassen hat: keinem Hörer wäre es eingefallen, ein Plagiat zu vermuten."* (1927; zit. nach: Grawe, S. 198) Die vernichtende Kritik und Proteste im Preußischen Landtag führten schließlich dazu, dass die „Berliner Volksbühne" die Inszenierung absetzte.

Die Inszenierung von Gründgens in Berlin (1944)

Im bombardierten Berlin inszenierte Gründgens noch 1944 Schillers „Räuber", er selbst spielte – im historisierenden Kostüm – den Franz. Premiere war der 24. Juni 1944, kurz vor Schließung aller Theater in Berlin.
Es ist aufschlussreich, wie die offizielle politische Seite das Drama deutete. Der Brief des Reichstagsabgeordneten Fabricius an Gustav Gründgens zeigt die einseitige Perspektive, zugleich verrät er aber auch etwas von der politischen Haltung des Generalintendanten Gründgens,

der sehr bewusst die Figur Spiegelbergs nicht in nationalsozialistischer Sicht auf die Bühne gebracht hatte:

Antisemitische Deutung Spiegelbergs

> „Am 14. Juli sah ich im Schauspielhaus am Gendarmenmarkt Ihre packende Inszenierung von Schillers „Räubern".
> [...] Bedauert hat ich nur, daß aus der Rolle des Spiegelberg – ich glaube mit Ausnahme der Zitierung des Josephus – alle Stellen gestrichen waren, in denen Schiller auf die jüdische Rasse Spiegelbergs anspielt.
> In den Räuberbanden des 18. Jahrhunderts spielten ja, wie historisch feststeht, Juden eine bedeutende Rolle. Darum lag es nahe, daß auch der junge Schiller wenigstens einen von seinen Räubern als Juden zeichnete. Interessanter Weise wählte er hierzu die verderbliche Gestalt, die es in raffinierter Weise fertig bringt, junge deutsche Studenten unter Ausnutzung und Irreführung ihrer idealistischen Gesinnung zur Gründung einer Räuberbande zu überreden.
> Den Charakter dieses jüdischen Gauners hat Schiller überaus rasseecht dargestellt. [...]
> Das deutsche Theaterpublikum hat m. E. ein Anrecht darauf, daß eine politisch so hoch interessante und hoch aktuelle Angelegenheit bei einer Schiller-Aufführung im 5. Jahr unseres Krieges gegen das Weltjudentum nicht einfach unter den Tisch fällt. Ich suche vergebens nach Gründen, warum dies dennoch geschieht [...]."
>
> Heil Hitler!
> gez. Dr. Fabricius
> Reichstag Abgeordneter
> (Zit. nach: Grawe, S. 200)

Das Regietheater der 1960er- und 70er-Jahre

Regietheater = Loslösung von der sogenannten Werktreue

Merkmale:
- Die Deutung des Regisseurs tritt in den Vordergrund
- Zuspitzung und Polarisierung der Interpretation

1966 knüpfte einer der bedeutenden Theaterregisseure der Gegenwart, Peter Zadek, an Piscators Regietheater an. Wie Piscator spitzt auch Zadek seine Inszenierung auf eine sehr individuelle Deutung zu. Die Aufmerksamkeit wird stärker auf die persönliche Interpretation gerichtet als auf das Werk selbst.
Auch Zadek aktualisierte das Drama optisch und verlagerte die Intention der handelnden Personen. Seine Inszenierung zusammen mit dem Bühnenbildner Minsk

Zadeks Inszenierung (1966) – Pop Art im Bühnenbild (Roy Lichtenstein)

bestach zunächst durch das Bühnenbild: einer überdimensionalen Vergrößerung eines Pop-Art-Werkes von Roy Lichtenstein (vgl. Materialien, S. 189), vor dem die Schauspieler wie winzige Figuren agierten. Das stark gerasterte Bild zeigt einen Mann, der mit einer Waffe, die er gerade abfeuert, in die Richtung des Publikums schießt. Die Gesichtszüge des Mannes ließen Assoziationen an den Vietnamkrieg zu, in den ein Jahr zuvor die USA mit Truppenkontingenten eingegriffen hatte.
Zwar transportierte das Bühnenbild einen politischen Akzent, doch wurde dieser sogleich durch die Nähe zu einem Comic-Strip aufgehoben. Schillers Figuren dürfen dabei in einer in sich geschlossenen Welt des Künstlichen agieren, jedoch so übertrieben, wie Comic-Figuren handeln. Zadek erläuterte im Programmheft seine Absicht:

Die Räuber – Comic-Helden ohne politische Sprengkraft

> „Was haben Comic-Strip und Grotesken mit Schillers ‚Räubern' zu tun? In dieser Inszenierung wird die Frage aus der Phantasie und aus dem Geschmack beantwortet. Schillers Personen sind nicht immer auch Menschen. Sie sind Kolosse, ungeheure Übertreibung, Pointen; und ihre Sprache in diesem Stück ist keine realistische Sprache, sondern eine extreme Ansprache, eine oft kraftstrotzende, bisweilen auch nur kraftmeierische, fast immer überhitzte Sprache, die mit ungeheurer Dynamik auf uns einhämmert, ein rhythmisches Maschinengewehr. […] Wir haben in dieser Inszenierung den Versuch gemacht, eine Bühnenwelt aufzubauen, die, obwohl sie nicht die erkennbare Spiegelung einer Alltagswirklichkeit ist, trotzdem eine in sich geschlossene, stimmige Welt ist. In ihr können die Kolosse und Ungeheuer, die Bösewichter und Schwärmer, die Leidenschaftlichen und Wüteriche Schillers einkehren. In unserer Zeit sind sie nicht zuhause, aber hier haben sie einen Spielplatz."
> (Zit. nach: Materialien, S. 188)

Zadek wollte das Pathos und die Theatralik der beginnenden Jugendrevolte der 60er-Jahre entlarven: Die Schwärmer, die Leidenschaftlichen, die Wütenden dürfen in einem eng abgesteckten Raum auftreten, aber sie richten kein Unheil an, weil sie ihre kontrollierte Spielfläche haben. Der jugendlichen Protestbewegung fehlt die Ernsthaftigkeit. Dabei zeigt das Bühnenbild die Gewalt und die tödliche Macht der Waffen. Aber die Ästhetisierung der Gewalt durch das Comic-Element der Inszenierung verniedlicht die Gewalt.

Peymanns Entlarvung des Pathos – Die kindlich-kindische Räuberbande tobt im Herbstlaub (1975)

Noch deutlicher hat Peymann 1975 das Pathos der „Räuber" entlarvt. Er wählt Schillers Jugenddrama, um auf das Pathos der „Studentenunruhen" anzuspielen, und enthüllt den Protest als vordergründigen, kindlichen, der ins Dekorative der Hippiebewegung abgerutscht ist. Das 270-seitige Programmbuch, das zugleich den Arbeitsprozess der Inszenierung mit Dokumenten, Bildern und tagebuchähnlichen Eintragungen widerspiegelt, gibt einen Einblick in die Entwicklung der Inszenierung. Es verdeutlicht ein weiteres Element des Regietheaters der 60er- und 70er-Jahre: die Arbeit im Kollektiv. Schauspieler, an der Aufführung beteiligte Mitwirkende und das Regieteam erarbeiten eine Interpretation, die für die jeweilige Zeit gültig sein soll.

> „2. Januar: Rudi Dutschke zu einem Referat über ‚Räuber' eingeladen; er sagt ab." („Die Räuber", 1984, S. 44)

Einblicke in die Entstehung von Peymanns Inszenierung

> „25. bis 29. Juli: Peymann, Freyer und Beil treffen sich am Zürcher See in Uetikon. Gespräche über ‚Räuber'. Ein Ergebnis: eine aktuelle Anarchismusdebatte kann mit den „Räubern" nicht geführt werden." (Ebd., S. 58)

> „Bekleidung der Räuber: [...] 1 Nackter, einer mit Zylinder, einer mit langem Bart [...], andere dekoriert mit Reifen, mittelalterlichen Brustpanzern und Frauenkleidern. Spiegelberg-Räuber mit Fahrradketten und Maschinenpistolen bewaffnet. Spiegelberg hat ein zusammengeknotetes Taschentuch auf dem Kopf.
> Franz in einem rosa enganliegenden Anzug, der ihm ein bisschen zu klein ist.
> [...] Auftritt Pater mit einem riesigen Mantel, darunter von zwei Männern getragen. Der Mantel wird nachher heruntergerissen." (Ebd., S. 260)

Das Programmheft zeigt weiterhin Bilder von Motorrad fahrenden Hippies, von salutierenden Jungen in kindlichen militärischen Uniformen mit Holzschwertern und Papierhelmen, von Jungen, die Purzelbaum schießen, und von männlichen Jugendlichen, die James Dean nachahmen.

Claus Peymann signalisiert also einerseits, dass es notwendig wäre, eine Debatte zu führen über politische

Entwicklungen, dass aber das Drama „Die Räuber“ keineswegs dazu geeignet ist. Vielmehr sind die Räuber eine harmlose, naive Räuberbande, die kindisch auf die Bühne voller Laub stürmt und im Laub – als Symbol des Vergangenen, Verstaubten, nicht mehr Lebendigen – herumtobt. Man hätte erwartet, dass gerade Peymann als politisch engagierter Regisseur die „Räuber“ wesentlich politischer inszeniert hätte in einer Zeit, in der Terroristen der „Roten Armee Fraktion“ Entführungen, Überfälle und Morde begehen. Doch Peymann spricht den „Räubern“ jegliche revolutionäre Bedeutung ab:

Peymanns Räuber „heben keine Welt aus den Angeln“

> „Die Räuberbande dieser Inszenierung spielt, raschelt darin herum wie Kinder in einem Herbstwald. Wie Kinder? Diese Räuber sind Kinder, lauter kleine Easy-Riders, angezogen wie Hippies, ihr Protest drückt im Kostüm sich aus, ist Kostüm, Maskerade. Sie haben selbstgebaute Blasinstrumente, Schellen, Trommeln. Einer trägt eine große, schwarze Fahne, die Fahne der Anarchie, aber an dem Haufen ist nichts Entschiedenes und nichts Gefährliches – eher etwas arm Trauriges. Die heben keine Welt aus den Angeln, können das nicht einmal denken, der weite Bühnenraum, in den sie entlassen sind, verkleinert diese Bösewichte, schluckt ihre Taten weg, schon im Stadium der Planung.“ (Peter Iden, „Kinderspiele im Laub“, in: *Frankfurter Rundschau*, 28. Januar 1975; zit. nach: Materialien, S. 190)

Entmystifizierung der „Räuber“ im Hamburger Schauspielhaus durch Wendt (1983)

1983 setzt sich in der Inszenierung von Ernst Wendt im Hamburger Schauspielhaus die Entmystifizierung der „Räuber“ fort. Karl hat alles Heldische hinter sich gelassen, er ist ein selbstverliebter Student, der mit unnatürlichem Gang und nervöser Gestik seine Heldenpose einnimmt. Der Regisseur entlarvt seinen Helden als Herrensöhnchen, das als „Räuberhauptmann etwas anmaßend Unwirkliches“ zeigt, er spielt die Rolle

Karl: ein überheblicher, selbstverliebter „missratener Rebell“

> „primadonnenhaft, gelegentlich zänkisch und giftig über seine Bande herfahrend, […] ein Duodezfürst en miniature. […] Danach spielt er wieder Rollen durch, jeder Zoll eine missratener Held, auf dem Feld der Rebellion wie auf dem der Liebe; verkleidet stiehlt er sich zur Geliebten und verführt sie zu einem Bekenntnis ewiger Treue., das er incognito einschlürft, entzückt sich in einem Spiegel beschauend, auf dünnen Beinen … tänzelnd, nachdem er Amalia […] ins Jenseits befördert

Prüfungsaufgaben und Lösungen

I Analyse und Erörterung nicht-fiktionaler Texte

Schwerpunkt: Analyse

Herbert Ihering, „Über die Inszenierung der ‚Räuber' 1926 durch Piscator"

„Wenn der Vorhang aufgeht, vernimmt man nicht: ‚Aber ist Euch auch wohl, Vater?', wenn er niedergeht nicht: ‚Dem Mann kann geholfen werden!' Alles Private ist in dieser Aufführung gestrichen. Alles Politisch-Dokumentarische betont.
Erwin Piscator gibt die ‚Räuber' also nicht, als ob sie eine erfundene, gedichtete Handlung hätten, sondern als ob sie ein tatsächliches Revolutionsereignis darstellten. Er nimmt dem Stück die Fabel und gibt ihm Sachlichkeit. Man hat hier im Grunde nicht die Inszenierung eines Klassikers, kein Regieproblem vor sich, sondern die Aufführung eines neuen Revolutionsstückes nach den ‚Räubern', weil moderne Revolutionsstücke fehlen. Die Aufführung packt unmittelbar. Sie weist nicht Wege der Schiller-Regie, sondern Wege einer möglichen Dramengattung: des dokumentarischen Zeitstücks. […]
Als Piscator in den beiden ersten Akten der ‚Räuber' den Revolutionär aus privatem Sentiment, Karl Moor, zugunsten des systematischen Revolutionärs, des Revolutionärs aus Gesinnung, Spiegelberg, abschwächte, war es unausbleiblich, daß die drei letzten Akte, in denen das Privatschicksal Karl Moors vorherrscht, nachlassen mußten. Im ersten Teil fast allein die herrliche Revolution der Masse – im zweiten Teil mußte die ideologische Romantik Karl Moors nur noch mehr auffallen. Striche, zu denen Piscator vom Standpunkt des Gegenwartsstückes berechtigt war, treiben den Widerspruch bei Schiller erst recht heraus."

Zusatzinformationen:
Erwin Piscator (1893–1966) war einer der wichtigsten Regisseure des 20. Jahrhunderts und bedeutender Vertreter des politischen Theaters. Trat 1919 in die Kommunistische Partei Deutschlands ein, gründete und leitete 1920/21 das erste „Proletarische Theater" in Berlin. Auf P. gehen viele bühnentechnische Neuerungen zurück (Bildprojektionen, Filmeinsatz, Simultanbühne), die Brecht theoretisch aufarbeitete. Im Rückblick auf die Inszenierung der „Räuber" hat er darauf hingewiesen, dass ihm Karl „unsympathisch" gewesen sei. „Hinter seinen pathetischen Freiheitsreden [seien] zu sehr die zynischen Phrasen der heraufkommenden Nazis verborgen" gewesen. Zudem habe er als Kommunist 1926 die „Räuber"in die Aktualität der revolutionären Situation gestellt, d.h. das Stück sollte ein „Aufruf zur Aktion, zur Durchführung und Erhaltung der revolutionären Sache" sein. Spiegelberg sei dabei die Hauptfigur gewesen. Er ähnelte in seinem Äußeren in dieser Aufführung dem russischen Revolutionär Trotzkij.

Aufgabenstellung:

1. Arbeiten Sie die Kernaussagen der Theaterkritik heraus und analysieren Sie ihre Struktur und sprachliche Gestaltung.
2. Setzen Sie sich mit der These Iherings auseinander: „Alles Private ist in dieser Aufführung gestrichen. Alles Politisch-Dokumentarische betont."

Lösung zu 1. Kernaussagen, Struktur und Sprache

A. **Knappe Einleitung:** Textsorte (Theaterkritik), historische Einordnung des Textes und Hinweise zu Piscator

- Theaterkritik: kritische Berichterstattung und Auseinandersetzung mit Inszenierungen von Theaterstücken (meist im Feuilleton von Zeitungen); heute vor allem unter dem Begriff Rezension bekannt
- Hinweis auf die Textkürzung, d.h. die Kritik am Text kann sich nur auf die vorgegebenen Aussagen beziehen
- Verweis auf die sogenannten „Goldenen Zwanziger Jahre", zugleich Anstieg der Arbeitslosigkeit, Zunahme radikaler politischer Orientierung

B. **Hauptteil**

a) **Kernaussagen der Theaterkritik**

- Piscator inszeniert Schillers Drama nicht als Klassiker,
- sondern als „modernes Revolutionsstück" in Anlehnung an den Originaltext.
- Dies geschieht nicht zuletzt deswegen, weil moderne revolutionäre Dramen fehlen.
- Die Inszenierung versucht den Eindruck zu erwecken, dass die dokumentarische Wiedergabe eines revolutionären Ereignisses aufgeführt wird.
- Nicht der private Konflikt wird in den Vordergrund gestellt, sondern das Revolutionäre, das Politische.
- Die Gewichtung der Figuren wird verändert; in das Zentrum rückt Spiegelberg als echter Revolutionär aus Begeisterung.
- Entsprechend werden Karl und Franz in den Hintergrund gedrängt, damit wird auch der zweite Teil des Dramas vernachlässigt, in dem der Familienkonflikt im Vordergrund steht.
- Um die „Räuber" als Gegenwartsdrama spielen zu können, hat Piscator Streichungen vornehmen müssen.
- Hierdurch werden Widersprüche in Schillers Drama noch deutlicher.
- Grundsätzlich wird mit dieser Inszenierung der Weg zu einer neuen „Dramengattung" eröffnet, dem „dokumentarischen Zeitstück".

b) **Aufbau der Rezension und Sprache**

- Ihering beginnt mit zwei Zitaten, dem ersten und dem letzten Satz das Dramas, und merkt an, dass gerade diese beiden Sätze fehlen. Der nachdrückliche Hinweis auf diese beiden Streichungen soll schon zeigen,
- dass Piscator in seiner Inszenierung zentrale Passagen streicht und Wesentliches auslässt.
- Der erste Satz beginnt mit einer temporalen Konjunktion, die allerdings durch die Verwendung des Präsens eine eher zeitlich schwebende Komponente erhält: Wie auch im folgenden Satz fällt die parallele Grundstruktur mit einer Anapher und im zweiten Teil einer elliptischen Verkürzung auf, die dem Satz eine sehr einprägsame Gestaltung gibt.
- Die beiden folgenden Sätze sind antithetisch aufgebaut, ihre Aussage wird ebenfalls durch den parallelen Satzbau und die Anapher („alles") betont. Dabei fällt das Hauptgewicht der Betonung auf die zweite Aussage, die elliptisch um den konjugierten Teil des Prädikats verkürzt ist und dadurch in der Kürze des Satzes eindringlich wirkt („Alles Politisch-Dokumentarische betont").

- Der zweite Teil führt die Einleitung weiter aus, indem die Zielsetzung der gesamten Aufführung präzisiert wird. Auch hier arbeitet Ihering mit Antithesen, die zunächst als irreale fiktive Vergleichssätze (im Konjunktiv II nach „als ob") gegenübergestellt werden. Es folgen zwei Aussagesätze, die das zuvor im Irrealis Angedeutete nun als Tatsache betonen („Er nimmt dem Stück die Fabel und gibt ihm Sachlichkeit"). Dieser Kerngedanke wird fortgesetzt, indem Ihering feststellt, dass es sich bei der Darstellung um die „Aufführung eines neuen Revolutionsstückes nach den ‚Räubern'" handle.
- Im dritten Abschnitt konzentriert sich Ihering auf die unmittelbare Aufführung und auf die Hauptfiguren. Jetzt wechselt die Rezension vom Präsens als Darstellungsmittel einer allgemeingültigen Aussage zur Vergangenheitsform. Wieder setzt er Aussagen antithetisch einander gegenüber („Revolutionär aus privatem Sentiment, Karl Moor, zugunsten des systematischen Revolutionärs, […] Spiegelberg").
- Kategorisch formuliert er die Zwangsläufigkeit von Merkmalen der Inszenierung, indem er das Modalverb „müssen" verwendet und die Notwendigkeit von Veränderungen durch Wörter wie „unausbleiblich" oder „berechtigt" formuliert.

C. Kurze kritische Zusammenfassung und Überleitung zu Teil 2 der Aufgabe
- Die Ausschnitte aus der Rezension stellen keine kritische Auseinandersetzung mit der Aufführung dar, sondern eine unkritische Kommentierung.
- Sie heben Schwerpunkte der Aufführung hervor,
- erörtern jedoch das Konzept an keiner Stelle.
- Auch die Akzentuierung auf ein ‚Revolutionsdrama' wird nicht hinterfragt.

Lösung zu 2. Erörterung

A. Einleitung: Erläuterung der Begriffe

Das Private: Familientragödie, Konflikte der Brüder untereinander; die Auseinandersetzung mit dem Vater, Liebestragödie

Das Politische: Karls Traum von einer Republik, Spiegelbergs Idee eines neuen Staates, Karls Rache an den Wohlhabenden und Mächtigen; auch Franz ist daran interessiert das alte (väterliche) Herrschaftssystem umzuwälzen.

Das Dokumentarische: Bezug zu Schillers Zeit (Räuberbanden, Widerstand gegen die Herrschenden, Armut und Ausbeutung), von Ihering jedoch wohl eher auf die Umformung des Dramas bezogen (Spiegelberg als Trotzkij)

B. Hauptteil

a) **These:**

Das Drama enthält Aspekte, die die Inszenierung als Revolutionsdrama rechtfertigen.
- Die politischen Aspekte des Dramas zeigen sich in den ‚revolutionären' Ideen von Karl, Spiegelberg und Franz;
- der Zusammenschluss der ‚Libertiner' zu einer Räuberbande hängt mit den sozialen und wirtschaftlichen Problemen der Zeit zusammen (Verarmung, Ungerechtigkeiten durch Abhängigkeit, Hinweise auf Ausbeutung – Karls Gespräch mit dem Pater).
- Karl versucht Ungerechtigkeiten auszugleichen (Stipendien für arme Kinder, Bestrafung der Reichen) und weist auf die Rolle der Kirche im Zusammenhang mit Unterdrückung hin.

- Der alte Moor steht politisch für das alte feudale System; das Recht des Erstgeborenen führt zu Ungerechtigkeiten und Abhängigkeiten.
- Emanzipation wird verhindert.
- Schillers Widerstand gegen die Karlsschule und die Repressionen durch den Herzog sind eine wichtige Grundlage des Dramas.
- Das Schreibverbot und Schillers Flucht zeigen die Ungerechtigkeit des politischen Systems der Kleinstaaten.
- Die Betonung des Dokumentarischen zielt auf die Problematik der wirtschaftlichen Ausbeutung ab.

b) **Gegenthese:**
Indem das Private gestrichen wird, verliert das Drama die zentrale Aussage.
- Im Zentrum steht der private Konflikt der beiden Brüder, der durch die Erziehungsfehler des Vaters entstanden ist.
- Die Gestalt des Vaters, die stellenweise religiös überhöht und gottähnlich ausgeprägt wird, dominiert.
- Sowohl durch die Liebe Amalias als auch die Zudringlichkeit von Franz wird der private Liebeskonflikt thematisiert und damit das Private des Dramas akzentuiert.
- Die panische Angst von Franz, die sich in seinen apokalyptischen Träumen zeigt, verweist noch einmal auf die besondere Bedeutung des Vaters.
- Der Tod des Vaters durch das Geständnis von Karl betont die Schuld von Karl, der sich aus Rachegedanken gegenüber seinem Vater zum gottähnlichen Rächer aufgespielt und nicht versucht hat, seinen Vater persönlich um Verzeihung zu bitten.
- Der Mord an Amalia weist keinerlei politische Idee auf, sondern ist eine pathetische und egozentrische Tat von Karl.
- Die Räuberbande hat keinerlei politische Absichten und Pläne.
- Spiegelberg ist allenfalls ein wortmächtiger, aber handlungsschwacher und ängstlicher Räuber, den Schweizer als „Memme" (106,6) entlarvt.
- Der mörderische Plan Spiegelbergs ist keine politische, sondern eine private Abrechnung mit Moor, dem er schon früh mit dem Tod gedroht hat (vgl. 32,6).

C. Schluss: Synthese
- Das Drama enthält durchaus politische Akzente,
- dennoch überwiegen die Aspekte des Privaten.
- Um als „Revolutionsstück" aufgeführt zu werden, müssten über die einzelnen Episoden hinaus politische Ideen deutlicher betont werden.
- Die Räuberbande vertritt keinerlei politische Gedanken (vgl. Räuberlied).
- Spiegelberg ist nicht als zentrale Figur angelegt.
- Die Vernachlässigung der letzten drei Akte, in denen das Private in den Vordergrund tritt (Amalias Liebe, die Erzählung von Kosinsky, Wiedererkennung von Daniel, Erinnerungen an Karls Jugend usw.) verfälschen die Zielsetzung des Dramas.

II Literarische Erörterung

Textstelle:

„O über mich Narren, der ich wähnete […] die Gesetze durch Gesetzlosigkeit aufrecht zu halten. Ich nannte es Rache und Recht“ (137,5–7).

Aufgabenstellung:

Erörtern Sie, ausgehend von Karl Moors Aussage, das Verhältnis von privaten und öffentlichen Rechtsgedanken anhand literarischer Werke Ihrer Wahl.

Der Schwerpunkt der Erörterung wird im Folgenden aus Platzgründen auf Schillers Drama „Die Räuber“ gelegt.

Lösung:

A. Einleitung
Einordnung des Zitats
Nach der Ermordung seiner Geliebten sagt sich Karl am Ende des Dramas von den Räubern los. Er hat erkannt, dass sein Gedanke, in eigener Machtvollkommenheit Recht zu sprechen und zu strafen, überheblich gewesen ist. Zudem sieht er ein, dass nur Gott das Recht hat, Rache auszuüben, dass Gott hierfür auch nicht auf eine menschliche Hand angewiesen ist.
Karl erkennt zugleich die Unumkehrbarkeit seines Weges und ist bereit, sich der Staatsgewalt auszuliefern, d.h., er anerkennt nicht nur die göttliche Gerechtigkeit, sondern überraschenderweise auch die staatliche Rechtsnorm.
Er ist in seinem Betreiben, auf seine Weise Gerechtigkeit zu fördern und den Unterdrückten Recht zu verschaffen, vollständig gescheitert.

B. Hauptteil
Karls (scheinbares) privates Unrecht und die öffentliche Rache
- Karl hat alle Vorteile des öffentlichen Rechts und der privaten Zuwendung auf seiner Seite;
- er verstößt allerdings als Student mehrfach gegen öffentliches Recht (vgl. Spiegelbergs Erzählung in I,2, S. 19f.) und gerät in Konflikt mit dem staatlichen Instanzen, die dieses Recht einfordern (Polizei, Verwaltung).
- Karl bereut gegenüber seinem Vater seine Rechtsverletzungen und
- ist sich aufgrund seiner besonderen Rechtsposition sicher, dass seine Reue die uneingeschränkte Vergebung des Vaters zwingend erfordert.
- Karl empfindet die (ja nur durch Intrige ausgelöste) Zurückweisung durch den Vater als völlig ungerecht, da seine Reue nicht im Sinne seiner besonderen Rechtsposition (Erstgeborener) gewürdigt wird;
- die Entmündigung ist für ihn eine nicht vertretbare Beschränkung seines natürlichen Rechts.

- Diese Zurückweisung glaubt er dadurch „rächen“ zu können, dass er der Gesellschaft öffentlich den Kampf ansagt, um durch „Gesetzlosigkeit die Gesetze aufrecht zu halten“.

Karls Rechts-Handeln
- Das private und öffentliche Unrecht des Vaters (Entzug der väterlichen Hand, Entmündigung) wird verknüpft mit dem Rechtssystem des Gemeinwohls und der Menschheit.
- Hieraus wird Karls Gedanke der privaten Rache an der ‚Menschheit‘ geboren, die dieses Unrecht zugelassen hat.
- Im Verlauf des Dramas wandelt sich die Position Karls, er wird zum Rächer der Unterdrückten und nimmt Rache an den Herrschenden.
- Schließlich glaubt Karl, auch das Handeln von Franz rächen zu müssen, und gibt den Auftrag, ihm Franz lebendig zuzuführen, damit er sein Todesurteil über ihn sprechen kann.
- Amalia schließlich ermordet er, um zu verhindern, dass sie von einem Räuber getötet wird; auch hier zeigt sich die überhebliche Selbsteinschätzung.

Karls Scheitern
- Karl muss erkennen (vgl. die Textstelle), dass er durch die Intrige seines Bruders zu Handlungen veranlasst worden ist, die keinerlei Rechtsgrundlage hatten.
- Sein privater Rachefeldzug hatte somit keinerlei Berechtigung.
- Er muss schließlich auch einsehen, dass seine positiven Absichten sich verbinden mit den Verbrechen der Räuberbande (Mord an Frauen und Kindern).
- Der Mord an Amalia führt ihm noch einmal die Ausweglosigkeit seines Unrechtshandelns vor Augen, die von ihm geführte Bande ist nicht mehr kontrollierbar. Allerdings sieht Karl das eigene Unrecht seiner Handlung nicht.
- Die letzte Einsicht in sein überhebliches Handeln ist die Erkenntnis, dass er keinerlei Berechtigung hat, Rache (beispielsweise an seinem Bruder) zu üben.

Das private und öffentliche Unrecht von Franz
- Ungerechte Behandlung durch den Vater; Karl als Erstgeborener wird bevorzugt.
- Das tradierte Recht der Vererbung des Besitzes an den Erstgeborenen ist ungerecht, da es keine Gleichbehandlung der Geschwister darstellt, sondern ein zeitliches Phänomen der Geburt zugrunde gelegt wird.
- Hinzu kommt die körperliche Benachteiligung durch die Natur, seine äußere Hässlichkeit.

Es wird deutlich, dass Franz weder staatlich noch privat sein Recht einfordern kann, daher ist er entweder darauf angewiesen, das Schicksal zu akzeptieren und auf gnädige Behandlung durch seinen Bruder zu hoffen, oder sich loszusagen von tradierten Rechtsnormen.
Die Ungerechtigkeit der Natur lässt sich nur mit Gewalt „bewältigen“. Nur wenn der Bruder enterbt ist und der Vater beseitigt, kann der Mangel des Daseins als Zweitgeborener aufgehoben werden. Die mangelnde Anziehungskraft auf Amalia sucht Franz gleichfalls durch Gewalt und Drohung auszugleichen.

Argumentation für sein Handeln

- Ansatzpunkt für das Denken und Handeln von Franz ist die Maxime der Aufklärung, sich seines Verstandes zu bedienen und sich von Autoritäten loszulösen;
- einbezogen wird der Gedanke des Naturrechts, allerdings in seiner radikalen Konsequenz, dem Recht des Stärkeren.
- Allerdings gilt für Franz mit der Beseitigung des Bruders und des Vaters plötzlich das positive Recht (= Staatsrecht), das er auch entsprechend auszuleben gedenkt (vgl. die Vision von Franz hinsichtlich seiner eigenen Herrschaft, 52,1 ff.).

Scheitern der rechtlichen Selbstverwirklichung von Franz

Zwar gelingt es Franz durch geschickte Einfühlung in die Stimmung des Vaters, seinen Bruder zu enterben,

- doch hindert ihn sein Gewissen daran, den Vater eigenhändig zu ermorden,
- so dass der Vater als Zeuge der Verbrechen von Franz auftreten kann.
- Franz hat Karl zwar rechtlich entmachtet,
- aber dessen privater Rache vermag er letztlich nicht zu entgehen.
- Letztlich scheitert Franz auch an seiner christlichen Erziehung, den christlichen Normen als eigenständigem ‚Rechtssystem';
- die apokalyptischen Träume, in denen sein Vater eine entscheidende Rolle spielt, vernichten ihn physisch und psychisch.

C. Schluss

Sowohl Karl als auch Franz scheitern in der Durchsetzung ihrer privaten Rechtsauffassung und werden beide zu Verbrechern.
Das Drama beweist auf der einen Seite, dass Karl als moralischer Idealist schon deshalb erfolglos bleibt, weil seine private Rache an den Reichen und den Machthabern erkauft wird mit Unrecht und Verbrechen und weil diejenigen, die ihn unterstützen, nicht aus den gleichen Motiven handeln, sondern von Mord- und Geldgier angetrieben sind.
Franz schließlich scheitert in seiner radikalen Idee der Befreiung von Bevormundung, weil er diese Befreiung nur durch Unrecht erreichen kann.

Weitere Beispiele, die einbezogen werden könnten:
Sophokles, „Antigone": das verkündete Recht des Staates und das Recht des Individuums, göttliches Recht zu beachten
Lessing, „Emilia Galotti": Ermordung der eigenen Tochter aus Verzweiflung über die Rechtlosigkeit gegenüber der Staatsmacht
Kleist, „Michael Kohlhaas": Eskalation der Gewalt als „Notwehr" gegen staatliche Ungerechtigkeit (Naturrecht)
Kafka, „Vor dem Gesetz": das Versagen des öffentlich Rechtssuchenden an sich selbst

III Interpretationsaufsatz

(Möglichkeit einer übergreifenden Teilaufgabe zu einer Pflichtlektüre [Werk im Kontext])

Textstelle:

Schiller, „Die Räuber“ I,2 (16,1–18,13)
(Hinzugezogen werden könnte: Heinrich von Kleist, „Michael Kohlhaas“.)

Aufgabenstellung:

1. Legen Sie kurz dar, wie Karl zuvor in I,1 charakterisiert worden ist.
2. Analysieren und deuten Sie den Ausschnitt von I,2 und beziehen Sie die sprachliche Gestaltung ein.
   (Möglicher Teil 3: Stellen Sie ausgehend von dieser Textstelle die psychische Ausgangssituation von Karl Moor dar, vergleichen Sie diese mit der von Michael Kohlhaas und erläutern Sie auf der Basis Ihrer Ergebniss, warum beide zu Verbrechern werden.)

Lösung zu 1:

A. Einleitung
Die Einleitung sollte enthalten:
Autor, Titel, Entstehungszeit des Werks und Erscheinungsjahr, literarhistorische Einordnung, kurze Hinweise zum Autor (im Hinblick auf Entstehung und Aufführung), knappe Zusammenfassung der Thematik des Werkes.

B. Hauptteil: Karls Charakteristik in I,1

a) aus der Sicht von Franz
- frühreif (schlendert hinter Mädels her)
- missachtet soziale Grenzen
- freidenkend (scheut die Kirche)
- nicht theologisch, sondern historisch interessiert (liest z. B. Cäsar)
- uneigennützig (gibt Bettlern Geld)

b) aus der Perspektive des Vaters (durch Franz ironisiert)
- feuriger Geist (zeigt sich in der Übertretung von Gesetzen)
- Offenheit der Seele (wird zur Frechheit)
- Weichheit der Gefühle (drückt sich in Liebschaften zu Freudenmädchen aus)
- männlicher Mut (fördert den Verbrecher)

Die positiven Eigenschaften, die der Vater seinem Lieblingssohn zuspricht, werden von Franz als Anlagen zum Verbrecher und zum Bandenführer „entlarvt“. Franz diffamiert Karl als Sohn, der die väterliche Liebe nicht verdient.

c) aus der Perspektive des fingierten Briefs
- Der Brief, der die Hauptintrige des Dramas einleitet, verstärkt die negative Perspektive auf Karl (Aufzählung seiner Verbrechen).

Lösung zu 2:

A. Analyse der Szene

Nach dem polemischen Monolog von Franz gegen Familienbande und Erstgeborenen-Recht sowie seiner Drohung, alles auszurotten, was ihn hindert, „Herr“ zu werden, geht die Szene kontrastierend über zu dem eigentlichen Herrn im Schloss Moor, Karl.

a) **kontrastierende Ortswahl**
Karls eigentliche Heimat: das gräfliche Schloss (1. Szene); Wirtshaus an der Grenze von Sachsen – Karls derzeitiger Aufenthalt (Flucht/Grenze?) (2. Szene)

b) **Figurenkonstellation**

- Spiegelberg (fraglich, ob er Student ist) kennt Karl offensichtlich sehr genau, denn er geht auf Karls Klage ein, dass er wegen „ein paar tausend lausige[r] Dukaten“ fast eingesperrt worden wäre, ansonsten hat er am Anfang der Szene nur als Zuhörer eine Funktion.
- Spiegelberg kommt im Verlauf der folgenden Szene die Funktion eines „Stellvertreters“ von Franz zu.
- Karl (Student) trägt ihm seine Klagen vor, die jedoch eher rhetorisch angelegt sind, allerdings von Spiegelberg ernsthaft aufgenommen werden.

Interessanter ist die Konstellation von Karl und seinem abwesenden Bruder Franz; diese Figurenkonstellation wird durch den Zuschauer hergestellt, der die beiden Brüder miteinander vergleicht und dabei feststellt:

- Beide stimmen überein in ihrer Verletzung sprachlicher Tabus (Sexualität), dabei ist Karls Ausführung sehr deutlich politisch angelegt („Sie lassen sich klemmen von seinen [des Tyrannen] Winden“);
- beide lehnen sich auf gegen Herrschaft, allerdings will Franz selbst Herr werden, Karl hingegen tendiert zur Republik;
- beide lehnen Autoritäten ab, jedoch mit unterschiedlicher Zielsetzung;
- beide verwenden einen stark rhetorisch geprägten Sprachstil.

c) **Aufbau der Szene**

- Weitgehend monologartiger Vortrag von Karl mit einigen Zwischenbemerkungen von Spiegelberg
- Übergeordnetes Thema Freiheit und Zwang wird in drei gesteigerten Teilbereichen (antithetisch) ausgeführt:
- Missverhältnis von heroischen antiken Vorbildern und lebloser Wissenschaft
- Gegensatz von freiem Leben und Konventionen
- Diskrepanz von Freiheit und Gesetzen

d) **Inhalt**
Karl

- stellt den Kontrast von unsinnlicher, körperfeindlicher Gelehrsamkeit und lebendiger Antike heraus;
- kritisiert den zeittypischen Egoismus und die Theatralik anstelle von gelebtem Leben;
- rechnet mit der Kultur (v.a. Theaterkultur) ab, diese ist normenorientiert, nicht

frei (Kontrast zwischen dem klassischen französischen Theater und dem Theater von Shakespeare);
- lehnt einengende Konventionen ab, stellt Gesetze in Frage;
- sieht darin die Behinderung der gemeinschaftlichen Existenz der Menschen;
- bewundert republikanische Gedanken.

e) Sprache

Schillers Sprache tendiert auch in dieser Szene zur Originalität und zur stilistischen Provokation:

- Originelle Metaphern und Vergleiche – z.T. antithetisch aufgebaut: „tintenklecksendes Säkulum“, „Flamme von Bärlappenmehl“ (= Theaterillusion), „wie Ratten auf der Keule des Herkules“, die Taten der antiken Helden werden in „Bücherriemen mühsam fortgeschleppt“; „Bierhefe [muss] den Menschen fortpflanzen helfen“, Gesetze sind „zum Schneckengang verdorben, was Adlerflug geworden wäre“.
- Emphase, Hyperbeln (als Ausdruck starker Gefühle): „Pfui über das schlappe Kastratenjahrhundert“; „Ah!, dass der Geist Herrmanns noch in der Asche glimmte!“
- Ausrufe
- Ellipsen (vermitteln Emotionalität): „Umsonst – Ins Loch mit dem Hund! – Bitten! Schwüre! Tränen […], Hölle und Teufel!“
- Worthäufung und Klimax
- Gestik unterstreicht die emotionale Sprache: „auf den Boden stampfend“, „Er wirft den Degen auf den Tisch und steht auf.“

B. Deutung der Szene

Der monologartige Vortrag von Karl macht den zentralen Unterschied zu seinem Bruder Franz deutlich:

- Karl ist freiheitsbewusst, lehnt einengende Konventionen ab, zeigt kritisches Bewusstsein hinsichtlich der spießigen bürgerlichen Gelehrsamkeit und der Verlogenheit des Bürgertums;
- er beanstandet Profitdenken und mangelnde Mitmenschlichkeit,
- sein Machtstreben ist auf republikanische Ideen ausgerichtet, nicht auf die Entfaltung persönlicher Macht;
- seine Polemik enthält allerdings auch jugendliche Unüberlegtheit (Karl profitiert persönlich von der einengenden Gesetzgebung und dem kritisierten Säkulum).

Karls Vorstellung biologischer Vorgänge ist deutlich positiver besetzt als die von Franz: Während dieser nur „viehische Begierden“ erkennt, bemängelt Karl, dass die ‚Kraft der Lenden‘ antiker Helden versiegt sei und nun „Bierhefe“ notwendig sei zur Fortpflanzung der Menschen. Er kritisiert außerdem die Unterwürfigkeit der Untertanen mit einer (für damalige Zeit) sehr drastischen und herrschaftskritischen Metapher. (Die Bürger „hofieren der Laune seines [des Tyrannen] Magens, und lassen sich klemmen von seinen Winden.“)

C. Schluss

Karls Kritik an der Schwäche seines egoistischen, kleingeistigen und inhumanen Zeitalters kann zugleich als kritische Sicht Schillers verstanden werden, der dem positiven Helden Karl den egoistischen, brutalen und seelenlosen Franz gegenüberstellt.

IV Erschließung eines nicht-fiktionalen Textes

Friedrich Schiller, „Was kann eine gute stehende Schaubühne eigentlich wirken?“
(Eine Vorlesung, gehalten zu Mannheim in der öffentlichen Sitzung der kurpfälzischen deutschen Gesellschaft am 26. Junius 1784)

[…] Die Gerichtsbarkeit der Bühne fängt an, wo das Gebiet der weltlichen Gesetze sich endigt. Wenn die Gerechtigkeit für Gold verblindet [= blind wird] und im Solde der Laster schwelgt, wenn die Frevel der Mächtigen ihrer Ohnmacht spotten und Menschenfurcht den Arm der Obrigkeit bindet, übernimmt die Schaubühne Schwert und Waage und reißt die Laster vor einen schrecklichen Richterstuhl. Das ganze Reich der Phantasie und Geschichte, Vergangenheit und Zukunft stehen ihrem Wink zu Gebot. Kühne Verbrecher, die längst schon im Staub vermodern, werden durch den allmächtigen Ruf der Dichtkunst jetzt vorgeladen und wiederholen zum schauervollen Unterricht der Nachwelt ein schändliches Leben. Ohnmächtig, gleich den Schatten in einem Hohlspiegel, wandeln die Schrecken ihres Jahrhunderts vor unsern Augen vorbei, und mit wollüstigem Entsetzen verfluchen wir ihr Gedächtnis.
[…] Es ist nicht Übertreibung, wenn man behauptet, daß diese auf der Schaubühne aufgestellten Gemälde mit der Moral des gemeinen [= einfachen] Mannes in eines zusammenfließen, und in einzelnen Fällen seine Empfindung bestimmen. […]
So gewiß sichtbare Darstellung mächtiger wirkt als toter Buchstabe und kalte Erzählung, so gewiß wirkt die Schaubühne tiefer und dauernder als Moral und Gesetze. Aber hier unterstützt sie die weltliche Gerechtigkeit nur – ihr ist noch ein weites Feld geöffnet. […]
Auch da, wo Religion und Gesetze es unter ihrer Würde achten, Menschenempfindungen zu begleiten, ist sie für unsere Bildung noch geschäftig. Das Glück der Gesellschaft wird ebenso sehr durch Torheit als durch Verbrechen und Laster gestört. […]
Die Schaubühne ist mehr als jede andere öffentliche Anstalt des Staats eine Schule der praktischen Weisheit, ein Wegweiser durch das bürgerliche Leben, ein unfehlbarer Schlüssel zu den geheimsten Zugängen der menschlichen Seele. […]
Aber nicht genug, daß uns die Bühne mit Schicksalen der Menschheit bekannt macht, sie lehrt uns auch gerechter gegen den Unglücklichen zu sein und nachsichtsvoller über ihn zu richten. […]
Menschlichkeit und Duldung fangen an, der herrschende Geist unserer Zeit zu werden; ihre Strahlen sind bis in die Gerichtssäle und noch weiter – in das Herz unserer Fürsten gedrungen. Wieviel Anteil an diesem göttlichen Werk gehört unseren Bühnen? Sind sie es nicht, die den Menschen mit dem Menschen bekannt machten und das geheime Räderwerk aufdeckten, nach welchem es handelt?
Eine merkwürdige Klasse von Menschen hat Ursache, dankbarer als alle übrigen gegen die Bühne zu sein. Hier nur hören die Großen der Welt, was sie nie oder selten hören – Wahrheit; was sie nie oder selten sehen, sehen sie hier – den Menschen. […]
Die Schaubühne ist die Stiftung, wo sich Vergnügen mit Unterricht, Ruhe mit Anstrengung, Kurzweil mit Bildung gattet, wo keine Kraft der Seele zum Nachteil der andern gespannt, kein Vergnügen auf Unkosten des Ganzen genossen wird. Wenn Gram an dem Herzen nagt, wenn trübe Laune unsre einsamen Stunden vergiftet, wenn uns Welt und Geschäfte anekeln, wenn tausend Lasten unsre Seele drücken

und unsre Reizbarkeit unter Arbeiten des Berufs zu ersticken droht, so empfängt uns die Bühne – in dieser künstlichen Welt träumen wir die wirkliche hinweg, wir werden uns selbst wiedergegeben, unsre Empfindung erwacht, heilsame Leidenschaften erschüttern unsre schlummernde Natur und treiben das Blut in frischeren Wallungen."
(Werke, Bd. 5, S. 823–834)

Zusatzinformationen:
Mit diesem Vortrag hoffte Schiller wahrscheinlich, sich vor dem Gremium der Deutschen Gesellschaft zu empfehlen, damit sein Vertrag am Mannheimer Nationaltheater verlängert würde. Der Vertrag wurde jedoch im August 1784 nicht verlängert. Den Text des Vortrags veröffentlichte Schiller 1785 im 1. Heft seiner Zeitschrift „Rheinische Thalia". 1802 wurde er erneut veröffentlicht unter dem Titel „Die Schaubühne als moralische Anstalt betrachtet".

Aufgabenstellung:

1. Arbeiten Sie die Kernaussagen der Vorlesung heraus und analysieren Sie diese.
2. Setzen Sie Schillers zentrale Aussagen in Beziehung zu seinem Drama „Die Räuber".

Lösung zu 1:

A. Knappe Einleitung:

- Textart: Vorlesung (wissenschaftlicher Vortrag mit übergeordneter Thematik),
- Ausgangspunkt ist die Frage nach der Zielsetzung eines eigenständigen Theaterbetriebs;
- der Titel der späteren Veröffentlichung zeigt noch deutlicher die Tendenz, das Theater im Sinne einer Institution öffentlicher Sittenlehre zu definieren.
- Schiller hat sich 1784 vollständig dem Theater und der Schriftstellerei gewidmet und am Theater in Mannheim zwei Jahre lang als Regisseur Erfahrungen gesammelt, so dass er über die eigene Theaterpraxis als Autor hinaus auch weitergehende Einsichten vortragen kann.
  (wissenschaftlicher Vortrag mit übergeordneter Thematik), gehalten vor einem wahrscheinlich kenntnis- und einflussreichen Publikum zwei Jahre nach der Aufführung der „Räuber" in Mannheim

B. Hauptteil

a) Kernaussagen des Vortrags

Vorbemerkung: Die Struktur des Textes lässt sich aufgrund der starken Kürzung nicht erfassen, es zeigt sich allerdings, dass dem Theater sehr unterschiedliche Aufgaben zugeordnet werden.

- Das Theater setzt das Rechtswesen mit eigenen Mitteln fort, es ist Gerichtsort.
- Dem Theater kommt im Hinblick auf die Lebensfragen und Lebensumstände der bürgerlichen Welt ein hoher Stellenwert zu.
- Das Theater hat die Aufgabe, den Machthabern die Wahrheit zu vermitteln und ihnen ein ungeschminktes Menschenbild vor Augen zu halten.
- Das Theater hat Unterhaltungswert, es dient einerseits der Bildung, zugleich aber auch der seelischen Entlastung.

Schillers Vortrag verdeutlicht zudem, dass für ihn der Verbrecher auf der Bühne eine zentrale Rolle erhält. Außerhalb der gängigen moralischen Vorstellungen und Gesetze macht gerade der Verbrecher die Größe und das Moralische des Menschen sichtbar.

b) Analyse der zentralen Aussagen

Bei Versagen der weltlichen Gerichtsbarkeit aufgrund von Bestechlichkeit, Käuflichkeit, Machtmissbrauch, Repression

- wird das Theater zum Gerichtsort (Schwert und Waage)
- und zum Richtstuhl.

Offensichtlich misstraut Schiller dem weltlichen Gericht. Seine Kritik an der Gerichtsbarkeit ist sehr tiefgreifend und zeigt die fehlerhafte Entwicklung eines Rechtswesens, das offensichtlich nicht vom Willen der Bürger, sondern von den absoluten Herrschern ausgeht (Hintergrund: Schillers eigene Erfahrungen als Karlsschüler und als Untertan). Die Schaubühne nutzt – anders als die weltliche Justiz – die Möglichkeiten des Theaters:

- Phantasie und Nachahmung der Wirklichkeit sind Grundlagen der dichterischen „Vorladung" („Verbrecher wiederholen ihr schändliches Leben").
- Die Verbrecher wiederholen ihre Schandtaten auf der Bühne, doch kann die Wiederholung kein Unheil mehr anrichten (denn die Ereignisse sind wie Schatten in einem Hohlspiegel), dennoch erzeugt sie beim Zuschauer noch ein „wollüstige[s] Entsetzen".
- Dieses Entsetzen entsteht aus einem allgemeinen moralischen Empfinden, das auch vom einfachen Bürger geteilt wird.
- Die Widerspiegelung der Ereignisse als Bühnenhandlung prägt sich stärker ein als Gesetze, Erzählungen oder moralische Appelle, und damit unterstützt das Theater intensiv die „weltliche Gerechtigkeit".
- Doch es sind nicht nur Verbrechen oder Laster, die die Bühne entlarvt, sondern in gleicher Weise auch die Unvernunft und Überheblichkeit.

In einem zweiten Schritt entwickelt Schiller eine weitergehende Zielsetzung des Theaters:

- Dem Theater kommt vor allem im Hinblick auf Lebensfragen und Lebensumstände der bürgerlichen Welt ein zentraler Wert zu.

Es ist in diesem Sinne:

- Schule der praktischen Vernunft,
- Richtungsweiser für das bürgerliche Leben und
- Schlüssel zur menschlichen Seele.

Dementsprechend übernimmt das Theater Verantwortung für das allgemeine Wohl des Staates. Indem das Theater Schicksale von Menschen widerspiegelt, macht es empfänglicher und gerechter für fremde Geschicke.

In einem weiteren Schritt entfaltet Schiller aus dieser Entwicklung des Theaters eine politische Dimension:

- Das Theater hat die Aufgabe, den Machthabern die Wahrheit zu vermitteln und ihnen ein ungeschminktes Menschenbild vor Augen zu halten.

Einerseits hat das Theater schon dafür gesorgt, dass aufklärerische Ideen (Gerechtigkeit und Humanität) „in das Herz" der Fürsten gedrungen sind, andererseits hat es die

Fürsten mit der Wahrheit menschlichen Daseins konfrontiert; damit ist das Theater zum Anwalt des Bürgers geworden.

Zum Schluss des Vortrags konzentriert Schiller seine Ausführungen auf den Bildungs- und Unterhaltungswert des Theaters:

- Das Theater hat einen pädagogischen Auftrag, es dient einerseits der Bildung, zugleich aber auch der seelischen Entlastung.

Der abschließende Gedanke, dass der Bürger im Theater aus seiner Alltagswelt flieht und sich in eine künstliche Welt hineinträumt, wird später für Brecht Ausgangspunkt sein für seine Überlegungen zur Funktion des modernen Theaters.

Lösung zu 2. Bezug der zentralen Aussagen zum Drama „Die Räuber"

A. Einleitung

Schillers Vortrag entwickelt ein sehr idealistisches Bild der Funktion des Theaters als Bildungsinstitution und Element einer aufgeklärten Republik. Zentrale Ideen der Aufklärung finden sich in diesem Vortrag wieder, obgleich er in der Spätphase des „Sturm und Drang" geschrieben ist. Zugleich sind die gedanklichen Bezüge zum Drama „Die Räuber" unübersehbar und ermöglichen eine Interpretation auf der Grundlage dieses Vortrags.

B. Hauptteil

a) Bühne als Gericht

Franz

- wird als Verbrecher in seiner Entwicklung gezeigt,
- seine moralische Verkommenheit wird (auch sprachlich) verdeutlicht und entlarvt.
- Sein fehlgeleitetes Denken wird herausgestellt und schließlich in einer apokalyptischen Szene bestraft.
- Sein Gewissen steht gegen ihn selbst auf und überwältigt ihn gegen seinen eigenen Scharfsinn.
- Seine Gottlosigkeit endet in der Katastrophe des Selbstmords.

Spiegelberg

- ist der Verbrecher, der aus völligem Versagen moralischer Schranken handelt.
- Seine Skrupellosigkeit, die sich mit Scharfsinn paart, macht ihn zum Verbrecher, den der Zuschauer mit „Entsetzen" fürchten muss;
- sein Tod ist Genugtuung für den Zuschauer und beweist, dass moralische Verkommenheit gerächt wird.

Karl

- begeht seine Verbrechen mehr aus Torheit; er ist Verbrecher aus Enttäuschung, weniger aus krimineller Grundhaltung;
- der Zuschauer entwickelt für ihn ein größeres Verständnis, ohne dabei die Verbrechen zu entschuldigen.
- Schiller zeigt mit Karl den Weg zum Verbrechen aus überhöhtem Gerechtigkeitsempfinden.

b) Bühne als Lebenshilfe und moralische Institution
Karls Umkehr und Einsicht in sein falsches Handeln, seine Selbstanklage zeigen, dass sein inneres Wertesystem mit dem des Zuschauers korrespondiert.
Amalia verkörpert die Kraft der reinen Liebe, ihre Selbstaufopferung verhilft letztlich Karl zu seiner Selbsterkenntnis. Die Kritik an seinem falschen Handeln führt dem Bürger vor Augen, dass gerechte Ziele nicht mit verbrecherischen Mitteln erreichbar sind. Die Kritik am Handeln des Adels (Karls Rachefeldzug gegen die Herrschenden und die Herrschaft von Franz) soll dem Adel sein eigenes Fehlverhalten demonstrieren.

C. Schluss
Eigene Stellungnahme zu Schillers Kerngedanken

V Gestaltende Interpretation

Textstelle:

9,29–13,7

Aufgabenstellung:

1. Erläutern Sie die Rolle des Vaters in dem Schauspiel und untersuchen Sie, welches Bild der Zuschauer in diesem Szenenausschnitt von ihm gewinnt.
2. Gehen Sie von folgender Annahme aus:
   Karl Eugen hat Schiller wegen seiner unerlaubten Abwesenheit in Arrest nehmen lassen. Er verlangt von Schiller schriftlich eine Stellungnahme zu seinem Drama „Die Räuber“ und verweist drohend auf das Schicksal von Schubart. Karl Eugen wirft Schiller Aufruf zur Rebellion und zum Ungehorsam vor sowie Kritik am Adel. Weiterhin kritisiert er die obszöne Sprache und unterstellt Schiller, dass dieser ihn in der Figur des schwächlichen Vaters karikiert habe.

Lösung zu 1:

Die Bearbeitung dieses Aufgabenteils ist zu leisten anhand der Ausführungen „Der alte Moor“, vgl. S. 116–118.

Lösung zu 2:

Der produktionsorientierte Schreibauftrag verlangt, dass

- die Situation, in der sich Schiller befindet, deutlich wird (Abhängigkeit des Untertan);
- der Tonfall gegenüber dem Herzog und die höfischen Rituale (Lob, Ergebenheit, Bitte um Milde) reflektiert werden;
- die Vorwürfe und Unterstellungen als übergeordnete Gesichtspunkte der Gliederung der Stellungnahme zusammengestellt werden;
- die Anschuldigungen aus dem Text heraus abgemildert bzw. vollständig entkräftet und Begründungen für seine Darstellung vorgetragen werden.

A. Einleitung
Anrede („Durchlauchtigster Herzog, Gnädigster Herzog und Herr!“ – Anrede Schillers in einem Brief an den Herzog); Einleitung zur Stellungnahme mit Ergebenheitshinweisen (untertänigster Gehorsam) und Betonung des Überragenden des Herzogs (fürsorglicher und milder als der eigene Vater). Schon hier ein Hinweis auf das Strafwürdige seines Ungehorsams und Bitte um milde Beurteilung seiner Stellungnahme sowie Verweis auf seine jugendliche Unerfahrenheit in höfischen Angelegenheiten.

B. Hauptteil

a) Vorwurf, zum Ungehorsam und zur Rebellion aufgerufen zu haben

Argumentation vom Schluss des Dramas her: Karl hat eingesehen, dass seine Rebellion in keiner Weise zu rechtfertigen ist, diese Selbsterkenntnis mündet in Karls Idee, sich dem Staat zu stellen, dabei noch ein gutes Werk zu tun (sozusagen als Teil einer Buße). Damit wird deutlich, dass nur die regierende Herrschaft als Gericht anerkannt wird. Karl selbst bezeichnet sich als „große[n] Sünder“ (135,12), der die Gesetze beleidigt (vgl. 137,18) und die Ordnung ‚misshandelt‘ (vgl. 135,19) hat, er sieht seinen Fehler ein und büßt dafür. Nachdrücklich wird Schiller darauf hinweisen, dass es ja eine zentrale Grundidee seines Dramas sei, Karls Gesetzesüberschreitung nur durch einen staatlichen Strafakt zu sühnen.
Der Einsicht Karls steht hingegen die mangelnde Einsicht des Verbrechers Franz gegenüber. Franz ist das verabscheuungswürdige Gegenbild zu Karl. Seine revolutionären Ideen, keinerlei Obrigkeit anzuerkennen und eine gnadenlose Terrorherrschaft auszuüben, setzen gerade das Ideal einer guten Staatsführung außer Kraft. Seine fehlende Einsicht führt schließlich zur Vernichtung seiner Person (auch im christlichen Sinne wird ihm keinerlei Gnade zuteil werden, da er auch angesichts des Todes nicht beten kann und Selbstmord begeht (= Todsünde).

b) Vorwurf der Kritik am Adel

Karl und Franz als gegensätzliche Brüder zeigten sehr deutlich, wie einerseits schlechte Eigenschaften sich weiterentwickelten, wie andererseits gute Eigenschaften durch Umgang mit falschen Freunden unterdrückt würden. Allerdings zeige sich, dass die guten Charakterzüge letztlich sich durchsetzten.
Insofern könne Karl als vorbildlicher Charakter gesehen werden, der durch seine positiven Anlagen das Ideal eines Adligen abgegeben hätte, wäre er nicht durch Zufälle und Intrigen vom Weg abgekommen.
Schiller wird in diesem Zusammenhang auf die positiven Erfahrungen in der Karlsschule hinweisen: Gerade diese Erfahrungen zeigten ja, was eine positive Auswahl von Mitschülern und Lehrern bewirken könne. Er sei froh, niemals durch falsche Freunde in eine kritische Situation gebracht worden zu sein.
Im Gespräch mit dem Pater habe Karl Fehlentwicklungen gegeißelt, Fehlentwicklungen, wie er sie bei seinem Landesfürsten niemals habe feststellen können.

c) Sprache

Die Verkommenheit von Franz spiegle sich nicht nur in seiner Hässlichkeit wider, sondern auch in seiner unflätigen und die Schönheit der Liebesbeziehung verachtenden Sprache, das Gleiche gelte für die meisten Verbrecher. Es sei ein wichtiges Anliegen gewesen, die Verrohung eines Menschen anhand seiner zynischen und abwertenden Sprache zu entlarven. Insgeheim habe er mit dieser Idee seine Hochachtung und Dankbarkeit betonen wollen, dass an der Karlsschule ein so großer Wert auf die sprachliche Ausgestaltung von Gedanken in Philosophie, den alten Sprachen und weiteren Fächern gelegt worden sei.
Die Sprache Karls müsse aus der jeweiligen Situation heraus betrachtet werden; solange er sich in der Umgebung verkommener Subjekte bewege, habe deren Sprache auf ihn abgefärbt. Hingegen zeigten die Liebesszenen (die im Übrigen ja sehr dezent

seien), den wahren und würdigen Kern des Adligen Karl. Es sei geradezu sein Anliegen gewesen, zu zeigen, wie gesundes Obst durch faulende Früchte angesteckt werde.

C. Schluss

Den Gedankengang, dass er im alten Moor Kritik am Herzog habe üben wollen, müsse er geradezu umkehren. Der alte Moor verkörpere alle positiven Eigenschaften eines Vaters, eines Landesvaters und eines Herrschers (vgl. die Darstellung von Franz 52,3 f.). Wenn er selbst die Figur des Vaters in einer Selbstbesprechung kritisiert habe, so habe er dies aufgrund dramentheoretischer Überlegungen getan. Der Vater sei zwar eine absolut unantastbare und bewundernswerte Person (dies habe Amalia durchaus zutreffend erfasst), die jedoch nicht aktiv in das Dramengeschehen eingreift. Seine Schwäche ist also nur als Ausdruck der dramentechnischen Konzeption zu begreifen. Nie würde es ihm einfallen, nach den vielen Vorrechten und Vergünstigungen, die er durch seine Ausbildung in der herzoglichen Akademie genossen habe, die geringste Kritik an seinem Landesfürsten zu üben. Nachgerade sei der Fürst für ihn das, was ein guter Vater wie der alte Moor für seinen Sohn gewesen sei.
Abschließend wird Schiller noch einmal anknüpfen an die anfängliche Bitte um eine milde Beurteilung seines Werkes, das in aller Unvollkommenheit doch gerade dem Lob des Herzogs habe dienen wollen und mit dem er gehofft habe, dem Herzog als theaterbegeistertem Herrscher eine Freude als Dank für die Förderung seiner Zukunft zu bereiten.

VI Analyse eines literarischen Textes mit weiterführendem Schreibauftrag

(enthält auch Merkmale des Aufgabentyps „Gestaltende Interpretation")

Aufgabenstellung:

1. Analysieren Sie den Szenenausschnitt 24,11–29, 27.
2. Schreiben Sie einen Monolog Spiegelbergs, nachdem alle die Bühne verlassen haben (Ende I,2).

Lösung zu 1:

a) **Vorüberlegungen:**

- In welchem Handlungszusammenhang steht die Szene?
- Lässt sie sich untergliedern? (Sinnabschnitte mit Überschriften formulieren – möglichst schon als Inhaltsangabe anlegen)
- Was erfährt man über die handelnden Personen und ihre Einstellungen?
- Wie sprechen die Personen miteinander (Kommunikationssituation)?
- Welche Funktion hat diese Szene im Gesamtkontext?

b) **Einordnung**

Die Teilszene gehört zur Exposition. Sie

- zeigt die Haltung und Einstellung von Spiegelberg und seinen Kumpanen, eröffnet und begründet zudem den weiteren Handlungsstrang, die Bildung einer Räuberbande;
- überrascht durch den zweifachen Umschwung zu Beginn und Ende des Szenenausschnitts (Karls fluchtartiges Verlassen der Szene und Rückkehr, um die Führung der Räuber zu übernehmen);
- charakterisiert einzelne Räuber, Spiegelberg und letztlich auch Karl.

c) **Gliederung und Inhaltswiedergabe**

Die gesamte Szene lässt sich in drei Teile gliedern, die Spiegelberg-Szene gehört zum mittleren Teil (Spiegelbergs Plan, eine Bande zu gründen). Auch diese Teilszene lässt sich untergliedern:

- Anknüpfend an der Drohung des Vaters (bzw. von Franz), Karl bei „Wasser und Brot" einzusperren, verspricht Spiegelberg seinen Kameraden, sie aus ihrer misslichen Lage zu retten, und stellt ihnen ihr mögliches Schicksal vor Augen.
- Schweizer ist als Erster bereit, Spiegelberg zu folgen, Bedenken der Übrigen werden im 2. Teil ausgeräumt, bis sie sich anschließen.
- Spiegelberg glaubt sich am Ziel, eine Räuberbande anführen zu können, da wird der Ruf nach Moor als Führer laut.

Personen und ihre Einstellungen

Spiegelberg

- charakterisiert sich durch sein Verhalten (schleicht herbei) und Ausdrucksweise (mit stolzem Gelächter, beschwörend, giftig);
- erkennt und nutzt seine Chance, die Führung über die entwurzelten Kameraden zu übernehmen (Fortsetzung der Pläne, die er gegenüber Karl geäußert hat);
- erfasst mit gutem Gespür die verzweifelte Lage seiner Kameraden;
- geht rhetorisch geschickt auf ihre Einwände und Ängste ein;
- verkennt allerdings seinen Rang innerhalb der Gruppe.

Die Räuber sind zwar keine einheitliche Gruppe, doch verbindet sie ihr Vorleben (aufgrund der Bilder und Ausdrucksweise kann man annehmen, dass die meisten Studenten waren) und ihre gemeinsame Situation: Offensichtlich haben sie wenig Geld und sind – wie auch Karl – der staatlichen Verfolgung ausgewichen. Letztlich lassen sie sich alle von Spiegelberg überreden, eine Räuberbande zu bilden; nur Roller durchschaut Spiegelbergs Rhetorik, warnt ihn (auch vor der Todesstrafe), folgt schließlich als Letzter, schlägt jedoch Karl Moor als Führer vor; Schweizer, der zunächst Spiegelberg als „Esel" bezeichnet hat, stimmt als Erster zu, motiviert dann auch die anderen, ihm zu folgen.
Karl tritt zwar in dieser Teilszene nicht auf, muss aber einbezogen werden, da einerseits Spiegelberg offensichtlich seine Abwesenheit ausnutzt, andererseits die Räuber nur ihm als Anführer folgen wollen (Konflikt zwischen Spiegelberg und Karl, der im Monolog ausgearbeitet werden muss).

Kommunikationssituation

Spiegelberg nutzt die Abwesenheit von Karl, um die Gruppe zunächst zu verunsichern, ihnen ihre Zukunft als Bettler, Galeerensklaven oder Soldaten vor Augen zu führen, um ihnen dann als „positives" Gegenmodell anzubieten, Räuber zu werden und zugleich „unsterblichen Ruhm" zu erlangen.
Während die Räuber nur kurze Einwände, ironische Anmerkungen bzw. Wortspiele vorbringen, vermag Spiegelberg gezielt und ausführlich die Einwände der Kumpanen jeweils geschickt entweder zu widerlegen oder durch Ironie als Feigheit oder Dummheit zu ‚entlarven'. (Sehr einseitig ausgeprägte Sprechsituation als Überredungsstrategie von Spiegelberg.)

Funktion

Zentrale Stelle, die im Hinblick auf das vorhergehende und das folgende Geschehen

- die Ausgangssituation für das gesamte Drama vorbereitet,
- den Konflikt Spiegelberg/Karl erklärt,
- die intellektuelle Überlegenheit Spiegelbergs gegenüber den übrigen Räubern zeigt, zugleich auch seine Überheblichkeit und Skrupellosigkeit.

Lösung zu 2:

Vorüberlegungen:

- Welche Gefühle hat Spiegelberg nach Karls ‚Machtübernahme'?
- Wie beurteilt er die gesamte Situation des radikalen Bruchs mit der bürgerlichen Rechtsordnung, die Reaktion seiner ‚Kameraden' und die eigene Position innerhalb der neuen Organisation?
- Welche sprachlichen Besonderheiten lassen sich feststellen, die in den Monolog einfließen sollten?

Spiegelbergs Monolog

- Lehnt Karl aufgrund seiner Idee, in den Schoß der Familie zurückzukehren, als eingebildeten adligen Schwätzer ohne Rückgrat ab;
- macht sich über dessen aufgeblasene Rhetorik lustig („Kastratenjahrhundert");
- stellt Karls abgesicherte Zukunft im Schoße der adligen Familie der ungewissen der Räuberbande gegenüber;
- ist sich sicher, dass er Karl umbringen kann, da dieser seinen Schwur brechen wird, weil er nicht über eine hinreichende kriminelle Energie verfügt, sondern das Räuberdasein als romantisches Zwischenspiel sieht;
- spricht die Gefahren des Räuberdaseins an, die er vor seinen Kumpanen bagatellisiert hat, sieht die meisten seiner Kumpanen am Galgen bzw. bei Gefechten mit der Staatsgewalt getötet, geht sarkastisch auf die Einfältigkeit der zukünftigen Banditen ein, ihm Glauben geschenkt zu haben, dass sie ‚berühmt' würden, in seinem Sinne ‚berüchtigt';
- ist sich klar über das eigene Ende am Galgen oder aufs Rad geflochten.

VII Interpretationsaufsatz (Text- und Motiv-Vergleich)

Aufgabenstellung:

1. Interpretieren Sie das Gleichnis „Der verlorene Sohn“ (Lukas 15,11–32 in der Lutherübersetzung).
2. Vergleichen Sie es mit Aspekten des Dramas „Die Räuber“ (möglich wäre auch ein Bezug zu Kafkas Parabel „Heimkehr“).

Lösung zu 1:

A. Einleitung

Knappe Definition von Gleichnis (= Parabel in der Bibel): Erzählung, die aus dem Natur- oder Menschenleben gegriffen ist, aber kein wirklich geschehenes Ereignis wiedergibt, sondern erdichtet ist, um religiöse Wahrheit (Bezug Mensch/Gott) in einem anschaulichen Bild darzustellen. Jesus erzählt das Gleichnis vom verlorenen Sohn, als er von Schriftgelehrten und Pharisäern kritisiert wird, weil er mit Zöllnern und Sündern zusammen speist.

B. Hauptteil

Knappe Einleitung als Ausgangssituation und Aufbau des Konflikts (Vater hat zwei Söhne, der jüngere bittet um seinen Teil des Erbes; nach hebräischem Erbrecht erhält der Erstgeborene 2/3 des Erbes).

Stufen der Katastrophe

- Dem Sohn ist offensichtlich die Nähe des Vaters unangenehm, er nimmt sein Vermögen, reist in ein fernes Land und vergeudet seine Habe durch ein ausschweifendes Leben.
- In dem fremden Land trifft den jüngeren Sohn eine Hungersnot; völlig mittellos muss er erkennen, dass er sich nicht selbst helfen kann.
- Daher sucht er Arbeit bei einem Bürger, der ihm jedoch die allerniedrigste Arbeit (Hüten von Schweinen) gibt, zudem erhält er so wenig zu essen,
- dass er sogar mit Schweinefutter zufrieden wäre, aber nicht einmal dies erhält er von den unbarmherzigen Bürgern des Landes.

Reue und Umkehr

Noch einmal wird der Gegensatz zur Heimat betont, dort hat selbst der einfache Tagelöhner ‚Brot in Fülle‘. So besinnt sich der jüngere Sohn auf sich selbst, fasst den Entschluss zur reuigen Heimkehr und zum Geständnis der eigenen Schuld gegenüber dem Vater („Ich habe gesündigt – Ich bin fort nicht mehr wert, dass ich dein Sohn heiße“). Den Vater will er darum bitten, ihn als Tagelöhner einzustellen.

Höhepunkt und Peripetie der Erzählung
Das Gleichnis nimmt eine überraschende Wendung. Offensichtlich hat der Vater sehnsüchtig auf den Sohn gewartet, denn er sieht ihn schon von weit kommen und empfängt ihn rückhaltlos mit großer Zärtlichkeit. Zwar kann der Sohn noch seine Entschuldigung und Reue vortragen, doch schon die Bitte, als Tagelöhner zu arbeiten, kann er nicht mehr äußern. Der Vater hat den Knechten zwischenzeitlich befohlen, seinen Sohn mit der Erweisung von Ehren (ehrendes Kleid, Siegelring, Sandalen) wieder in die Familie aufzunehmen, ein Mastkalb zu schlachten und die Rückkehr des Sohnes zu feiern, den der Vater als ‚verloren' gesehen hatte (was er ja im sittlichen Sinne war). Die sittliche Umkehr hat dem Vater den Sohn wiedergebracht.

Das Unverständnis des älteren Bruders
Offensichtlich hat man die Rückkehr des älteren Bruders, der auf den Feldern gearbeitet hat, nicht abgewartet, sondern hat ohne ihn gefeiert. Bei seiner Rückkehr erfährt der ältere Bruder von den Ereignissen, wird zornig über die ungleiche Behandlung und weigert sich zunächst, das Haus zu betreten. Als der Vater ihn hereinbittet, beschwert sich der ältere Sohn bitterlich: Er habe nicht einmal einen Bock erhalten, um mit seinen Freunden zu feiern, dabei sei er dem Vater stets zu Diensten gewesen, während sein Bruder das Vermögen verprasst habe.

Beschwichtigung des Vaters und Lehre der Parabel
Väterlich fürsorglich antwortet der Vater dem Sohn und erklärt ihm, dass er den großen Vorzug gehabt habe, immer in ungebrochener Gemeinschaft mit ihm gelebt zu haben. Außerdem müsse die Wiederkehr des verlorenen Bruders, der ja auch ihm zurückgegeben sei, angemessen gefeiert werden.

C. Schluss
Die Auszahlung des Erbes zeigt weniger die Habgier des jüngeren Bruders, sondern das Verlangen nach unbeschränkter Freiheit. Diese aber hat ihn von seinem Vater, aber auch seinem Bruder entfremdet. Die bittere Not schließlich lässt ihn die Hartherzigkeit der Menschen erkennen, und in diesem Elend ist er bereit, Buße zu leisten und demütig zurückzukehren, ohne weitere Ansprüche zu stellen.

Lösung zu 2:

a) Umkehrung der Ausgangslage: Der ältere Sohn hat sich vom väterlichen Schloss entfernt, der jüngere bleibt beim Vater.
b) Der daheim gebliebene Sohn wird in der Parabel nach seiner Ansicht nicht so hoch geschätzt wie der verlorene Sohn nach seiner Rückkehr (Fehleinschätzung – vgl. auch Franz).
c) Offensichtlich hat der ältere Sohn Geld verprasst und in Saus und Braus gelebt.
d) Die Hartherzigkeit in der Fremde erfährt Karl, als er Schulden gemacht und beinahe in den Schuldturm geworfen worden wäre.
e) Zwar hat der jüngere Bruder, Franz, in enger Gemeinschaft mit seinem Vater gelebt, hat diese jedoch nicht als etwas Positives verstanden.
f) Sein Neid auf den Bruder hat sich aufgrund der Ungleichbehandlung in der Kindheit entwickelt und kontinuierlich verstärkt.

g) Die reuevolle Rückkehr des Erstgeborenen Karl gefährdet die Rolle des jüngeren Bruders in hohem Maße (Gefahr der Abhängigkeit), und Franz ergreift Maßnahmen, um diese zu verhindern.
h) Seine Reue und die Bitte um Vergebung äußert Karl nur recht abstrakt in einem Brief, nicht in der demütigen Rückkehr.
i) Diese Rückkehr im Sinne der Parabel hätte verhindert, dass die Intrige von Franz Erfolg hatte.
j) Allerdings zeigt das Vaterbild in der Parabel und dem Drama einige zentrale Unterschiede: Dem verständnisvollen, gerechten, ausgleichenden Vater des Gleichnisses steht ein wankelmütiger, leicht beeinflussbarer und den Erstgeborenen begünstigender Vater gegenüber.
k) Wie der verlorene Sohn gerät auch Karl in eine von Gott entfremdete Welt, in der er das Schmachvolle seiner Abhängigkeit von Verbrechern erkennen muss. Erst Karls Einsicht, dass nur die demütige Hinwendung zu Gott – wie sie auch die Sünder und Zöllner in ihrer Hinwendung zu Jesus zeigen – Erlösung bringt, führt letztlich zur Abwendung der Katastrophe, wie sie Franz erleiden muss.
l) Während das Gleichnis einen versöhnlichen und glücklichen Ausgang nimmt, endet das Drama in einer Katastrophe, die nur gemildert wird durch die Hoffnung auf eine Erlösung und Vergebung durch Gott.

Die Reue und das Schuldbewusstsein am Schluss des Dramas erweitert die Interpretation im theologischen Sinne.
Während Franz nicht in der Lage war, Reue zu empfinden und seine Demut vor Gott zu zeigen, vermag Karl seine Schuld einzugestehen und um Vergebung zu bitten. Damit wird er zwar der weltlichen Gerichtsbarkeit nicht entgehen können, aber im christlichen Sinne öffnet sich die Möglichkeit der Gnade (vgl. auch das Ende von Goethes Drama „Faust I").

VIII Textanalyse

Aufgabenstellung:

1. Analysieren und interpretieren Sie den Monolog von Franz in II,1 (38,1–39,28).
2. Weisen Sie die Bedeutung dieser Szene für V,1 nach.

Lösung:

A. **Einleitung:** Knappe Einordnung in den Kontext

- Franz ist es gelungen, durch Betrug seinen Bruder als Erben des väterlichen Besitzes auszuschalten;
- er hatte offenbar gehofft, dass der Vater aus Gram über die Verfehlungen seines Sohnes Karl sterben würde;
- dann hätte er sein Ziel, „Herr“ zu werden, erreicht.

B. **Hauptteil**

a) **Aufbau und Inhalt des Monologs** (Dreigliederung)

- Klage über den Lebenswillen und die Zähigkeit des Vaters, der immer noch lebt und damit die Machtübernahme verzögert;
- Eingeständnis, nicht zum unmittelbaren Vatermörder werden zu wollen, sondern sich natürlicher Mittel zu bedienen, um den Körper vom „Geist“ her zu „verderben“;
- Reflexion darüber, welche Emotionen ausreichen, um den Tod herbeizuführen.

b) **Situation und Stimmung**

- Die Szene spielt erneut im Schloss, nun allerdings im Zimmer von Franz, das gewissermaßen zum Versuchslabor eines psychischen Terrors wird.
- Franz ist verärgert über die Lebenskraft seines Vaters, steckt er selbst doch voller Tatendrang und möchte so rasch wie möglich die Herrschaft an sich reißen.
- Erst dann ist sein Triumph über den Bruder vollständig.
- Die Stimmung ist angespannt.

c) **Charakteristik von Franz und seiner Sprache**

- Machtgierig (Vater versperrt „Weg zu […] [seinen] Schätzen“);
- mitleidlos (bezeichnet Vater als „ärgerlichen, zähen Klumpen Fleisch“);
- jedoch nicht völlig skrupellos; wagt es nicht, den Vater zu töten;
- einfallsreich und verschlagen (reflektiert die Wirkung von unterschiedlichen Gefühlsregungen, wählt dabei häufig abwertende Tiermetaphern: Wolf, Natter, Wurm);
- psychologisch kenntnisreich („Leidenschaften misshandeln die Lebenskraft“);
- rhetorisch gewandt (steigernde Argumentation, durchsetzt mit rhetorischen Fragen).

d) **Funktion des Monologs**
- verrät geheime Gefühle von Franz;
- ermöglicht Einblicke in seine Gedankengänge;
- kündigt zukünftige Ereignisse an;
- gestattet es dem Zuschauer, Franz zu durchschauen;
- erhöht die Spannung auf die folgende Handlung.

e) **Deutung des Monologs**
- Fortsetzung des vorhergehenden Monologs (Macht, Hass auf den Vater, Rücksichtslosigkeit, Ablehnung der Familienbande);
- Zwiespalt der Gefühle (Scheu vor dem unmittelbaren Mord, Tötungswunsch);
- Reflexion des Zusammenhangs von Seele und Körper (vgl. Schillers Dissertation zu diesem Thema);
- Entwicklung einer „Seelenmechanik“ und ihrer Funktionsweise (extreme Reizung der Sinne und Wirkung auf Psyche und Körper);
- Vernichtung des Menschen durch psychischen Terror;
- Entwicklung einer entsprechenden Versuchsanordnung (Vorwegnahme von psychischer Gewalt und ihrer Wirkung);
- Franz als Vertreter eines mechanistischen Menschenbildes scheitert gerade an der Vorstellung, Emotionen und das eigene Gewissen ausschalten zu können.

C. **Übergang zu Teil 2 der Aufgabenstellung:** Knappe Einordnung in den Zusammenhang

Im vorhergehende Monolog erfolgt der Auftrag an Daniel, Karl zu ermorden; im abschließenden Monolog
- erneut Negierung aller familiären Bindungen,
- nihilistische Sicht des Menschen, seiner Entstehung und seines Todes,
- Widerstand gegen das eigene Gewissen.

Gerade sein Gewissen und die inneren und „grässlichen Bilder von Strafgerichten“ sind es nun, die unkontrolliert von Franz Besitz ergreifen.
Er entwickelt in II,1 die Wirkungsweise von extremen Gefühlen, die von außen an den Menschen herangeführt werden. Seine Seelenmechanik bedarf nur äußerer Anstöße, sie ist steuerbar und offensichtlich für jeden Menschen gleich wirksam.
Dabei übersieht Franz die innere Mechanik seelischer Prozesse:
- die er zwar benennt („Selbstverklagung“, Reue als „höllische Eumenide“), jedoch offensichtlich nicht mit seiner Person in Zusammenhang bringt.
- V,1 belegt deutlich, wie die in II,1 zum Ausdruck gebrachten Affekte spontan und unbeherrschbar auf die Psyche und den Körper wirken.
- Angst beginnt, ‚das Gehirn‘ zu verstören;
- Franz verliert zunehmend die Kontrolle über sein Handeln und Denken (Ohnmachtsanfall).
- Angstträume erzeugen in ihm Bilder, die ihn wie ein „Furientrupp“ verfolgen und verzweifeln lassen.

D. Schluss

Schiller vermittelt mit dieser Szene seine Kenntnisse vom Zusammenwirken von Seele und Körper, zugleich zeigt er, wie Erinnerungen, Erzählungen, vergangene Eindrücke das Unbewusste beeinflussen und sich in Träumen niederschlagen.

Die Rolle des Gewissens wird nicht nur am Beispiel des Zusammenbruchs von Franz gezeigt, sondern auch im Hinblick auf die Reue und Selbstanklage von Karl. Damit wird zugleich auch ein wichtiger Akzent gesetzt, von dem aus Schillers Idee von der Bühne als „moralischer Anstalt" nachvollziehbar ist.

Das Theater zeigt, wie unterdrückte Gefühle, unbewältigte Schuld, verdrängte Reue zu seelischen Katastrophen führen (so etwa auch bei Shakespeare). Dem Zuschauer soll die verheerende Auswirkung seelischer Störungen und Verstörungen bewusst werden, so dass er ein ausgewogenes Seelenleben anstrebt.